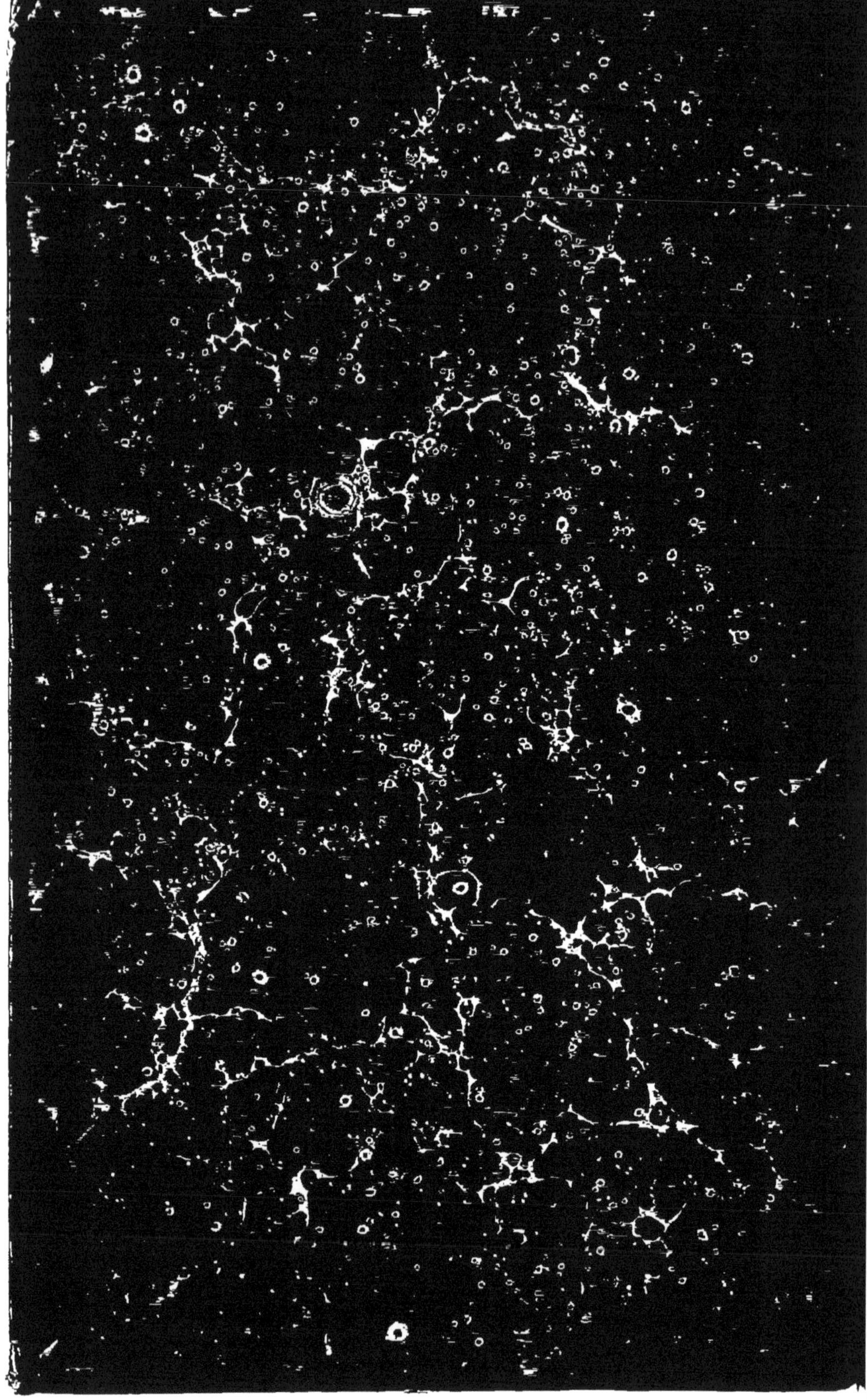

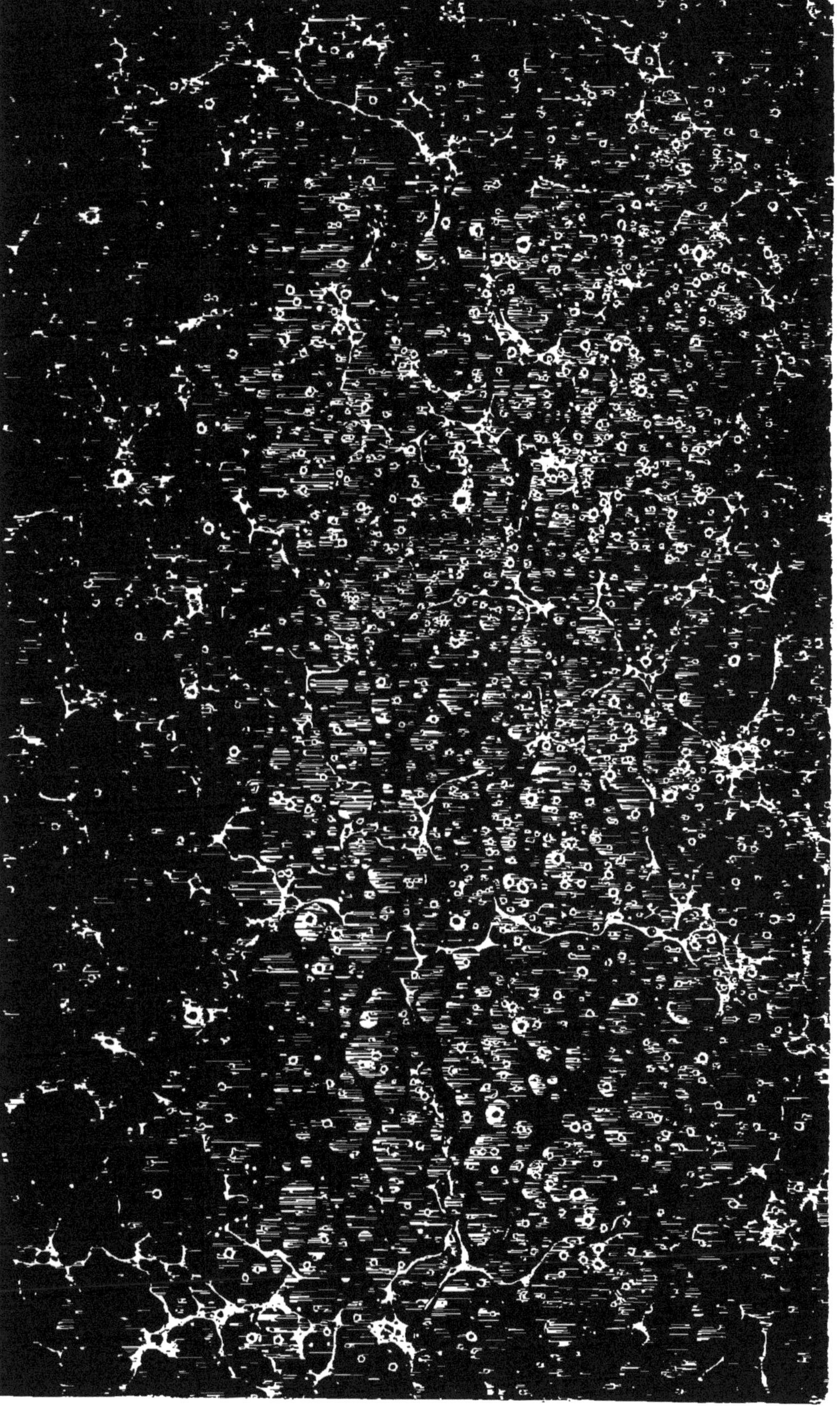

# MONSIEUR GUIZOT

## DANS SA FAMILLE

## ET AVEC SES AMIS

PARIS. — IMPRIMERIE EMILE MARTINET, RUE MIGNON, 2

Mme DE WITT NÉE GUIZOT

# MONSIEUR GUIZOT

DANS SA FAMILLE

ET AVEC SES AMIS

(1787—1874)

PARIS
LIBRAIRIE HACHETTE ET Cie
79, BOULEVARD SAINT-GERMAIN, 79

1880

« Je suis las de voir mourir, » disait M. Guizot, le 29 août 1867, devant la tombe de son ami M. Herbet, et cette pensée était habituelle dans son âme. Jeune encore, il avait perdu beaucoup de ceux qui lui étaient chers, et sa vieillesse était sans cesse attristée par le départ des compagnons de sa vie qui le devançaient dans l'éternité. Il a survécu à presque tous ceux de ses amis qui étaient entrés bien longtemps après lui dans la carrière. Plusieurs auraient pu raconter leur vie commune ; ils sont morts avant lui, et c'est lui qui a dû leur rendre hommage. A diverses reprises, il s'est attaché à faire connaître les nobles âmes et les grands esprits de ceux qui n'étaient plus. Nul plus que lui peut-être n'avait besoin qu'on lui rendît ce dernier devoir. Sa vie tout entière a été consacrée à son pays, et son pays n'a connu que l'extérieur de sa vie et de son âme. Les plus précieux, sinon les plus éclatants, parmi les dons que Dieu lui avait accordés, sont restés cachés dans le petit cercle de ceux qu'il aimait. Voilà pourquoi le public n'a pas toujours compris son caractère, ses intentions, ses désirs. C'est cette méprise que j'ai à cœur de faire cesser. Je ne veux pas retracer la vie publique de mon père : il a écrit dans ses mémoires ce qu'il en voulait dire. C'est lui-même que je tiens à faire connaître aux hommes qui ne seront bientôt plus de son temps. Quelques fragments empruntés à sa correspondance intime atteindront, j'espère, ce but. Je n'aurais pas eu plus tôt le courage d'en faire le choix.

# MONSIEUR GUIZOT

## DANS SA FAMILLE

## ET AVEC SES AMIS

François-Pierre-Guillaume Guizot naquit à Nîmes le 4 octobre 1787. Son père et sa mère appartenaient, l'un et l'autre, à des familles depuis longtemps protestantes avec ferveur, et qui, dans le temps des persécutions religieuses, avaient fourni des pasteurs au culte du Désert. Tous deux étaient jeunes, unis par une tendresse profonde. M^me^ Guizot (Sophie-Élisabeth Bonicel), jolie, vive, spirituelle, bonne musicienne, aimant la danse et y excellant, avait refusé obstinément de se marier comme on se mariait alors, comme on se marie souvent encore aujourd'hui, par des raisons de famille ou de fortune. Elle aimait à raconter en riant qu'elle avait un jour éconduit un prétendant obstiné, en chantant devant lui une romance du temps :

Si jamais je prends un époux,
Je veux que l'amour me le donne.

Elle avait vingt et un ans, et M. André-François

Guizot était du même âge lorsqu'ils furent mariés, le 27 décembre 1786, par un pasteur dont le ministère était encore proscrit. Depuis longtemps déjà, M. de Rulhières, M. de Malesherbes plaidaient la cause des protestants français; M. de la Fayette avait joint ses efforts aux leurs; il eut cet honneur d'appuyer dans l'Assemblée des Notables le projet d'ordonnance accordant l'état civil aux protestants. M. de Calonne, alors premier ministre du roi Louis XVI, l'avait annoncé, le Parlement l'avait conseillé. Au mois de décembre 1787, un édit royal consacra enfin les droits élémentaires des protestants français, mais les effets de la mesure n'étaient pas rétroactifs, et l'acte de naissance de M. Guizot ne fut pas enregistré par le juge du lieu.

Les longues souffrances des protestants devaient naturellement exciter leur ardente sympathie en faveur du mouvement réformateur qui leur assurait la liberté. André-François Guizot, avocat distingué et déjà connu, suivit l'élan de ses coréligionnaires; il prit une part active aux réunions politiques, où l'éclat de sa parole le fit remarquer. Ma grand'mère, pendant son long et fidèle veuvage, répétait souvent à son fils, lorsqu'il eut pris place parmi les grands orateurs de son pays : « Tu tiens ton talent de ton père; s'il avait vécu, on aurait parlé de lui. » Mais bientôt les espérances généreuses furent déçues, les consciences honnêtes se troublèrent, et bien des hommes, qui s'étaient engagés avec joie dans les voies nouvelles, se virent obligés de s'arrêter ou de revenir sur leurs pas; la Révolution était tombée aux mains des Jacobins, la terreur régnait partout en France ; elle était particulièrement cruelle dans le Midi, et ceux qui cherchaient à lui résister devinrent bientôt ses victimes. Menacé depuis plusieurs semaines, fugitif d'asile en asile, protégé par le dévouement de quelques amis, André-François Guizot fut enfin arrêté. Le gendarme qui avait découvert sa retraite le connaissait depuis longtemps; il était au désespoir. « Voulez-vous que je vous laisse échapper ? dit-il à son prisonnier. — Es-tu marié ? demanda vivement celui-ci. — Oui, répondit le gendarme, j'ai deux enfants. — Et moi aussi, dit M. Guizot; mais tu payerais pour moi, marchons. » Quelques jours plus tard il mourait sur l'échafaud (8 avril 1794). Au moment où son jugement avait été prononcé, reconnaissant, dans le tribunal révolutionnaire des hommes qu'il avait connus naguère, il les avait appelés à comparaître à leur tour devant le tribunal de Dieu. Son éloquence troubla, dit-on, plusieurs de ses juges.

Une seule consolation restait à sa femme, dans ce malheur qui brisait à jamais sa vie. De la prison où il avait été enfermé pendant quelques jours, André-François Guizot lui avait écrit une lettre longue et tendre, quelque peu empreinte de l'emphase du temps, simple et courageuse dans le fond, comme le cœur qui l'avait dictée et celui auquel elle s'adressait. Mme Guizot était malade et n'avait pu revoir son mari, auquel ses enfants avaient seuls dit adieu.

Lorsqu'elle mourut, en Angleterre (31 mars 1848), au lendemain d'une révolution nouvelle, qui avait épuisé le reste de ses forces, elle murmurait d'une voix ferme encore dans sa faiblesse : « Je m'en vais le retrouver ; » et ceux qui lui rendirent les derniers devoirs trouvèrent sur son cœur le suprême adieu de celui qu'elle avait uniquement aimé.

Les deux enfants du prisonnier lui avaient été amenés à la « maison de justice » ; l'aîné, François, n'avait que six ans et demi ; son frère, Jean-Jacques, était plus jeune de deux ans. Le souvenir personnel de leur père devait peu à peu s'effacer dans leur mémoire ; aucun portrait n'avait retracé pour eux son image. Mon père se rappelait cependant sa visite dans la prison, et plus nettement encore le jour où la nouvelle de la chute de Robespierre était arrivée à Nîmes. Mme Guizot se trouvait avec ses enfants sur la terrasse de sa maison, et elle s'était agenouillée avec eux pour remercier Dieu de la délivrance de la France. Depuis le jour de son malheur, la jeune veuve n'avait point paru dans la rue ; le deuil était interdit aux parents des victimes. Trop de vêtements noirs auraient trahi les ravages de la Terreur.

Désormais la vie de M$^{me}$ Guizot devait appartenir tout entière à ses enfants; son mari lui avait demandé de vivre pour eux; elle vivait, sans que jamais l'ineffaçable empreinte de ses souffrances pût s'affaiblir dans son âme. Longtemps la tristesse qui l'accablait pesa sur ses fils eux-mêmes; sa nature passionnée avait rassemblé toutes ses forces pour résister à la douleur; l'austérité avait succédé à une gaieté et une vivacité d'esprit qui devaient reparaître parfois dans l'apaisement de la vieillesse. « J'ai tant pleuré dans ma petite chambre! disait-elle souvent. On dit que les larmes gâtent les yeux, j'aurais dû devenir aveugle. » Ceux auxquels elle parlait ainsi regardaient avec un étonnement tendre ses beaux yeux, brillants et pénétrants comme dans sa jeunesse. « Oui, répétait-elle en souriant alors, j'ai beaucoup pleuré. »

Elle n'avait oublié aucune de ses larmes, lorsque, quarante-six ans plus tard, à l'occasion de l'anniversaire de son fils, alors ambassadeur en Angleterre : elle lui écrivait : « J'ai peu dormi cette nuit, mon cher fils; mes pensées m'ont tenue bien éveillée, et je n'ai pas cherché à les éloigner. J'ai été avec toi, je me suis reportée à cette date du 4 octobre 1787; à ce jour de grandes douleurs physiques d'abord, terminé par un bonheur si vif, si profond, pour moi, pour ton excellent père, qui était aussi tendre pour ses enfants que tu peux l'être pour les tiens. Bon Dieu, je le vois encore, te portant à mon lit dans ses bras, tout ému, les yeux pleins de larmes, me disant : « Voilà notre fils, nous l'aimerons bien, n'est-ce pas? et notre bonheur en deviendra encore plus grand. » J'aime à te répéter ces paroles qu'il n'a pas démenties un seul jour de sa vie, je puis le dire : une âme noble, élevée, aimante, un esprit bien fait, éclairé, voilà celui que Dieu m'avait accordé, mon enfant, et j'en connaissais bien tout le prix. Hélas ! quand les jours de malheur vinrent m'accabler, je fis à Dieu péniblement, très péniblement mon sacrifice ; j'avais promis à mon ami de vivre pour nos enfants, de tenir auprès d'eux sa place et la mienne, et tout mon courage avec le secours d'en haut a été employé à cette œuvre longue et difficile pour mon pauvre cœur brisé, souvent très faible; mais l'impression de mes souffrances ne s'est jamais effacée, non plus que le bonheur dont j'avais joui ; elle est restée vivante au fond de mon âme ; mes jouissances, mes peines, je l'ai toujours associé à tout, et souvent il m'a aidée à soutenir le fardeau. Mon cher fils, voilà une part de ma longue vie ; la seconde, tes épreuves à toi se sont ajoutées aux miennes, je les ai toutes partagées. Peut-être n'as-tu pas toujours bien connu toute ma tendresse, mais je ne crois pas qu'il puisse y en avoir de plus grande : je le dis sans orgueil, avec humilité même et reconnaissance, puisque cette faculté d'aimer, je l'ai tenue de Dieu, qui m'en a douée si généreusement, que dans ma vieillesse cette source n'a point été tarie; tes chers enfants m'ont retrouvée jeune et tendre comme à vingt ans. Qu'il en soit mille fois béni ! J'avais besoin de te parler de ton père, je l'ai fait trop rarement peut-être, mais j'ai souvent cédé aux circonstances, tu l'as si peu connu ! Et cependant il y a entre lui et toi des rapports et beaucoup, et toutes les fois que j'ai pu les saisir, j'en ai éprouvé une douce consolation. Cependant qu'ajouterai-je à cette heure ? que je prie avec ferveur, que je demande à notre Dieu de te prendre sous sa garde, tu sais tout cela, mon cher fils; à neuf heures, quand les enfants seront levés, nous prierons encore tous les quatre ensemble, et chacun fera sa petite prière à sa manière. »

Le dévouement passionné qui devait inspirer la vie de Mme Guizot tout entière, réclamait ses forces au moment où la plus affreuse douleur avait pris possession de son âme. Autour d'elle régnait la souffrance. Sa mère avait eu quinze enfants, dont elle était l'aînée; plusieurs avaient à peine vécu; deux filles, parvenues l'une à la jeunesse, l'autre à l'adolescence, moururent dans ces jours amers, frappées par la violence des secousses qui agitaient alors toutes les vies. M. Guizot se rappelait ses jeunes tantes et le vide que leur mort avait amené dans la maison. Les enfants grandissaient cependant, résolument soumis à la volonté de leur mère, se rangeant même de son côté pour résister avec elle à la faiblesse tendre des grands parents. C'était dès lors le trait distinctif du caractère de Mme Guizot qu'une autorité naturelle incomparable ; elle l'exerçait avec l'ardeur d'une âme forte, profondément atteinte, se raidissant sous le poids du malheur et de la responsabilité. L'éducation de ses enfants était sa principale préoccupation ; la France offrait alors peu de ressources ; à travers les projets confus qui avaient traversé l'esprit des maîtres de la Révolution, l'instruction publique avait tenu une place plus apparente que réelle ; les écoles centrales, créées sur divers points, répondaient mal à leur but ; Mme Guizot résolut de tout quitter pour aller chercher à Genève les maîtres et les méthodes qui lui manquaient à Nîmes pour l'éducation de ses fils.

C'est le caractère particulier de l'œuvre de Calvin, que tout ce qu'il avait fondé a longtemps résisté à l'épreuve des années. En 1799, lorsque Mme Guizot arriva à Genève avec ses deux enfants, accompagnée par son père, qui avait voulu veiller lui-même à son installation, elle trouva le *gymnase* et les *auditoires* fonctionnant encore comme ils l'avaient fait au seizième siècle, sous la main puissante de leur fondateur. Élevée d'une manière un peu superficielle, comme l'étaient alors les jeunes filles, Mme Guizot avait eu cependant le bonheur de rencontrer dans sa première jeunesse une maîtresse intelligente qui lui avait inspiré une ardeur de s'instruire dont on retrouva la trace jusqu'à la fin de sa vie. Elle était d'ailleurs animée de la ferme résolution de cultiver chez ses fils, chez l'aîné surtout, les dons naturels qui se faisaient déjà reconnaître. François Guizot était âgé de onze ans lorsque sa mère s'établit à Genève; mais il avait six ans à peine lorsque sa mère le surprit, debout sur le rebord d'une bibliothèque, récitant avec passion les imprécations de Camille, qui avaient pris possession de sa mémoire. Il avait cependant conservé peu de souvenirs précis de son enfance et de ses premières études. La volonté et la direction souveraine de sa mère remplissaient seules sa vie.

Mme Guizot s'était établie dans une petite maison, en face de celle qu'habitait le professeur chargé de l'éducation de ses fils; elle assistait à toutes les leçons, elle prenait part à tous les travaux, elle étudiait avec ses enfants et pour eux; parfois, lorsque en hiver le climat rude de Genève couvrait d'engelures les petites mains, les devoirs étaient écrits sous la dictée des élèves par leur mère. Mon père avait conservé plusieurs cahiers ainsi rédigés.

La vie était d'ailleurs simple et dure. La modeste fortune de Mme Guizot s'était ressentie des secousses qui agitaient la France : le régime des assignats avait amoimdri les ressources; la mère avait résolu de consacrer tout ce qu'elle possédait à l'éducation de ses enfants. La table était modestement servie, une femme venue du dehors aidait seule Mme Guizot pendant quelques heures aux soins du ménage, mais du moins ses fils assistaient aux répétitions des meilleurs professeurs; ils prenaient des leçons d'équitation, de natation, de dessin; elle leur faisait en même temps enseigner un métier manuel, d'après les principes de Rousseau, auxquels les bouleversements de la société française s'étaient chargés de donner une importance toute pratique. François Guizot devint un menuisier habile et un excellent tourneur.

Les années s'écoulaient ainsi, activement et utilement remplies, si austères dans leur consécration au travail et au devoir, que l'empreinte en devait durer autant que la vie de M. Guizot. Sa mère sortait rarement de sa demeure : elle avait peine à supporter la société. La musique, qu'elle avait passionnément aimée lui causait une impression pénible, même à l'église; l'empire de cet art resta cependant si grand sur elle, qu'entendant à la fin de sa vie, au ministère des affaires étrangères, un concert où les artistes du Conservatoire avaient pris place, elle en fut ébranlée pendant plusieurs jours. Parfois, durant l'été, elle accompagnait pourtant ses fils dans leurs courses autour du lac de Genève; l'extrême beauté de la nature agissait doucement et puissamment sur elle. Ce genre de jouissances ne devait jamais cesser de lui plaire et de lui faire du bien. A quatre-vingts ans, une fleur nouvelle qu'elle découvrait dans les champs faisait encore briller ses yeux.

Les études de M. Guizot étaient achevées comme elles pouvaient l'être à dix-huit ans; sa mère avait joui de ses succès avec toute l'ardeur qu'elle y pouvait porter; elle l'avait vu tellement absorbé par son travail, que ses camarades essayaient en vain de l'en détourner par mille espiègleries. C'était l'amusement de la classe de tirer les cheveux ou de pincer les bras de Guizot, sans réussir à lui faire lever les yeux; plus d'une fois les pans de son habit étaient restés entre les mains de ses persécuteurs. Cependant c'était seulement depuis qu'il était entré dans l'auditoire de philosophie, pendant la dernière année de son séjour à Genève, que le jeune homme avait senti s'éveiller en lui le sentiment d'une vie propre et personnelle. « Mes souvenirs ne remontent pas plus loin, disait souvent M. Guizot; c'est alors seulement que j'ai commencé de vivre. » Il avait conservé tous les résumés des cours de M. le professeur Peschier.

Le temps était venu d'une séparation cruelle; Mme Guizot retourna auprès de ses parents, à Nîmes, dans le courant de l'été de 1805; elle conservait encore auprès d'elle son second fils; mais l'aîné devait se rendre à Paris pour y faire ses études de droit, en compagnie d'un de ses contemporains, qui devait être le fidèle ami de toute sa vie, M. Achille de Daunant. Le jeune homme avait le goût des études littéraires, de l'érudition, de la poésie; il devait bientôt témoigner un penchant prononcé pour la politique; ni l'une ni l'autre de ces inclinations ne convenait à sa mère, qui redoutait la politique avec l'effroi d'une femme à laquelle la Révolution avait coûté la vie de son mari, et qui ne regardait pas les occupations littéraires comme une carrière sérieuse. M. Guizot était destiné à devenir avocat comme son père. Il étudiait donc le droit par conscience et sans grand plaisir; il était triste d'ailleurs et son isolement lui pesait cruellement. Il écrivait fréquemment à sa mère de longues lettres particulières qui n'étaient point communiquées au reste de la famille comme la *correspondance publique*. Le 20 novembre 1806, il venait d'avoir dix-neuf ans; il était à la fois sombre et résolu, aussi austère dans ses idées que dans sa conduite; aux premiers jours de l'Empire, et lorsque la licence du Directoire avait encore laissé sa trace dans toutes les âmes, il écrivait à Mme Guizot: « J'ai fait partir ce matin une longue lettre pour toi, bonne maman, et ce soir il faut que je t'écrive encore; la vie solitaire et tranquille que je mène me laisse tout le temps de réfléchir; mes idées ne se dispersent plus, mes sentiments acquièrent plus de force, à mesure qu'ils se concentrent davantage. Si je ne t'écrivais pas, je serais inquiet, malheureux; tu es la seule personne à qui j'ouvre mon âme sans crainte; chaque jour, si je le puis, je t'écrirai, et je ferai partir ma lettre chaque semaine en un seul paquet; là tu verras un tableau fidèle de mes opinions et de mes pensées; tu y trouveras peut-être quelquefois des variations apparentes, peut-être même réelles; ne t'en étonne pas; je ne connais rien de plus incertain que la pensée de l'homme, et s'il n'avait pas quelques points inébranlables auxquels il pût se rattacher par intervalles, il ne pourrait répondre un seul instant de ses actions et de ses volontés.

« Ces points de ralliement, je les ai et je regarde cela comme un grand bonheur; Dieu et la religion du Christ, voilà mes guides; la morale, voilà le centre auquel je veux tout rapporter; je regarderai comme dangereux tout ce qui pourra m'en écarter et comme futile tout ce qui ne m'y ramènera point; je possède une chose qui sera peut-être favorable à mes principes, quoique proscrite par le monde, de l'entêtement; je puis avoir tort, mais toutes les fois que je crois avoir raison, l'univers entier n'a aucune influence sur ma manière de penser, et pour la changer il faut me prouver que je me trompe, ce qui me met dans la nécessité d'être toujours de bonne foi, et j'espère que je n'en manquerai jamais; je pourrai passer pour orgueilleux, parce que je ne soutiens mes opinions que lorsque je les crois meilleures que celles des autres, peut-être même sera-ce par orgueil que j'éviterai soigneusement toute discussion avec ceux qui ne me paraîtront pas, au fond, de mon avis : il y a de la mauvaise foi à discuter lorsqu'on ne veut pas se ranger du parti de ceux avec qui l'on discute ; enfin je garderai toujours et je professerai hautement mes principes en fait de morale, de religion et de vertu ; je me suis aperçu qu'en voulant y faire quelques modifications qu'on me conseillait, je les avais déjà altérés sensiblement ; ma rigidité était devenue chimérique et je commençais à hurler avec les loups ; je veux me garder de cette contagion ; dussé-je tomber dans l'extrême sévérité, elle est moins dangereuse à mon âme que l'extrême faiblesse ; comme tout va en s'affaiblissant avec le temps, celui qui à vingt ans aura professé la morale d'Épicure, à cinquante ans n'aura plus ni principes ni vigueur ; il appartenait au siècle de la sensibilité d'ériger en maximes les opinions lâches et efféminées qui détruisent les mœurs sous le prétexte de les adoucir, et qui font, d'un amour sans courage, la divinité des cœurs ; on a voulu faire sourire éternellement la vertu et on lui a ôté toute sa force ; le siècle était si aimable, qu'il avait cessé d'être vertueux ; les gens étaient si polis, qu'ils avaient cessé d'être sincères ; les femmes étaient si fort courtisées, qu'on avait cessé de les aimer ; on les avait vantées à un tel point qu'il fallait leur ressembler pour leur plaire; on cherchait partout de la tendresse; tous les sentiments qui n'étaient pas tendres étaient bannis, et c'est au milieu de cette sentimentale manie qu'on a cessé de sentir les charmes de la vertu ; le mot seul de *devoir* effrayait ces galants sybarites: l'indépendance était leur Dieu, tandis qu'ils dépendaient sans cesse et d'un sourire, et d'un mot, et d'une faveur, et de leurs moindres désirs comme de leurs moindres maux. Je ne puis m'empêcher d'être indigné en voyant que l'on a fait de continuels efforts pour enlever à la vertu toutes ses épines ; on ne pouvait plus s'élever jusqu'à elle, il fallait la rabaisser jusqu'à soi ; on n'osait plus entreprendre de surmonter les obstacles, et des moralistes commodes se chargeaient du soin de les aplanir pour tranquilliser les consciences timides; laissons à la vertu toutes ses difficultés, laissons-les-lui et redoublons de force pour les vaincre : il y a des ronces sur le chemin qui mène au salut, et l'on n'y est pas porté sur un lit de fleurs. »

C'était le souvenir de la rigidité de sa première jeunesse et des services qu'elle lui avait rendus, qui inspirait plus tard l'indulgence de M. Guizot, lorsqu'on blâmait devant lui l'étroitesse et l'intolérance des gens sérieux et jeunes. « Laissez-les faire, disait-il souvent, ils auront bien le temps d'en rabattre. »

Deux ans s'étaient à peine écoulés que le jeune homme, toujours pénétré des mêmes désirs et des mêmes résolutions, semblait mieux comprendre les faiblesses de la nature humaine et l'absolu besoin d'un secours divin, lorsqu'il écrivait à sa mère, le 4 janvier 1809 : « Je ne sais pourquoi je suis aujourd'hui dans une disposition si sérieuse qu'elle approche de la tristesse. Je connais peu de jours aussi solennels à mes yeux que celui qui commence une nouvelle année. Quand nos regards se reportent sur celle qui vient de s'écouler, nous la trouvons si loin de ce qu'elle aurait dû être, si pleine encore de fautes, graves peut-être, qu'il est impossible de ne pas trembler pour celle qui va suivre. La faiblesse de nos résolutions, l'incertitude de nos volontés m'affligent et souvent m'effrayent. Plus j'avance, et plus je sens combien la religion est nécessaire pour donner à l'homme toute la force, tout l'amour du bien dont il a besoin ; je suis convaincu que sans piété, sans le secours continuel de Dieu, l'homme ne saurait effacer la tache originelle dont sa nature est empreinte, ni parvenir à se rendre pur et saint comme on doit l'être, afin d'adorer Dieu en esprit et en vérité. L'idée que le moment où l'on a commis une faute s'échappe et l'emporte à jamais avec lui, sans qu'il y ait moyen de le rappeler, est terrible ; elle paralyserait les facultés, si la foi ne rendait un peu de confiance. C'est passer de l'enfer au paradis que d'abandonner le spectacle de notre fragilité, de nos erreurs, pour contempler l'homme tel que Dieu a voulu qu'il pût devenir un jour, tel qu'il nous en a donné le modèle en Jésus-Christ. Cet idéal de la perfection humaine est une contemplation ravissante, qui remplit le cœur sans l'agiter, l'humilie sans l'accabler, donne à la fois force, courage, consolation, espérances. Je ne connais aucunes délices comparables à celles que j'ai ressenties en méditant sur ce divin caractère, sur la bonté de Dieu qui l'a donné aux hommes, pour servir de lampe à leurs pieds et de lumière à leurs sentiers. Fatiguée des vices, des erreurs, de la dégradation qu'elle rencontre partout, l'âme se porte avec une joie inexprimable vers ce bien-aimé Sauveur, qu'aucun vice n'a entaché, qu'aucune erreur n'a pu séduire, qui ne s'est laissé atteindre par aucune dégradation. Je ne veux pas me laisser aller à t'écrire là-dessus ; c'est pour moi une source si féconde de sentiments et de pensées, que je n'essayerai jamais de me plonger dans cet océan de perfections, de beautés que Dieu seul peut posséder dans une telle plénitude. Mais ce que j'aime à te dire, parce que j'aime à le sentir, c'est que chaque année confirme en moi et ma conviction et mon espérance ; si j'acquiers de nouvelles connaissances, elles ne servent qu'à m'affermir dans ma foi à l'Évangile du Christ, je n'en ai jamais eu honte et je ne l'aurai jamais. C'est une chose inconcevable que de ne pas oser avouer combien cette image divine nous saisit et nous pénètre; la plus forte preuve de la dégradation de l'homme, c'est d'avoir quelquefois rougi de reconnaître en Jésus-Christ celui qui doit faire son bonheur et sa gloire. »

Soixante-quatre ans plus tard, au mois de décembre 1873, M. Guizot, écrivant en tête de son testament l'exposé de sa foi religieuse, exprimait sous une forme concise et forte l'expérience d'une longue vie confirmant les belles espérances de la première jeunesse: « J'ai examiné, j'ai douté, j'ai cru à la force suffisante de l'esprit humain pour résoudre les problèmes que présentent l'univers et l'homme, et à la force suffisante de la volonté humaine pour régler la vie de l'homme selon la loi et sa foi morale. Après avoir longtemps vécu, agi et réfléchi, je suis demeuré et je demeure convaincu que ni l'univers ni l'homme ne suffisent à s'expliquer et à se régler naturellement et d'eux-mêmes, par la seule vertu des lois permanentes qui s'y déploient. C'est ma foi profonde que Dieu, qui a créé l'univers et l'homme, les gouverne et les conserve ou les modifie, soit par ces lois générales que nous appelons naturelles, soit par des actes spéciaux et que nous appelons surnaturels, émanés, comme le sont aussi les lois générales, de sa parfaite et libre sagesse et de sa puissance infinie, qu'il nous est donné de reconnaître dans leurs effets et interdit de connaître dans leur essence et leurs desseins. Je suis donc ainsi rentré dans mon berceau, toujours fermement attaché à la raison et à la liberté que j'ai reçues de Dieu et qui sont mon honneur comme mon droit sur cette terre, mais revenu à me sentir enfant sous la main de Dieu et sincèrement résigné à ma si grande part d'ignorance et de faiblesse.

« Je crois en Dieu et je l'adore, sans tenter de le comprendre. Je le vois présent et agissant non seulement dans le régime permanent de l'univers et dans la vie intime des âmes, mais dans l'histoire des sociétés humaines, spécialement dans l'Ancien et le Nouveau Testament, monuments de la révélation et de l'action divine par la médiation et le sacrifice de Notre Seigneur Jésus-Christ pour le salut du genre humain. Je m'incline devant les mystères de la Bible et de l'Evangile, et je me tiens en dehors des discussions et des solutions scientifiques par lesquelles les hommes ont tenté de les expliquer. J'ai la confiance que Dieu me permet de me dire Chrétien ; et je suis convaincu que, dans la lumière où je ne tarderai pas à entrer, nous verrons à plein l'origine purement humaine et la variété de la plupart des dissensions d'ici-bas sur les choses divines. »

Lorsque, en 1809, M. Guizot déclarait franchement ses convictions chrétiennes, il subissait depuis quelque temps une influence propre à fortifier la foi dans son âme, tout en l'éclairant. M. Stapfer, ancien ministre de Suisse à Paris, aussi savant qu'il était excellent, s'était pris d'amitié pour le jeune homme élevé à Genève, sérieusement voué à l'accomplissement de son devoir, isolé dans Paris, et poursuivant sans plaisir des études alors difficiles et mal dirigées. Avec une bonté que mon père n'oublia jamais, M. Stapfer ne se contenta pas de l'aider de son expérience et de ses conseils; il l'attira chez lui, dans sa famille, et l'admit à passer de longs mois dans sa maison de campagne du Bel-Air, près de Paris. L'action de M. Stapfer s'étendit plus loin. Il avait reconnu chez M. Guizot ces rares facultés de l'esprit qu'on chercherait vainement à comprimer ou à détourner de leur pente; peut-être avait-il reçu la confidence des regrets que le jeune homme éprouvait si vivement naguère lorsqu'il écrivait à sa mère (23 novembre 1806) : « Je ne sais pas par quel hasard j'ai ouvert le tiroir où j'ai exilé les essais de ma plume; je n'ai pu résister au désir d'en relire quelques-uns, et cette lecture m'a attristé. J'ai des talents, et je ne puis me livrer à leur impulsion; je ne puis employer ma jeunesse à étudier l'art d'écrire et tout ce qui le concerne pour donner dans l'âge mûr un libre essor à mes idées; jamais je ne retrouverai ce temps que je pourrais employer avec tant de charmes; faut-il donc que de toutes les manières je sois contrarié par les évènements ? J'étais né pour faire un homme de lettres distingué; je suis dévoré quelquefois du besoin d'écrire, ne fût-ce que pour moi seul : mes idées m'oppressent et je suis éternellement occupé à lutter contre mon penchant. Maintenant que ma résolution est prise, je n'en reviendrai pas; mais je ne puis m'empêcher d'avoir quelquefois du regret. Je devrais jeter au feu tous ces premiers essais dont la vue me tourmente, et je n'en ai pas le courage; leur inspection m'irrite; je me sens entraîné vers les lettres et la poésie par un charme qui fait toute ma peine. Ne va pas craindre que je m'y livre; je leur ai dit adieu pour bien longtemps, peut-être même pour toujours. mais ne te fâche pas si je te parle quelquefois du feu qui me brûle : il m'inquiétera longtemps. Je serais bientôt fixé si je n'avais qu'à choisir mon genre de travail; mais il n'appartient pas à tous de suivre leurs désirs, et ce bonheur est réservé à un bien petit nombre d'élus. »

Ce fut grâce à M. Stapfer que le bonheur si envié devint le partage de M. Guizot : sa mère consentit enfin à le laisser libre de se livrer aux travaux littéraires, et ce fut encore sous la direction de cet excellent ami qu'il recommença des études dont il sentait lui-même l'insuffisance. Il était heureux désormais et sa joie redoublait son ardeur au travail.

« Depuis cette année je n'ai à te parler que de

mon bonheur, écrivait-il à sa mère de Bel-Air, le 25 avril 1808, il est aussi vrai et doux que sûr et profond; avec quel empressement je m'arrangerais avec Dieu pour qu'il ne se fît durant toute ma vie aucun changement dans ma position ! Si je pouvais t'avoir auprès de moi, tous mes vœux seraient comblés; je me trouve heureux d'un bonheur que je n'avais ni prévu ni espéré, d'un bonheur sans effort, sans mélange, où tout est bien et repos. Je suis ici seul aujourd'hui avec les enfants; A. est fort bien à présent, mais quelle inquiétude a eue sa pauvre mère pendant que nous étions à Paris! Enfin le ciel nous a protégés; je n'aimerai pas plus mes enfants que je n'aime ceux-là; la seule idée d'un danger pour eux glace tout mon sang, et ils me le rendent bien; ces bons petits sont tout heureux avec moi; nous causons, je les fais un peu travailler, je leur conte des histoires : il ne manque à mon bonheur que de t'avoir ici ! »

Quelques mois plus tard, M. Guizot était absorbé par des travaux importants et nombreux; il avait vingt-deux ans, et il portait déjà le fardeau bienfaisant du travail nécessaire qui ne devait jamais cesser de peser sur lui. « Je suis désolé de ne pas t'avoir écrit plus tôt, écrit-il à sa mère le 21 janvier 1810. J'ai été et je suis encore si accablé de besogne, et je puis à peine trouver le temps de suffire à ma correspondance. Enfin j'ai pris le parti de venir me confiner pendant dix jours absolument seul à la campagne; j'ai laissé mon monde à Paris avec les enfants, et je suis arrivé ici hier au soir pour employer cette semaine à avancer un peu mon ouvrage. Si tu pouvais voir toi-même tout ce que j'ai à faire et tout ce que je fais, tu ne me gronderais pas quand ma correspondance avec d'autres que toi reste un peu en arrière. En voici le tableau bien exact : Je comptais avoir du temps pour mon *Voyage en Espagne*[1]; pas du tout; les libraires sont pressés de le faire paraître, parce que la circonstance leur est favorable; je nuis à leurs intérêts si je retarde, et il faut que je fournisse du manuscrit à une impression très rapide, sans parler de la correction des épreuves qui cause toujours une perte de temps. Après cela vient le Gibbon[2], pour lequel Maradan me presse à son tour, et qui devrait être plus avancé; je lui ai promis deux livraisons d'ici au 15 avril, et je veux tenir ma promesse; je mets de l'importance à ce travail; on en parle, on le demande déjà d'Allemagne. On me dit, on m'écrit que je rendrai un grand service: il faut le bien faire et la tâche est longue, d'autant plus que l'on ne trouve pas en France tous les subsides dont j'aurais besoin; je m'occupe à présent de l'histoire des hérésies. Le dic-

1. Mon père traduisait alors un *Voyage en Espagne* par Rehfus.
2. Ces notes sur Gibbon sont aujourd'hui reproduites dans toutes les éditions anglaises du grand historien.

tionnaire[1] n'est pas moins pressé; il faut en avoir fait une partie au premier avril, le temps est court, je commence à m'y mettre. Pour surcroît, j'ai le *Mercure* que je ne veux pas abandonner. Le Breton, avec lequel j'ai déjeuné jeudi dernier, m'a fait toutes sortes de compliments, a paru enchanté de mon premier article, et m'en demande le plus tôt possible trois ou quatre autres, afin de pouvoir me faire obtenir une place fixe; je vais lui donner trois articles sur l'*Histoire ancienne* de la Prusse par Kotzebuë, ouvrage qui vient de paraître, et qui n'est pas encore traduit; plus une biographie de l'historien Müller, après quoi j'espère que je serai placé. Ajoute à cela mon travail habituel du *Publiciste*, et enfin mes leçons journalières, tu verras que mon temps est plus que rempli, qu'il me reste bien peu de temps dont je puisse disposer, et qu'il est de mon devoir pour remplir mes engagements de diminuer, autant que possible, le nombre des correspondances qui ne me sont pas absolument nécessaires.

« Tu dois savoir comme moi que de ce nombre n'est pas la tienne; elle nous est nécessaire à l'un et à l'autre : je me fais un bonheur de te le répéter; plaise à Dieu que tu y croies autant que cela est vrai! Je suis continuellement occupé de toi, ma bonne mère; ta tristesse me navre plus que je ne

1. Des synonymes.

puis le dire; je donnerais la moitié de mon sang pour te rendre un peu de courage et de bonheur. Pauvre chère amie, personne ne comprend mieux que moi le vide que tu éprouves; je sens l'impossibilité de le combler, rien ne peut réparer la perte que tu as faite; rien n'en peut consoler. J'ai la profonde conviction que jamais fils n'a aimé sa mère plus que je ne t'aime, mais je n'espère pas remplacer pour toi mon père : il y a dans cette union un charme, une solidité au-dessus de tout; les plaisirs qu'elle donne, les liens qu'elle forme ne se peuvent comparer à rien; ce que Dieu a joint est mis dès lors hors de la portée du reste des hommes; ils ne peuvent fournir des consolations parfaites aux douleurs qui naissent de là..... Cependant, mon amie, je ne crains pas de t'affliger en te disant que la résignation doit nous inspirer non seulement de la soumission, mais du courage. Pardon, si j'ose te le dire, il faut tâcher de jouir, au sein même de cette cruelle vie, des biens qui peuvent nous rester encore. Parle-moi toujours de mon père, de tes regrets, de ce qui faisait son bonheur, mais laisse-moi le pouvoir de diminuer un peu ta tristesse. Si jamais je fais quelque chose de bien, les consolations que tu pourras en retirer seront ma plus douce récompense; c'est pour moi que je te le demande, pour mon propre bonheur. »

Le cercle de la vie et des pensées de M. Guizot

commençait à s'élargir. Présenté par M. Stapfer à M. Suard, secrétaire perpétuel de l'Académie française, il avait été accueilli par lui avec bienveillance, et s'était ainsi trouvé introduit dans un monde tout nouveau. M. Guizot l'a dépeint lui-même dans un article de la *Revue française* qui devint plus tard le fond de sa notice sur M^me^ de Rumford : « Une femme de soixante-dix-neuf ans, deux académiciens, l'un de quatre-vingt-deux ans, l'autre de soixante-seize, voilà quels centres restaient en 1809 à cette société qu'en 1769 tant de gens, et de si puissants et si divers, s'efforçaient d'attirer et de grouper autour d'eux. Le salon de M^me^ d'Houdetot, celui de M. Suard, celui de l'abbé Morellet, étaient presque les seuls asiles où l'esprit du vieux siècle se déployât encore à l'aise et en vérité : non que sa mémoire ne fût en grand honneur ailleurs et que beaucoup de gens ne fissent profession de lui appartenir; comment les hommes nouveaux, les enfants de la Révolution et de l'Empire auraient-ils renié le dix-huitième siècle ? Mais qu'ils étaient loin de lui ressembler ! La politique les absorbait, *la politique* pratique, réelle; toutes leurs pensées, toutes leurs forces étaient incessamment tendues, soit vers les affaires du maître, soit vers les leurs propres ; point de méditation, point de loisir ; du mouvement, du travail et du mouvement. Le dix-huitième siècle aussi s'occupait fort de politique, mais comme étude, non comme affaire ; en se promenant, pour ainsi dire, non en traînant la charrue ; elle tenait beaucoup de place dans les esprits, peu dans la vie ; on réfléchissait, ou dissertait, on projetait beaucoup ; on agissait peu..... Politique sans doute dans ses vœux et ses résultats, le dix-huitième siècle était bien davantage, et prenait à ses idées, à leur vérité, à leur manifestation, un plaisir tout à fait indépendant de l'emploi qu'en pourraient faire des publicistes ou des législateurs. C'est là le caractère de l'esprit philosophique, bien différent de l'esprit politique qui ne s'attache aux idées que dans leurs rapports avec les faits sociaux et pour les appliquer. Certaines fractions, certaines coteries du dix-huitième siècle, les économistes par exemple, s'occupaient spécialement de politique ; mais le siècle en général, la société du siècle dans son ensemble, aspirait surtout aux conquêtes et aux jouissances intellectuelles de tout genre, en tout sens, à tout prix, et la pensée de Voltaire, de Rousseau, de Diderot, se fût trouvée en prison si on l'eût astreinte à ne s'exercer que sur les formes du gouvernement et la destinée des nations.

« Les derniers contemporains de ces grands hommes, les survivants de l'école philosophique, M. Suard et l'abbé Morellet, n'étaient pas doués, à coup sûr, d'une pensée si exigeante et si étendue. M. Suard n'avait aucun vif désir de savoir ni de produire; quoique la littérature lui eût seule ouvert les portes du monde, il était plus homme du monde qu'homme de lettres. Esprit difficile, paresseux, d'une élégance et d'un dédain aristocratiques, pourvu qu'il menât une vie honorable, semée d'intérêts doux et de relations agréables, peu lui importait de déployer ses facultés ou de se faire un nom. Depuis que le travail n'était plus pour lui une nécessité, il le prenait et le quittait comme un passe-temps, lisant et écrivant à loisir, sans but, pour son seul plaisir, avec une sorte d'épicuréisme intellectuel qui n'avait pourtant rien d'égoïste ni d'indifférent. Les études de l'abbé Morellet avaient été plus sérieuses, plus patientes, mais très spéciales. L'économie politique l'avait presque exclusivement occupé. Il semble qu'à l'un et l'autre de ces deux hommes les restes de la société des Constituants, telle qu'elle se réunissait chez Mme de Tessé et chez la princesse de Hénin, avec ses traditions de leur temps, ses habitudes élégantes, son estime des lettres et ses principes politiques, dussent pleinement suffire. Et pourtant il n'en était rien : à l'exemple de leurs maîtres, ils avaient tous deux des besoins intellectuels plus étendus, plus variés; ils prenaient aux idées, aux mouvements de l'esprit humain, un intérêt plus désintéressé, si je peux ainsi parler, plus exempt de toute direction particulière, de toute application prochaine. Il leur fallait une coterie qui fût une image plus complète, plus fidèle, de leur temps et de la société au sein de laquelle ils s'étaient formés.

« Telle était en effet la leur. D'anciennes relations de même origine et de même goût, M. de Boufflers, M. Dupont de Nemours, M. Gallois et quelques académiciens dont M. Suard avait appuyé la candidature, et qui lui formaient un petit parti dans l'Académie ; quelques jeunes gens dont il encourageait le talent avec une bienveillance qui n'avait rien de banal ; quelques membres du Sénat ou d'autres corps qui faisaient profession d'indépendance ; quelques étrangers qui ne se seraient pas pardonné de quitter Paris sans avoir connu les derniers contemporains de Voltaire et de ce siècle dont la gloire a pénétré bien plus loin que celle d'aucun autre, voilà de quoi elle se composait. On se réunissait le jeudi chez l'abbé Morellet, les mardis et samedis chez M. Suard, quelquefois plus souvent pour un cercle choisi. Les mercredis, Mme d'Houdetot donnait à dîner à un certain nombre de personnes invitées une fois pour toutes, et qui pouvaient y aller quand il leur plaisait. Elles s'y trouvaient en général huit, dix, quelquefois davantage. Point de recherche, point de bonne chère ; le dîner n'était qu'un moyen, nullement un but de réunion. Après le dîner, assise au coin du feu, dans son grand fauteuil, le dos voûté, la tête inclinée sur la poitrine, parlant peu, bas, remuant à peine, Mme d'Houdetot assistait en quelque sorte à la conversation, sans la diriger, sans l'exciter, point gênante, point maîtresse de maison, bonne, facile, mais prenant à tout ce qui se disait, aux discussions littéraires, aux nouvelles de société ou de spectacle, au moindre incident, au moindre mot spirituel, un intérêt vif et curieux : mélange piquant et original de vieillesse et de jeunesse, de tranquillité et de mouvement.

« On trouvait chez M. Suard moins de facilité, moins de laisser-aller : là, peu d'apartés entre les voisins, peu d'interruptions au gré de telle ou telle fantaisie, une conversation presque toujours générale et suivie. C'était l'usage de la maison, et l'on y tenait ; il en résultait quelquefois, surtout au commencement de la soirée, un peu de gêne et de froideur. Mais, en revanche, là régnait une liberté beaucoup plus sérieuse et bien plus de variété réelle. M. Suard ne craignait d'aborder ni de voir aborder chez lui aucun sujet. Nulle part la franchise de la pensée et du langage n'était aussi grande, aussi ouvertement autorisée, provoquée par le maître de la maison. Les hommes qui ne l'ont pas vu ne sauraient se figurer, et les hommes qui l'ont vu ont oublié quelle était alors la timidité des esprits, la retenue des entretiens ; à quel point, dès que le moindre contact avec la politique se laissait entrevoir, les figures devenaient froides et les paroles officielles. Un censeur de cette époque montrait à un de ses amis certains passages d'une pièce de théâtre qu'il était chargé d'examiner : « Vous ne voyez point là d'allusions, lui disait-il, le public n'en verra point ; eh bien, monsieur, il y en a, et je me garderai bien de les autoriser. » De 1809 à 1814, tous étaient à peu près comme ce censeur, tous se conduisaient comme s'il y eût eu des allusions là où personne n'en eût pu voir, et sur tout sujet politique ou seulement philosophique, toute conversation un peu sérieuse en était frappée de mort. M. Suard n'avait jamais souffert que cette mort pénétrât chez lui ; nul homme, à coup sûr, n'était plus étranger à toute menée, à toute intention politique, plus modéré au fond dans ses opinions et ses désirs ; il n'avait même pour les actions et les affaires ni goût ni talent. Mais la liberté de la pensée et de la parole était sa vie, son honneur ; il se fût senti avili à ses propres yeux d'y renoncer, et la maintenait au profit de tous. C'était assez pour donner à sa société, de l'intérêt, du mouvement, et une véritable valeur morale. La conversation n'y manquait point d'ailleurs d'étendue et de variété ; aucune habitude, aucune préoccupation spéciale n'en rétrécissait le champ : philosophie, littérature, histoire, arts, antiquité, temps modernes, pays étrangers, tous les sujets y étaient accueillis avec faveur. Les idées jeunes et nouvelles même, fussent-elles peu en accord avec les traditions du dix-huitième siècle, n'y rencontraient point une hostilité repoussante ; on leur pardonnait de déplaire en faveur du mouvement d'esprit qu'excitait leur nouveauté. Car on avait besoin surtout de ce mouvement, on vivait en fait d'idées et de connaissances sur un fonds depuis longtemps exploité ; ainsi que les mêmes personnes, les mêmes réflexions, les mêmes anecdotes revenaient souvent, et l'activité, bien que réelle, n'était ni féconde ni progressive. Mais on y sentait incessamment cette sincérité, ce désintéressement de l'esprit qui font peut-être le plus grand charme de la pensée et de la conversation. On se réunissait, on causait sans nécessité, sans but, par le seul attrait des communications intellectuelles. Ce n'était pas sans doute le sérieux d'amis passionnés de la vérité et de la science, mais c'était encore moins l'étroit égoïsme ou le mesquin travail des gens qui ne font cas que de l'utile, et n'agissent ou ne parlent qu'avec un dessein spécial, en vue de quelque résultat déterminé. On ne recherchait pas, il est vrai, on ne produisait pas les idées pour elles-mêmes et pour elles seules ; on leur demandait quelque chose au delà, un plaisir social, mais rien de plus. »

Tout jeune qu'il fût encore, M. Guizot demandait déjà à la conversation quelque chose de plus qu'un plaisir social : il rêvait pour ses idées les triomphes qui n'appartiennent qu'à la vérité et qu'elle doit remporter tôt ou tard. Il trouvait d'ailleurs chez M. Suard un plaisir qu'il plaçait au-dessus de tous les autres. Il exprimait cette pensée en écrivant le 26 décembre 1867 à sa seconde fille, M^me Cornelis de Witt : « Il y a, je ne sais combien d'années, beaucoup d'années, j'étais un matin chez M. de Talleyrand en très petit comité, la duchesse de Dino, Piscatory, je ne sais plus qui encore, tous fort en train de causer. Il m'arriva de dire : « C'est un grand plaisir que la « conversation. — Il y en a un plus grand, c'est celui « de l'action, me dit M. de Talleyrand avec un demi- « sourire dédaigneux. » Et moi à mon tour : « Oui, mon prince, et il y en a un plus grand que ces deux là, c'est le plaisir de l'affection. » Il me regarda avec quelque surprise, mais sans sourire. Je crois que ce vieux, sec et corrompu diplomate, avait assez d'esprit pour trouver que j'avais raison. J'ai dit adieu à l'action, mais l'affection d'abord et un peu aussi la conversation tiennent encore une grande place dans ma vie. Ma pensée déborde continuellement et ne demanderait qu'à couler vers une âme. »

M. Guizot avait rencontré une âme à laquelle il pouvait confier le mouvement incessant de sa pensée, qui était digne de la comprendre et de lui offrir en échange d'incomparables richesses. On a raconté cent fois quel élan de sympathie l'avait porté, à vingt ans, à offrir à mademoiselle de Meulan le secours de sa plume, dans un moment où elle se trouvait accablée par des soins et des chagrins qui abattaient passagèrement son ferme courage. M. Guizot l'a raconté lui-même dans les notes qu'il a laissées sur la vie de sa femme. J'en veux donner ici quelques extraits, M. de Rémusat seul a eu connaissance de ce travail, qui lui a servi de guide pour la belle biographie de M^me^ Guizot, publiée en tête des *Conseils de morale*.

« Toute son enfance avait été maladive et languissante. On remarqua de très bonne heure sa vive sensibilité, sa parfaite probité et son extrême facilité; mais elle semblait n'avoir goût à aucun travail, à aucune occupation intellectuelle; ses leçons ne l'ennuyaient ni ne lui plaisaient. Elle faisait tout pour faire son devoir, et parce qu'elle trouvait plus commode de s'en acquitter que de résister, mais sans s'en soucier; elle se rappelait cette enfance comme un temps vide et froid. Elle aimait cependant passionnément sa sœur, plus jeune qu'elle d'environ dix-huit mois, et elle avait conçu un accès de passion pour un petit frère nommé Bazile, qui mourut, et dont elle s'était fait une sorte d'idole qui la préoccupa assez longtemps dans ses rêves. De dix à quatorze ans, son intelligence se manifesta de manière à la faire regarder par sa famille comme une enfant extraordinaire, et pourtant elle ne sortit point de sa langueur et de son peu de goût pour toute sorte d'étude. Elle faisait des comédies, des fables, avec une vivacité et une correction singulières, mais sans originalité, sans invention. Çà et là seulement on remarquait quelques traits de vive sensibilité. Sa disposition habituelle était silencieuse et rêveuse. Le médecin de sa famille, Vicq d'Azyr, la soignait avec passion.

« Son père, Charles-Jacques-Louis de Meulan, receveur général des finances de la ville de Paris, était un homme honnête et bon, aux mœurs gaies, uniquement occupé de jouir de sa fortune et d'en faire jouir les autres. Il aimait le spectacle, les chansons, la petite littérature et il avait pris chez lui Collé à titre de secrétaire. Il ne pouvait souffrir les philosophes, qu'il trouvait pédants et téméraires. Sa mère, Marguerite-Jeanne de Saint-Chamans, avait les sentiments élevés et l'esprit délicat. Sa société était favorable aux gens d'esprit et aux idées nouvelles, plutôt par générosité de cœur et par élégance que par conviction et esprit de parti. Elle téait liée avec toute la portion du dix-huitième siècle qui voulait être sérieuse et morale, M. Necker et ses partisans, les économistes; M. de Rulhières et M. de Condorcet passaient leur vie chez elle. Son père, M. le comte de Saint-Chamans, colonel d'infanterie, très galant homme, professait toutes les opinions de la minorité de la noblesse à l'Assemblée constituante.

« Le premier ébranlement intellectuel data pour Mlle de Meulan des premiers temps de la Révolution. Elle vivait au milieu de toutes les opinions ; son père et plusieurs de ses parents étaient aristocrates ; sa mère et quelques intimes amis, comme M. de Lamillière, partisans de M. Necker, du doublement du Tiers et des réformes légales et philanthropiques ; plusieurs autres, comme Mme de Saint-Chamans, M. de Champfort, démocrates. Elle n'avait point d'opinion ; la plupart des actes de la Révolution lui déplaisaient ; le mouvement et la liberté la charmèrent. Elle se rappelait avec transport la société de ce temps et deux séances de l'Assemblée constituante où on l'avait conduite. Un sentiment très vif et parfaitement simple de l'égalité s'établit dès lors en elle. Elle était antirévolutionnaire et libérale, sans se rendre compte ni de l'une ni de l'autre tendance.

« De 1788 à 1790, la fortune de sa maison continua de se détruire. Son père était malade ; des embarras de tout genre commençaient à assaillir les siens ; l'esprit de famille se développa vivement en elle ; quand elle rentrait en elle-même, elle souffrait de l'immobilité de sa vie au milieu du bouleversement général. Toute son activité se tournait en sympathie et en dévouement. Elle eut bientôt sujet de l'exercer. Son père mourut en 1790, et les débris de sa grande fortune ne laissèrent que des charges à sa veuve et à ses enfants. Mlle de Meulan se désolait de ne pouvoir décider tous les siens à prendre un grand parti, à renoncer à tout et à se réduire au pur nécessaire. Sa mère était d'une incapacité absolue en affaires. Seule mademoiselle de Meulan devait plus tard parvenir à éclaircir une situation tristement embrouillée. Elle avait conservé un souvenir amer de toutes les déceptions qu'elle avait alors subies. « Beaucoup d'amis à compter sans pouvoir y compter » dit-elle dans un essai intitulé *Les amis dans le malheur*, « beaucoup d'argent à manier sans pouvoir en garder; beaucoup de dettes, pas de créances, beaucoup d'affaires qui ne vous rapportent rien. »

« En 1794, tous les nobles furent exilés de Paris. Mme de Meulan s'établit à Passy. Les deux sœurs n'avaient presque d'autres distractions que d'aller tous les jours signer leur nom sur le registre de la municipalité, et de s'entendre dire par le maire, assez bon homme: « Citoyenne, comment va madame ta mère? » Dans cette immobilité de la vie, le spectacle de la Terreur produisait dans l'âme de Mlle de Meulan une agitation violente. Elle contracta une habitude permanente d'émotion forte et de méditation solitaire. Ce fut là que, tout en dessinant, elle découvrit un jour qu'elle avait de l'esprit, et bientôt même beaucoup d'esprit. Elle en ressentit la même joie que si elle eût découvert un compagnon ou un ami.

« Rentrée à Paris après le 9 thermidor, elle sentit bientôt se développer rapidement son esprit comme son caractère. Elle prenait un ardent intérêt à la politique du temps, à la lutte de la liberté contre la révolution, mais sans opinions générales, sans but déterminé, uniquement sous un point de vue moral et pratique. Sa confiance dans sa jeunesse et dans sa force allait croissant; elle était naturellement portée vers les sentiments et les résolutions énergiques. Toutes les finesses, toutes les délicatesses, toutes les susceptibilités d'esprit, de cœur et de mœurs de l'ancien régime s'alliaient en elle avec l'allure libre, franche et quelquefois un peu rude de la Révolution.

« Au milieu de tout le mouvement politique, elle lisait et méditait beaucoup, surtout de la métaphysique. Elle avait commencé Locke, Helvétius, Condillac et bien d'autres, sans aller jusqu'au bout d'aucun ouvrage. Elle s'arrêtait à chaque instant pour réfléchir et écrire à sa guise. Il y avait foule dans sa tête, et nul ne venait à son secours pour l'aider à se démêler de tant d'idées confuses.

« En 1798, elle sauva M. de Lamillière qui allait être envoyé à une commission militaire, en qualité d'émigré. Elle frappa beaucoup Treilhard, alors directeur. Sur sa seule sollicitation, et malgré la difficulté de l'affaire, il empêcha que M. de Lamillière ne fût traduit devant la commission militaire. Elle se souvenait avec plaisir de ce premier succès personnel, et du courage obstiné qu'elle avait mis à surmonter toutes ses répugnances pour aller souvent chez Treilhard et traiter l'affaire avec lui. La chose faite, elle retourna chez Treilhard deux ou trois fois en témoignage de reconnaissance; mais la timidité et la répugnance reprirent le dessus; elle fut un soir sur le point de fondre en larmes dans ce salon.

« Ce fut vers cette époque qu'elle commença à travailler pour aider sa famille. Elle se savait de l'esprit. M. de Vaines et M. Suard lui apprirent qu'elle pouvait en tirer parti; elle n'y pensait pas.

« En 1800, elle publia les *Contradictions* et la *Chapelle d'Ayton ;* en 1801, elle commença d'écrire dans le *Publiciste*, que M. Suard venait de fonder. Ses articles eurent sur-le-champ beaucoup de succès dans le monde. Elle avait pris l'habitude de sortir le soir, autant que le lui permettait son travail; elle s'amusait sans se plaire, sans sympathiser vraiment avec personne, partout indépendante, étrangère, presque un peu sauvage, dédaignant son propre plaisir, possédant et sentant en elle-même une force d'esprit et d'âme bien supérieure à ce qu'elle voyait, à ce qu'elle faisait, mais ne sachant pas en tirer parti ni se développer comme il lui convenait. Le caractère de sa critique s'en ressentait; elle n'était pas purement littéraire; partout la morale y prenait place pour lier ses jugements sur les ouvrages à la peinture de la nature humaine, des mœurs et des temps.

« En 1803, sa sœur épousa M. Jacques Dillon, ingénieur distingué, appartenant à la branche des Dillon établie à Naples. M. de Barnet, un de leurs parents, leur avait laissé à chacune 20 000 francs. Elle donna sa part à sa sœur. Elle était convaincue qu'elle ne se marierait pas. La disposition à faire le sacrifice de son bonheur personnel ne détruisait pas en elle la disposition à jouir passionnément du bonheur. Jamais peut-être il ne s'est vu une telle alliance de tant d'abandon dans le dévouement et de tant d'énergie dans l'individualité. Sa sœur l'adorait.

« M. Dillon mourut à la fin de mars 1807. Ce fut à M. Suard, avec qui je dînais chez M. Stapfer, que j'entendis raconter, le surlendemain de cette mort, le malheur de la famille et l'anxiété de M^lle^ de Meulan, malade de chagrin et de fatigue.

« Je lui écrivis le jour même; le lendemain matin, j'avais fait un article pour elle. Il fut inséré dans le *Publiciste* le 31 mars.

« Je passai quinze jours à travailler pour elle sans me faire connaître. En commençant, je n'étais pas décidé du tout à dire jamais mon nom, ni à aller la voir. Cependant je suis sûr qu'en lui écrivant pour la première fois, j'ai eu le sentiment que je faisais quelque chose d'un peu étrange et qui influerait peut-être sur toute ma vie.

« Je l'ai vue pour la première fois le 13 avril. Au mois de juin, j'allai m'établir à la campagne, près de Montfort l'Amaury, chez M. Stapfer, avec qui j'étais fort lié. Ma santé était en mauvais état. Elle se chargea de toutes mes affaires et de toutes mes relations littéraires à Paris. J'y venais à peu près toutes les six semaines pour trois ou quatre jours. J'entrais alors dans le monde que formaient les débris du dix-huitième siècle, débris de deux sortes : d'une part les philosophes, de l'autre la portion de la société aristocratique qui, sans aimer les philosophes, n'était cependant pas violemment brouillée avec eux. Je voyais ce monde-là toutes les fois que je venais à Paris. Elle y avait constamment vécu. La diversité de nos origines et de nos habitudes nous a longtemps empêchés de nous entendre pleinement. La parfaite harmonie n'est venue qu'à la suite d'une longue et réciproque influence. J'ai élevé et agrandi la sphère de sa vie; elle a beaucoup contribué à me faire vivre dans la vérité. C'est de 1810 à 1812, après mon retour définitif à Paris, que l'intimité est devenue entière entre nous, et que nous nous sommes définitivement unis dans la même sphère de sentiment et d'idées. En juillet

1811, j'allai faire un voyage en Languedoc. C'est de là que je lui ai écrit ce qu'elle était devenue pour moi. A mon retour, en septembre, nous arrangeâmes notre mariage. Il ne put avoir lieu que le 7 avril 1812. »

La correspondance de M. Guizot avec Mlle de Meulan à cette époque témoigne en effet du progrès constant de leur intimité intellectuelle comme de leur affection réciproque. La différence d'origine et d'éducation, bien plus que celle de l'âge, leur inspirait souvent des jugements différents qui les étonnaient et les attristaient. « Vous me remerciez de mes conseils sur la littérature étrangère, écrivait Mlle de Meulan le 24 février 1809 :

Mon frère, vos conseils sont les meilleurs du monde;
Ils sont bien raisonnés et j'en fais un grand cas,
Mais vous trouverez bon que je n'en use pas.

« Bien, monsieur Orgon, il vous manque seulement cette large barbe au milieu du visage. » Mais puisque vous aimez tant les conseils que de ne les pas suivre, j'ajouterai aux miens que ce matin notre rédacteur est venu se plaindre à moi que vous eussiez fait cinq articles sur Walstein, et je l'ai vu si embarrassé des deux derniers que je l'ai engagé à les placer dans la feuille pour varier un peu et par égard pour les gens qui se sont plaints d'en avoir déjà eu trois dans le feuilleton. Vous pensez bien que ce n'est pas de lui-même que M. Saint-Légier est venu me conter cela. La même chose a été dite à Lacretelle. M. Suard m'en a insinué quelques mots, M. Marignié de même. Que dites-vous, seigneur, de mes conseils? Et quels étaient-ils donc mes conseils, je vous prie? *De répéter les choses que tous les critiques français disent ou ont dites?* Ah oui! J'ai tant de goût pour les choses répétées! Voilà ce rigide écrivain, décidé à exprimer son opinion quelle qu'elle soit, qui ne peut s'empêcher, pour repousser mes conseils, de me prêter une opinion qu'il sait fort bien que je n'ai pas! Sérieusement, mon ami, vous ai-je jamais dit que vous ne deviez pas suivre votre manière? Je suis si loin de le désirer, que si je pouvais craindre que mes conseils eussent influence sur vous, ce que, Dieu merci, je ne crains pas, je m'abstiendrais de vous les donner, de peur de vous voir changer ou contraindre quelque chose et cesser d'être vous-même; c'est là, mon cher ami, ce que vous pouvez être de mieux, d'abord parce que vos idées et votre manière sont excellentes, ensuite parce que ce sont les vôtres, et que tout ce qui est en vous est si bien lié, forme un ensemble si complet, si régulier, que vous n'en devez rien abandonner. Mais il y a en vous certaines choses qui n'appartiennent pas à cet ensemble, qui ne sont pas de vous; quelques préventions, cher ami, parce que vous avez beaucoup réfléchi et peu expérimenté, quelques formes dont vous ne pouvez juger l'à-propos, parce que vous avez cessé de fréquenter le public pour lequel vous écrivez, précisément au moment où vous avez commencé à écrire pour lui, au moment où l'observation de la société eût pu vous instruire ou vous avertir. Vous n'écrivez pas pour moi, mon ami, ni pour vous, ni pour vos amis instruits et raisonnables. Vous ne connaissez pas les gens pour qui vous écrivez; vous n'êtes pas au courant de leurs préjugés du moment, ni des choses qu'il peut être bon, non de feindre, mais de ménager. Et après tout, pouvons-nous être sûrs, même après de longues réflexions, que la connaissance d'opinions différentes, fussent-elles fausses, ne changera rien aux nôtres, ne fût-ce qu'en nous faisant naître des idées nouvelles? Vous me direz que vous n'attendez rien de votre public; ah! ah! je croyais que vous attendiez de lui le prix de notre travail, entrepris pour fonder votre existence, et que ce prix devait être proportionné à votre succès. Vous voulez une existence modeste; mais, mon ami, plus vous aurez de succès et de réputation, plus vous obtiendrez promptement et avec peu de peine l'accomplissement de ce modeste désir. N'est-ce pas là une considération, paresseux? Vous m'avez dit souvent que vous désiriez être utile; quand on veut être utile aux hommes et qu'on n'a pas de fouet à étendre sur eux, il faut commencer par leur plaire pour s'en faire obéir après. Écoutez, d'ailleurs, il y a une autre raison pour que vous cherchiez à plaire au public : c'est que moi, votre homme d'affaires, je dois être payé de mes peines, et que j'aime à vous entendre louer. Pour cela, cher ami, prenez soin de ne pas changer ; soyez et restez vous-même ; seulement, puisqu'ils le veulent, un peu moins d'articles sur le même sujet ; après cela, tout ce que vous direz sera bon, dût la forme en être un peu partiale ; ils s'y accoutumeront ; l'essentiel, c'est la variété. Voilà la conclusion de mon sermon ; j'ai voulu prouver, non que vous avez tort, mais que j'ai raison, et que vous devez faire un peu plus de cas de mes conseils. Je vous conseille aussi de ne pas me trop contrarier ; quand je suis fâchée, j'écris de longues lettres, je me fatigue, je ne fais rien et je perds mon temps avec vous. Quel temps doucement perdu ! »

L'année suivante, la fusion des âmes était plus complète. M^lle de Meulan écrivait à M. Guizot, de Marly où elle passait quelques jours chez M^me de Vaines : « Je vous l'ai dit souvent, vous avez tué toutes mes facultés ; mais il n'y a pas de mal, puisque c'est vous que vous avez mis à la place de moi. »

Peu de jours après son mariage, M. Guizot fut nommé professeur à la Faculté des Lettres. D'abord suppléant de M. de Lacretelle avec une dispense d'âge, il vit bientôt sa vie arrangée par une nomination définitive à la chaire d'histoire moderne, créée pour lui par M. de Fontanes. En lui annonçant son choix, le grand maître de l'Université fit entendre au nouveau professeur que l'Empereur lisait tous les discours d'ouverture et qu'il était accoutumé à y rencontrer son éloge. Les opinions de M. Guizot n'étaient pas favorables au pouvoir absolu. Bien qu'il s'occupât peu de politique, et qu'il ne fût point activement mêlé à l'opposition, il refusa. On était à Courbevoie, dans une jolie maison de campagne que M. de Fontanes habitait souvent pendant l'été; M. Guizot y dînait. M. de Fontanes insista doucement, puis sur le refus réitéré : « Que ces protestants sont entêtés! dit-il enfin en souriant. Je m'en tirerai comme je pourrai ! »

Pour la première fois de sa vie, M. Guizot jouissait du plaisir charmant d'un libre travail tendant vers un but déterminé. M^lle^ de Meulan le lui avait écrit naguère avec cette franchise qui la caractérisait : « Vous parlez toujours mieux des choses que des livres, parce que vous voyez dans un livre ce qui vous plaît, et ce qui vous plaît vaut beaucoup mieux que ce que le livre contient. Vous concevez le sujet d'une manière plus élevée ou plus sensée, et vous supposez qu'il est traité ainsi. Mon pauvre ami, vous vaudriez beaucoup mieux comme auteur que comme critique; je ne pense pas qu'il y ait là de quoi se tenir pour humilié. Porter de l'imagination dans la critique, c'est un bon lot. » L'esprit de M. Guizot allait désormais déployer son originalité dans le vaste champ des études historiques.

Ce fut à cette époque que M. Guizot entra en relations avec M. Royer-Collard, professeur de philosophie à la Faculté des Lettres. Celui-ci témoigna bientôt à son jeune collègue une sympathie et une amitié qui touchèrent profondément M. Guizot. Trente-deux ans plus tard, au mois de septembre 1845, M. Royer-Collard venait de mourir, et M. Guizot écrivait : « Je voudrais avoir des détails sur les derniers moments de M. Royer-Collard. J'en ai demandé à son neveu. Certainement je garderai toujours de lui un affectueux et reconnaissant souvenir. Je l'ai fait même dans le temps où il n'était pas bien pour moi. Il a fait bien plus que de me rendre service dans ma carrière. Il a réellement contribué à mon développement intérieur et personnel. Il m'a ouvert des perspectives et appris des vérités que sans lui je n'aurais peut-être jamais connues. C'est là un service bien supérieur à tout autre, et bien plus rare. » M. Guizot attribua toujours à sa femme une part dominante dans son développement intellectuel et moral.

En 1814, M. et M^me^ Guizot étaient à Nîmes : il la conduisit pour la première fois dans un petit monde aussi nouveau pour elle qu'elle y était elle-même

4

étrangère. Il en fut rappelé pour occuper au ministère de l'intérieur le poste de secrétaire général auprès de l'abbé de Montesquiou. M. Guizot était protestant et libéral ; sa nomination fut l'enseigne du nouveau ministre, auquel M. Royer-Collard l'avait recommandé. Ce ne fut pas sans quelque effort que M. Guizot renonça à ses études et à son enseignement. L'effort fut plus grand encore pour ceux qui l'aimaient et qui n'avaient pas goût à le voir entrer dans la vie publique. Sa mère redoutait à la fois l'influence et les dangers de la politique. « En 1814, les affaires plaisaient peu à sa femme ; elle les trouvait médiocres et monotones ; elle avait attendu mieux, et elle regrettait la vie de conversation et de travail intérieur[1]. »

Les regrets étaient vains, car, malgré les fréquents retours de M. Guizot à l'activité purement littéraire qui devait encore remplir une si grande part de sa longue vie, il avait à jamais pris place dans la carrière politique, et la politique avait pris place dans sa vie ; l'action indépendante et libre de sa pensée ne suffisait plus à l'absorber.

Ce fut cependant sans regret qu'il se prépara à reprendre son cours, lorsque les Cent-Jours remirent encore une fois en question le repos de la France et de l'Europe. Le professeur ne devait pas sitôt remonter dans sa chaire. Le douloureux

1. Notes de M. Guizot

état de son pays, les inquiétudes pour l'avenir le préoccupaient trop profondément pour qu'il se crût le droit de refuser la mission que lui confièrent auprès du roi Louis XVIII les amis de la monarchie constitutionnelle. Laissant à Paris sa femme grosse de son second enfant, après avoir eu la douleur de perdre le premier, il ignorait à quel moment il pourrait la retrouver, et si la situation de la France lui permettrait d'y vivre en paix. Ses lettres de Gand portent l'empreinte de sa tristesse et de ses soucis.

4 juin. « J'ai eu hier un cruel moment, ma Pauline; on a répandu tout d'un coup la nouvelle qu'on se battait à Paris et que la garnison de Lille avait reçu l'ordre de marcher en poste contre les rebelles. Quelle angoisse! On se battait à Paris et tu y étais seule! J'ai couru partout pour savoir la vérité, la nouvelle était complètement fausse ; on nous assure seulement que deux régiments se sont querellés à Meaux et qu'on a ramené à Paris quelques blessés. Un homme parti de Paris le 30 mai dit que tout y était tranquille. Dieu soit loué! Mais comment supporterai-je chaque jour, à chaque instant, l'idée qu'il peut y avoir à Paris des émeutes, des désordres, et que je ne suis pas là pour te préserver, pour veiller sur toi? Mon Dieu, quel supplice! Comment ai-je pu m'y résoudre? Devais-je avoir une autre pensée que toi?

« Sais-tu ce qui m'a décidé, mon amie? Le désir

de devenir tout ce que je dois être pour que rien ne manque à ton bonheur, de remplir tous les devoirs que m'impose ce que tu penses de moi. C'est à toi que tiennent mon activité et mon ambition; c'est à cause de toi que je ne veux négliger aucune occasion de me distinguer des autres hommes; sans notre union, j'aurais vécu dans ma paresse naturelle; j'aurais pu sentir par moment le besoin de faire usage de mes facultés et le désir de montrer ce que je suis, mais ces sentiments ne se seraient pas soutenus; mon indolence et mon mépris pour les choses de ce monde l'auraient presque toujours emporté. Chère amie, c'est toi qui me donnes de la force, de l'activité, de la constance; tu suffirais à mon bonheur; près de toi, je ne désirerais, je ne regretterais rien, mais tout ce que j'ai en moi t'appartient et il ne m'est pas permis d'en laisser rien perdre; c'est ton bien que je fais valoir. C'est à toi que j'en veux rendre les fruits. Malheureusement, depuis le jour où j'ai vu le roi, je n'ai eu ici rien à faire, et je ne sais trop si cela changera; on se promène, on se visite, on s'ennuie et voilà tout : à peine y a-t-il conseil tous les quinze jours; on ne se rassemble point pour discuter, pour se préparer, pour s'entendre; il semble que lorsqu'on s'est vu une fois on s'est tout dit; on se rejette sur ce qu'il n'y a, dit-on, rien à faire, et pourtant les partis s'observent et s'attaquent sourdement, en attendant qu'ils puissent se déclarer; le parti des hommes éclairés n'a d'espoir qu'en M. de Talleyrand, et on l'attend toujours; enfin on assure qu'il arrivera cette semaine. Dieu veuille qu'il ait assez de fermeté et un désir assez vif de sauver la France pour dire tout ce que sa position lui permet de dire, et pour demander tout ce qu'elle le met en état d'obtenir ! S'il y apporte du laisser-aller et de l'indolence, nous sommes perdus ; Bonaparte n'y gagnera rien, mais jamais le gouvernement du roi ne se consolidera en France, et peut-être même ne s'y rétablira-t-il pas du tout; alors je ne sais ce que nous aurons. Il faut voir ce que je vois pour y croire ; non, jamais je n'aurais imaginé qu'on puisse être aveugle à ce point: c'est par Bonaparte qu'on a été détrôné, après la chute de Bonaparte on remontera sur le trône ; on ne voit rien au delà ! On convient à peu près que les ministres ont été incapables ; mais pourquoi, comment, quel était le mal caché, à quelle ignorance ont tenu les fautes, quelle nouvelle marche faudra-t-il suivre, quels obstacles aura-t-on à écarter, c'est ce qu'on ne sait point, ce dont on ne s'inquiète point; et quand on saurait ce qu'il y aura à faire, peut-être n'aurait-on pas le courage de le tenter ; il faudrait se donner trop de peine, essuyer trop d'objections, écarter trop de prétentions, déranger trop d'habitudes, supporter trop d'humeur ; il vaut mieux dormir en paix ; du moins quand on dort, on ne voit pas le précipice, et l'on y tombe sans avoir eu le tourment de la prévoyance. Autour de cet inconcevable sommeil s'agitent mille petites ambitions, aussi vigilantes, aussi empressées que si l'on vivait dans la sécurité la plus profonde. Tout le monde parle, et tout le monde veut être cru ; je n'ai pas encore pu découvrir, après ce qui s'est passé, un amour-propre humilié ni une prétention déconcertée ; je rencontre partout la même assurance, la même confiance, le même langage ; on est seulement un peu plus animé qu'on ne le serait à Paris si Bonaparte ne nous avait pas chassés, parce que chaque parti espère profiter de cette crise pour triompher de ses adversaires. — Tout cela me désole, et je n'échappe au tourment d'un tel spectacle qu'à la faveur de cette admirable légèreté humaine qui se distrait, par une promenade ou par une conversation futile, des pensées qui agitent et des sentiments qui oppressent. — J'ai vu Pozzo di Borgo, il est venu passer ici deux jours, et nous avons passé une heure ensemble. Celui-là est vraiment un homme supérieur, plein d'activité et de lumières. « J'espère, m'a-t-il dit, que la France saura un jour quels services je lui ai rendus. » Je ne connais personne qui juge mieux le passé, le présent et qui soit meilleur à consulter pour l'avenir. Très heureusement il a du crédit ici, à Vienne, à Bruxelles, et auprès des hommes entre les mains desquels sont nos affaires. Bonaparte a là un terrible ennemi. Nous avons beaucoup causé de l'état de la France; les souverains ne le connaissent point; il serait de la plus haute importance qu'ils s'en formassent une juste idée; ils accueillent mille contes absurdes; ils jugent mal les hommes comme les choses, et Pozzo nous sert à merveille en les détrompant, en les éclairant, en déjouant les intrigues qu'on noue et renoue sans cesse autour d'eux. »

Cependant le bon sens et la bonne politique triomphèrent, et le roi Louis XVIII rentra en France sans M. de Blacas, dont la personne était moins dangereuse par elle-même que sa présence ne l'aurait paru aux yeux du public comme un symptôme de l'état d'esprit du roi. Les amis de M. Guizot semblaient devoir exercer une salutaire influence; il occupa au ministère de la justice, auprès de M. de Barbé-Marbois, la charge de secrétaire général qu'il avait naguère occupée à l'intérieur auprès de l'abbé de Montesquiou. Il n'y devait pas séjourner longtemps. Le soulèvement des passions politiques, la crainte d'une révolution nouvelle, avaient envoyé à la Chambre des députés des royalistes si fougueux et si intolérants, qu'ils ne pouvaient supporter même les hommes appartenant à l'ancien régime, lorsqu'ils avaient servi l'empereur ou conservé l'empreinte des idées de 1789. M. de Barbé-Marbois était odieux à la *Chambre introuvable;* il dut se retirer et M. Guizot se retira avec lui. Simple maître des requêtes au Conseil d'État, occupé en même temps de la reprise de son cours, il ne cessa pas de prendre un ardent intérêt à la lutte que soutenaient encore MM. de Richelieu et Decazes contre la violence des ultras. En 1816 il écrivit en réponse à une brochure de M. de Vitrolles son pamphlet : *Du gouvernement représentatif et de l'état actuel de la France;* la même année il publia un *Essai sur l'histoire et l'état actuel de l'instruction publique en France;* enfin il contribua, par un mémoire que lui avait demandé M. Decazes, à la résolution que prit Louis XVIII de dissoudre la Chambre introuvable (5 septembre 1816). Nommé conseiller d'État en 1818, M. Guizot prit part à la préparation de toutes les grandes lois qui devaient fonder en France le régime d'une sage liberté. Tantôt suggérant à M. Lainé des arguments qui devaient agir sur l'esprit du ministre avant de l'aider à défendre à la Chambre la loi électorale, tantôt préparant les discours du maréchal Gouvion Saint-Cyr en faveur de sa loi militaire, M. Guizot était devenu l'un des plus actifs soutiens du gouvernement, tout en conservant une indépendance de pensées et de conduite qui gênait parfois, tout en les servant, ceux de ses amis qui étaient au pouvoir. Tel était fréquemment le sort des doctrinaires [1].

1. C'est ainsi qu'on appelait le petit groupe des hommes distin-

Leur influence devint prépondérante lorsque M. Decazes prit en main les rênes du gouvernement (juillet 1819). Le nouveau ministre créa pour M. Guizot la direction des affaires commerciales et départementales au ministère de l'intérieur, qui le mit en rapports pratiques avec l'administration tout entière. Il s'en occupait avec un intérêt croissant, que partageait Mme Guizot. On sait comment l'assassinat de M. le duc de Berry (13 février 1820), en soulevant des terreurs insensées et d'odieuses intrigues, amena la chute du ministère Decazes. M. de Serre, séparé de ses anciens amis, était devenu garde des sceaux ; il élimina du Conseil d'Etat MM. Royer-Collard, de Barante, Camille Jordan et Guizot. M. Guizot quitta Paris pendant quelques mois, et s'établit à la campagne près de Meulan, à la *Maisonnette* que lui avait prêtée Mme de Condorcet. Occupé d'écrire un petit volume intitulé : *Du gouvernement de la France depuis la Restauration et du ministère actuel*, il revint seul à Paris au mois de septembre pour en préparer la publication. Mme Guizot et son fils restèrent à la campagne. Plus que jamais la séparation était devenue insupportable à l'un et à l'autre ; car ils avaient retrouvé la solitude et le travail commun.

« J'ai eu la migraine en arrivant, écrivait M. Gui-

gués qui reconnaissaient pour leur chef M. Royer-Collard, élevé naguère dans un collège de prêtres doctrinaires.

zot le 13 septembre 1820 ; ce n'est point la voiture mais de t'avoir quittée qui me l'a value ; j'ai eu pendant la moitié de la route un serrement de cœur intolérable. Je ne m'en plains pas ; je crois en vérité que j'ai pris plaisir à avoir la migraine à cause de toi et parce que je t'aime. Cependant ne l'aie pas de ton côté, dors et soigne-toi ; elle est passée pour moi ce matin, elle reviendrait si je n'étais pas tranquille sur ton compte. Je ne puis dire combien j'ai été heureux pendant les six semaines qui viennent de s'écouler ; je l'ai bien su en en jouissant, je le sens bien en m'en séparant, je le sentirai de même en y revenant. Je te porte, je te trouve partout, toi et le bonheur que tu me donnes ; loin, tout te rappelle à moi ; près, tu me fais tout oublier ; ma vie c'est ta pensée ; et pourtant cette vie si exclusivement dévouée à toi, je la sens libre, active, étendue ; à chaque instant je te la donne tout entière, et tu me la rends plus puissante et plus belle ; non, jamais, ma Pauline, jamais nous ne saurons ce que nous sommes l'un pour l'autre ; ce ne sera pas trop de l'éternité pour notre bonheur.

« En attendant l'éternité, voici depuis hier l'emploi de mon temps. Arrivé à six heures, en dépit de la migraine, j'ai écrit de suite sept billets. En argot ministériel, cela s'appelle nouer ses fils. Mes billets écrits, j'ai dîné ; à huit heures, j'ai été chez Royer ; je l'ai trouvé débarrassé depuis trois jours d'une opération. Il s'était formé derrière l'oreille un abcès qui a appelé, même assez sérieusement, le bistouri de Dubois. Très probablement dans quinze jours il sera guéri. Dubois l'a soigné comme la prunelle de ses yeux. Aussi ai-je trouvé Royer fort gai, charmé de sentir son mal s'en aller, et point découragé sur l'avenir. Je ne l'ai jamais vu se préparer aussi ouvertement à la position qui l'attend. En tout, d'après ce qu'il m'a dit, il m'est déjà clair que le noir se dissipe un peu et qu'on se renferme chaque jour davantage dans la question ministérielle. Chaque jour aussi, la solution de cette question-là paraît plus sûre ; on dit que chaque semaine le ministère raye deux ou trois départements de la liste de ceux où il se promet les élections. Comme il assure qu'il ne peut convoquer les collèges avant le 5 ou 6 novembre, il a encore quinze ou seize départements à rayer. Cela promet. Du reste, on paraît croire que de Serre pense seul aux coups d'État si les élections ne sont pas pour eux. Les autres, dans cette hypothèse, ne parlent que de retraite. Te rappelles-tu ce vieux câlin de sénateur Cornet qui disait : « J'ai toujours vu que les généreux périssent. » Malgré tout ce qu'il a fait, de Serre est un généreux, et il périra. »

Le 16, Mme Guizot écrivait : « Je suis bien, sauf un peu d'envie de dormir, reste d'une nuit détestable. Sans le travail, je n'aurais à me plaindre de rien ; mais c'est une grande calamité pour moi de ne pouvoir l'accorder avec le reste de ma vie. S'il était possible que je m'y livrasse pleinement en y dévouant tout mon temps, toutes mes idées, comme tu le fais, quand tu veux bien travailler, je travaillerais bien aussi; je m'en sens encore la force, mais je n'ai pas celle de passer continuellement d'une vie à une autre, de cette foule de sentiments, d'idées, de soins dirigés vers d'autres existences, à ces conceptions qui ne peuvent venir que de moi. Je suis *toi* hors de mon travail ; je suis à mon fils, je suis à ce qui t'occupe, à ce qui m'occupe pour lui ; pour travailler, je ne puis être que moi-même, et le loisir me manque pour les transitions; je m'y épuise, et il ne me reste de force pour rien. Mon ami bien-aimé, je te dis cela, non pas que toi, ni moi, ni personne y puissions rien, mais pour que tu le saches, pour ne pas joindre à cette idée qui me poursuit que je ne suis pas ce que je devrais être, l'idée que tu penses que je ne suis pas ce que je pourrais. Je suis mécontente de moi, et je ne veux pas que tu le sois, et pourtant je ne veux pas te tromper; il n'en est pas moins vrai que lorsque je m'accuse, je sens en même temps le besoin de m'excuser envers toi : tu es le seul être au monde de qui je veuille obtenir plus que je ne mérite. Et comment ne voudrais-je pas tout ce que tu peux donner? Ah! mon ami, le monde est pour nous trop petit et trop faible : nous le sommes trop nous-mêmes pour ce qui a été mis en nous. Mais n'y pensons pas trop; la vie active est, je crois, un régime prescrit à notre raison pour conserver l'équilibre, un devoir envers notre être physique qui ne soutiendrait pas la force de l'âme vivant toujours en elle-même. Il le faut donc; parlons d'autre chose.

« Ton pauvre petit garçon était hier au soir d'une tristesse, d'une agitation réelle, de n'avoir pas de réponse, il l'attend pour ce soir. Tu n'as pas d'idée à quel point il est occupé de toi. Bon petit! Il me faut pourtant gronder souvent. L'attention est une chose bien difficile à obtenir de lui : c'est pour lui un véritable effort, surtout pour l'étude, beaucoup moins pour le travail; il sera comme moi, il aimera mieux faire qu'apprendre. Son imagination l'emporte; elle est bien facile à frapper. Depuis que tu n'y es pas, il s'avise d'avoir peur le soir parce qu'il n'y a que des femmes dans la maison. Hier, je lui montrais le Saint-Michel de Raphaël; le diable l'occupait, quoiqu'il fît bonne mine. Il aura besoin d'une raison bien forte, mais si à nous deux nous ne la lui donnons pas, il y aura du malheur. Adieu, je vais donc bientôt t'aller voir; en sens-tu comme moi toute la joie? Près de toi, le loisir au moins me repose; loin de toi, le travail est ce qui me fatigue le moins, mais j'y arrive sans force, il faut qu'il me la rende. Adieu donc, adieu encore. »

Mme Guizot travaillait cependant malgré le pénible effort que lui coûtait le travail. Délicate toute sa vie, elle avait porté un fardeau, fort aggravé par les agitations de son âme, et sa santé s'en ressentait. Son courage ne se lassait pas; lorsqu'il semblait un instant lui échapper, elle le ressaisissait par un effort suprême; et le développement de sa foi religieuse contribuait à la calmer; mais sa sincérité absolue, la nécessité où elle se sentait toujours de dire tout ce qu'elle pensait, laissait parfois paraître les combats de son esprit et de son cœur, surtout lorsqu'elle se trouvait séparée de celui auquel elle confiait toutes ses émotions. Jamais personne ne fut plus vraie en elle-même et n'éprouva plus constamment le besoin de la vérité comme de la perfection; ce besoin agissait autour d'elle comme une salutaire excitation au bien, parfois un peu irritante pour ceux qui ne tendaient pas aussi haut, mais exerçant sur les âmes dignes de la sienne une puissante influence. Depuis plusieurs années, sa sœur, Mme Dillon, avait épousé, en secondes noces, M. de Vaines, préfet à Bar-le-Duc, puis à Nevers. Mesdemoiselles Dillon vivaient souvent auprès de leur tante; l'aînée, Élisa, passa une partie de l'été de 1820 à la Maisonnette; l'action de Mme Guizot sur l'esprit de la jeune fille allait croissant d'année en année.

Dans cette complication des devoirs de famille qui impose parfois de pénibles sacrifices, la mère de

M. Guizot n'était pas oubliée, bien que sa part fût nécessairement petite pour l'ardeur de ses affections. L'éloignement où elle vivait, la tâche qu'elle accomplissait fidèlement auprès de ses vieux parents, l'étroitesse de toutes les situations de fortune rendaient les voyages difficiles et rares; en 1821, cependant, M. et M$^{me}$ Guizot passèrent deux mois à Nîmes. M. Guizot travaillait à son pamphlet « *Des moyens de gouvernement et d'opposition dans l'état actuel de la France* ». M$^{me}$ Guizot avait entrepris la révision de la traduction de Shakspeare par Letourneur; elle venait d'achever son petit roman de l'*Écolier*, chef-d'œuvre sérieux sous une forme simple et vive; son livre allait paraître. M. Guizot ne pouvait terminer le sien sans rentrer pour quelques semaines du moins dans l'atmosphère de l'action politique à Paris; il y retourna seul au mois de septembre, laissant sa femme à la campagne près de Montargis, chez son second frère, le général de Meulan, qui avait épousé M$^{lle}$ Aline de Turpin-Crissé. C'était une nouvelle épreuve de l'amertume de la séparation. « Je te le demande, écrivait M$^{me}$ Guizot le 29 septembre, si ce mois-ci ne devait pas faire avancer mon travail, à quoi bon vivre pendant ce temps-là? Sans cesse occupée à soutenir le temps qui passe, quel profit puis-je en retirer? Tu as beau dire, j'aime la vie quand elle me porte, non pas quand il faut que je la porte; elle est pour moi comme l'argent, un moyen, jamais un but, un intérêt. Je suis heureuse, la plus heureuse des créatures qu'il y ait sur la terre; voilà pourquoi j'aime la vie, c'est-à-dire que j'aime mon bonheur, mais, loin de toi, je ne vis pas; il y a entre mon bonheur et moi un nuage qui l'empêche de m'arriver pur et plein. Je sens là dans mon cœur, à la place où est le bonheur, quelque chose qui n'y ressemble pas, quelque chose qui m'avertit de son absence, qui me fait dévorer le temps avec impatience, ce temps que j'emploie ordinairement à être heureuse. Tu vois que ce serait un passage fort bon à retrancher. On pourrait m'ôter des mois comme cela tant qu'on voudrait, que je ne tournerais pas la tête pour les voir s'en aller. Cependant je ne me dépite point, je ne m'irrite point contre les journées, je leur dis seulement : « Vous ne valez pas la peine que vous me donnez. » Et quelques jours plus tard : « Ce que tu me dis de la durée de la situation actuelle, il y a longtemps que j'en suis persuadée, notre situation à nous m'occupe beaucoup, non qu'elle m'inquiète pour la partie matérielle; je suis bien sûre que nous nous tirerons d'affaires sur ce point, mais je désirerais que nous pussions lui donner quelque chose de plus établi ; elle a, je trouve, un air d'attente qui ne me plaît pas. J'ignore comment on peut changer cela, et si cela se peut, mais il me suffit de t'y faire penser, afin que, si tu le trouves comme moi, tes idées se tournent de ce côté-là. Il suffirait de quelque grande et longue entreprise de librairie pour changer un peu cette apparence; tout ce qui engage à autre chose qu'à un travail de six mois, à un volume de circonstance, nous conviendra sous ce rapport. Il faut attendre les occasions, personne n'en est plus convaincu que moi, mais je t'en parle parce qu'on les saisit mieux quand on y a pensé d'avance. Je ne sais pas aussi si tu seras de mon avis; mais il me semble que, dans cette même vue, il serait bon d'annoncer, soit dans la préface, soit ailleurs, ou plutôt de faire pressentir, sans t'engager à rien, que tu n'as pas le projet de continuer à donner tous les ans un ouvrage de circonstance. Il me semble que cela peut se faire entendre sans le dire, précisément en faisant remarquer que le système, tant que durera ce ministère-ci, ne peut subir que quelques modifications de détail qui ne vaudront pas la peine d'être relevées. — Vous n'êtes donc pas tranquilles sur l'élection de M. Royer; cela me trouble, ce serait une mauvaise affaire; il faut que nous ayons essuyé là, comme ailleurs, bien des défections. Mais, cher bon ami, est-ce que ce sont les défections de ces gens-là, ou même d'un peu plus relevées, qui auraient le droit de te faire perdre confiance dans les hommes? Il y a la tête de la race humaine, comme la tête des nations; là se place la confiance comme les droits politiques; le reste sont les prolétaires, et il y en a beaucoup. Et puis, je te dirai que je ne sais pas bien ce que c'est que de n'avoir plus confiance aux hommes; on n'a jamais une confiance qui leur appartienne; on a confiance en son propre jugement qui les a choisis entre les autres; si on s'est trompé, c'est en soi-même qu'on cesse de se fier; eux n'y perdent rien, et soi on y gagne quelque chose, l'habitude d'y regarder à deux fois. Il y a pour moi ce type que rien ne flétrit; n'eussé-je rien trouvé qui y fût semblable, il ne perdrait rien pour moi de sa beauté, ni de sa réalité; seulement je vivrais avec lui et je supprimerais le reste. Mon ami, je l'ai trouvé ce type excellent avec lequel je suis destinée à passer ma vie, à qui j'ai consacré toute mon existence. Ah! je t'assure que, fallût-il mépriser toute la terre, je possèderais bien plus encore que je ne me sens la force, en ce monde, d'aimer autant que je le dois. — Oui, voilà une semaine de passée, je n'en aurais jamais tant espéré, elle me donne confiance pour les autres. C'est que, comme je l'ai observé pour les lieues qu'on fait en voyageant, on ne passe qu'un jour après l'autre, et le jour passé n'ajoute pas grand'chose au poids des autres; l'absence est dans chacun tout entière, toute complète, mais elle n'est jamais sentie que par la force du moment que nous nous représentons accablé de ce poids qui doit se répartir sur tous. « Nous sentons avec l'état où nous sommes les passions des états où nous ne sommes pas. » Mais chaque jour ensuite se charge de suffire à sa peine, voilà pourquoi on vit et on supporte. — « Quand commenceras-tu à imprimer? Je suis pressée. Sais-tu que pour la première fois depuis que je te connais, il paraîtra quelque chose de toi que je n'aurai pas lu d'avance? Je suis curieuse de savoir l'effet que cela me fera ; je suis sûre que la première impression sera confuse, tant de choses, tant de sentiments, tant d'idées se croiseront pour moi dans cette lecture! »

« Voilà ma première épreuve corrigée! écrit M. Guizot le 5 octobre ; tu vois qu'on ne perd pas de temps. A présent, je voudrais que le succès fût passé s'il doit être, non que j'y sois indifférent, tant s'en faut, j'en jouirais beaucoup, mais les petits détails du succès, cette cuisine de compliments, d'éloges, de phrases, me déplaisent et m'importunent; je voudrais que, l'œuvre accomplie, l'effet produit, on se dispensât de ce vain bavardage, vulgaire plaisir d'une puérile vanité. Je prends, d'ailleurs, comme toi, pour ma réputation une susceptibilité que je me reproche; je ne peux rien faire qui ne soit approuvé qu'à demi. Après tout cependant, je crois cela bon ; il m'adviendra ce que pourra ; tu sais qu'en fait d'actions ou de livres, quand j'ai fait de mon mieux, je suis fort disposé à prendre mon parti de l'évènement quel qu'il soit. »

« Ta lettre de demain me dira ce que tu penses de la phrase d'Omer Talon ; elle n'est pas telle que je te l'avais dite, mais telle que la voici, elle me convient encore fort bien comme épigraphe : « Les empires n'ont point de jours ni d'années critiques, leur fortune ne dépend pas de l'influence des corps célestes ; ils n'ont d'autre génie et ne connaissent d'autre destin que la bonne et la mauvaise administration. » Ou que dirais-tu de celle-ci, prise dans Sénèque : *Sanabilibus œgrotamus malis.* Nous sommes malades de maux qui se peuvent guérir ? » Elle a bien son mérite, cependant j'aime mieux celle de Talon, et pour elle-même, et parce qu'une épigraphe française me plaît davantage.

« Ton roman paraît après-demain : singulière coïncidence ! Nous marchons en tout côte à côte ; je ne m'en plains pas. Peut-être aurait-il mieux valu paraître à deux mois de distance l'un de l'autre ; l'humeur que je donnerai pourra bien rejaillir un peu sur toi ; mais tu t'en consoleras, n'est-ce pas ? Ma Pauline, toujours unis, toujours une seule carrière, une seule vie ! »

« Le général Cambronne a dîné à Lille avec le roi d'Angleterre ; n'a bu que de l'eau au milieu de tous ces Anglais qui se gorgeaient de vin et n'a dit que cette parole-ci : « Le roi trouvait les uniformes blancs jolis. » M. de la Châtre a dit : Ils ont cet avantage qu'on met à chaque régiment des parements de couleur différente qui tranchent, et on reconnaît aisément, après une bataille, à quel régiment appartient chaque soldat. — Nous avons été 600 000 hommes en bleu, a dit Cambronne, et nous nous sommes toujours très bien reconnus, » et il a recommencé à se taire.

« J'ai été voir hier la *Gazza ;* il y a trois ou quatre morceaux d'une expression admirable, plus riches et aussi pathétiques que le finale de l'*Agnese*. Je t'ai regrettée là comme partout ; mais la pièce elle-même, toute bête qu'elle est, m'a vivement préoccupé. Un père soldat condamné comme déserteur, sa fille servante condamnée comme voleuse, tous deux innocents ; les sentiments les plus profonds dans les natures les plus simples, les situations les plus puissantes dans les destinées les plus obscures : il y a là quelque chose de neuf et de singulièrement dramatique. On s'est trompé sur le drame ; on l'a pris dans la bourgeoisie, dans cette région moyenne des existences où souvent tout est vulgaire sans que rien soit simple. Les idées et les sentiments naturels dans les esprits sans culture, les combinaisons tragiques de la destinée humaine dans une sphère complètement ignorée, les évènements qui remuent et développent tout l'homme dans une nature tout à fait étrangère au monde et qui n'a pas reçu le pâle reflet des classes supérieures, voilà d'où l'on peut tirer quelque chose de très vrai et de profondément saisissant. Une tragédie bourgeoise est presque nécessairement livrée à la puérilité et à l'emphase; une tragédie populaire pourrait être simple et terrible; les passions y pourraient être fortes sans déclamation, les situations dramatiques sans devenir romanesques. Les lois de la société tombent de haut, et quand elles arrivent dans les classes inférieures, elles y commettent toutes sortes de méprises. De la misère, des nécessités pressantes et partout réprimées, des combinaisons très simples, très nobles, des situations que le cours général des choses traite et bouleverse sans raison, sans pitié, parce que les individus n'attirent jamais d'avance l'attention, enfin toutes les forces de la nature humaine aux prises avec toutes les vicissitudes, toutes les chances de la destinée humaine, un homme de génie trouverait là, j'en suis sûr, les effets les plus neufs et les plus puissants.

« Je me laisse aller à te raconter ce qui m'a préoccupé quelques heures ; j'aurais à te parler de mille autres choses. Ce matin, pour me reposer, j'ai lu les *Dix années d'exil* de M^me^ de Staël ; singulière lecture et qui m'a ému plus que je ne puis dire : une créature si tendrement passionnée aux prises avec la sécheresse forte de Bonaparte ; trop morale pour se laisser imposer une complaisance, trop faible pour échapper au moindre chagrin, se livrant en quelque sorte par l'aveu naïf de ce qu'elle souffre, en même temps qu'elle s'élève par une invincible résistance à une tyrannie qu'elle ne peut ni dédaigner ni subir; cela forme un mélange très original et attendrissant. Mais nous causerons de tout cela, de toutes choses, ma Pauline, car rien n'est complet pour moi sans toi. Je suis, si tu veux, le siège de notre vie commune; mais quand tu n'y es pas, une partie de ce qui est en moi me manque, et je cherche partout cette moitié de moi-même dont l'absence fait que l'autre languit, comme languiraient les bienheureux qui ont connu le ciel, s'ils en étaient séparés.

« Quel volume je viens d'écrire! et je ne sais pourquoi je m'arrête; car j'ai encore des milliers de choses à te dire. Ah! Dieu a fort bien fait de prendre une côte à Adam pour en faire Ève, mais il aurait dû ne pas les séparer complètement, les laisser encore tenir l'un à l'autre de je ne sais quelle façon qui rendît l'absence impossible. Adieu, adieu, finissons, j'ai une foule d'autres lettres à écrire. »

Dans cette belle et forte intimité où M^me^ Guizot portait la prévoyance sur les moindres détails de leur vie commune, elle avait désiré que son mari ne se laissât pas entraîner au plaisir de dire souvent son avis sur la conduite d'un gouvernement qu'il ne pouvait espérer de modifier. Le pouvoir avait définitivement échappé aux mains honnêtes mais faibles qui essayaient en vain de le maintenir dans une voie semi-libérale ; le côté droit en avait pris possession pour longtemps, et Mme Guizot ne retenait plus son champion dans l'arène nouvelle où il était hautement entré au nom de l'opposition. C'était l'époque des complots et des procès politiques. En 1821, M. Guizot publia un écrit sur les conspirations et la justice politique ; en 1822, il quitta le Bois-Milet au mois de juin, pour faire imprimer son petit volume *Sur la peine de mort en matière politique.* Le sentiment public était d'accord avec le sien, et contraire aux déploiements de la rigueur gouvernementale. Plusieurs acquittements eurent successivement lieu. « Je t'expliquerai l'affaire de Nantes, écrit M. Guizot le 24 juin. Il n'y avait pas complot légal, mais bien association secrète, fortement tissue et disposée à saisir les occasions, comme il y en avait de l'autre côté en 1817. C'est la vivacité du mouvement public qui a fait l'acquittement ; les jurés, bien que triés un à un, n'ont pu y résister. Corbières disait, il y a quatre jours, dans son salon, qu'il était bien heureux qu'ils fussent acquittés, car sans cela la guerre civile commençait infailliblement en Bretagne. Il est possible qu'un résultat analogue ait lieu à Colmar. Cette société-ci, sans remuer le bout du doigt, se défendra contre les maux extrêmes bien mieux qu'on ne s'y attend. Tu as raison d'espérer que tout ceci dégoûtera des complots. Le mal, c'est que je suis obligé de rester ici pour corriger mes épreuves; j'ai cherché des raisons contre la raison, et je n'en ai pas trouvé; en dépit de tous les désirs, de tous les efforts, l'esprit, l'invincible esprit conserve sa despotique indépendance et décide malgré nous et contre nous de ce qui est sage, raisonnable, vrai. Au fait, j'aurais tort de ne pas achever. D'après ce qu'on me dit, ce que je vois, je change sans cesse un mot, une phrase, et ces changements ont quelque importance, surtout pour ne rien dire de trop âpre, car dans ce moment ce serait l'écueil. Il ne m'est pas permis de faire en ce genre une faute. »

Pendant que M. Guizot corrigeait ses épreuves, voyait ses libraires et préparait des travaux nouveaux pour sa femme et pour lui, il s'occupait en même temps des études pour son cours qu'il avait repris en 1820, et qui traitait des origines du gouvernement représentatif. « Je voulais combattre les théories révolutionnaires, dit M. Guizot dans ses mémoires, et rappeler sur le passé de la France l'intérêt et le respect. Nous sortions à peine de la plus violente lutte contre cette ancienne société française, notre berceau séculaire ; nous avions encore le cœur plein, envers elle, de colère ou d'indifférence, et l'esprit confusément imbu des idées, vraies ou fausses, sous lesquelles elle avait succombé. Le jour était venu de déblayer cette arène couverte de ruines, et de substituer, en pensée comme en fait, l'équité à l'hostilité, et les principes de la liberté aux armes de la révolution. On ne construit pas un édifice avec des machines de guerre; on ne fonde pas un régime libre avec des préventions profondes et des haines acharnées..... Je m'appliquais à mettre en lumière les efforts intermittents, mais toujours renaissants, de la société française pour sortir du chaos au sein duquel elle était née ; tantôt la lutte, tantôt l'accord de ses divers éléments, royauté, noblesse, clergé, bourgeoisie et peuple, dans les diverses phases de sa rude destinée, et le développement glorieux bien que très incomplet de la civilisation française telle que la Révolution française l'a recueillie à travers tant de combats et de vicissitudes. J'avais à cœur de faire rentrer la vieille France dans la mémoire et l'intelligence des générations nouvelles; car il y avait aussi peu de sens que de justice à renier ou à dédaigner nos pères, au moment où nous faisions, en nous égarant beaucoup à notre tour, un pas immense dans les mêmes voies où, depuis tant de siècles, ils avaient eux-mêmes marché. J'exposais ces idées devant des auditeurs la plupart assez peu disposés à les accueillir ou seulement à y prendre intérêt. Le public qui suivait alors mon cours était bien moins nombreux et moins varié qu'il ne fut quelques années plus tard. Il se composait surtout de jeunes gens, élèves de diverses écoles savantes, et de quelques groupes de curieux, amateurs des grandes études historiques ; mais il y a toujours dans un public français, quelles que soient ses préventions, une élasticité intellectuelle, un goût pour le mouvement d'esprit et pour les idées nouvelles hardiment présentées, et une certaine équité généreuse, qui le disposent à la sympathie, même avant qu'il ne donne son adhésion. J'étais en même temps libéral et antirévolutionnaire, dévoué aux principes fondamentaux de la nouvelle société française, et animé pour la vieille France d'un respect affectueux ; je combattais des idées qui formaient la foi politique de la plupart de mes auditeurs ; j'en exposais d'autres qui leur étaient suspectes, même quand elles leur semblaient justes..... Je gagnais du terrain dans leur esprit ; quelques-uns, et des plus distingués, venaient décidément à moi ; d'autres entraient en doute sur la vérité de leurs théories et l'utilité de leurs pratiques conspiratrices, presque tous prenaient en goût l'appréciation équitable du passé et en estime l'opposition patiente et légale dans le présent. L'esprit révolutionnaire dans cette jeune et vive portion du public était visiblement en déclin ; non par scepticisme et apathie, mais parce que d'autres idées, d'autres sentiments lui disputaient la place dans les âmes et l'en expulsaient en s'y établissant. »

Le cabinet de 1822 ne le comprit pas ; il était

irrité par la liberté du langage de M. Guizot et de ses amis. Le cours de M. Guizot fut fermé le 12 octobre 1822, au moment où le professeur préparait ses matériaux pour l'enseignement de l'hiver. « Mon cours fermé, toute influence politique un peu prochaine me devenait impossible, dit M. Guizot. Pour lutter hors de l'enceinte des Chambres contre le système qui prévalait, il fallait ou conspirer ou descendre à une opposition aveugle, taquine et vaine. Je renonçai complètement aux luttes de parti, même philosophiques et abstraites, pour chercher ailleurs des moyens de servir ma cause dans les esprits et dans l'avenir. »

Depuis longtemps Mme Guizot était préoccupée de s'assurer, pour son mari comme pour elle-même, un travail de longue haleine. Elle écrivait un nouveau volume de contes, mais c'était l'occupation d'un intermède ; elle avait projeté de plus vastes entreprises. La publication de deux grandes collections de mémoires, l'une sur l'ancienne histoire de France, l'autre sur l'histoire de la révolution d'Angleterre, qui commençait dès lors à intéresser vivement M. Guizot, lui avait paru répondre à ses désirs. L'une et l'autre furent difficiles à mettre en bon train, elle insista auprès de son mari sur la nécessité de la persévérance. « Baudoin ne veut donc pas ? écrivait-elle ; cela me contrarie, moins encore peut-être pour ce moment-ci que pour l'avenir et l'ensemble de notre situation. Je n'ai jamais compté que le travail qui m'occupe et qui prendra tout mon temps, nous suffît pour cet hiver ; j'ai peine à croire que ce temps-là ne soit pas plus difficile à passer, même quand il entrerait dans tes arrangements de publier un volume cet automne ; les termes de payement qui me conviennent, parce que, dans ma disposition de prévoyance, j'aime toujours mieux sacrifier le présent, nous laisseront toujours, d'ici un an, d'assez grands vides à remplir ; et puis il peut ne pas te convenir de publier. Nous verrons alors ce que nous aurons à faire. Comme tu le sais, j'avais eu le désir que nous pussions trouver quelque chose qui d'abord pût nous occuper longtemps, et faire ensuite un commencement d'existence autre que celle d'aujourd'hui. Ceci doit durer longtemps, très longtemps, j'en acquiers tous les jours une plus forte conviction, et non pas pour moi qui y suis fort accoutumée, mais pour toi, cette manière d'être en l'air m'est déplaisante. C'est là l'inconvénient auquel nous avions voulu parer par ces deux idées d'entreprises ; les voilà toutes deux à vau-l'eau, et avec, bientôt une année de perdue du point où nous comptions commencer ce petit édifice de fortune auquel il faut que nous travaillions de manière ou d'autre. Réfléchis à tout cela, mon ami, pendant que tu n'as autre chose à faire qu'à corriger des épreuves ; vois s'il te vient quelque idée ; tu dis que tu en as deux pour moi, tant mieux. Ne t'afflige pas de me faire travailler, mon ami, j'y suis tout à fait remise; et si pour le travail que je fais en ce moment je crains d'avoir perdu un peu de la fraîcheur de mon imagination, cependant je m'en tirerai, et je puis en élevant un peu mon ton, ou du moins la nature de mes sujets, arriver dans d'autres ouvrages à d'assez bons résultats. J'aimerais mieux pourtant n'avoir pas à me reposer toujours sur mon imagination qui peut n'être pas toujours également prête, qui n'a pas assez de variété pour que je ne craigne pas de fatiguer le public, et qui d'ailleurs ne s'exerce pas sur des sujets d'un intérêt assez étendu pour que je puisse espérer d'en tirer un grand profit. Ce que j'aimerais toujours le mieux, ce serait quelque entreprise dont je dirigerais l'exécution matérielle et à laquelle tu donnerais de la couleur et de l'étendue. Mais où en trouver qui te convienne? Notre position est un obstacle; tu ne peux pas tout faire, on n'imaginera pas de te le proposer; nous paraissons trop grands seigneurs pour qu'on vienne à nous. C'est une situation difficile, surtout pour des gens qui ont à commencer leur fortune. C'est là l'idée qui m'occupe, car pour le détail je ne doute guère que, passé cette année, nous n'ayons constamment les moyens d'aller. Je relis ta lettre, et je ne puis m'empêcher de sourire, bien que j'en aie peu d'envie. Tu m'as attachée, dis-tu, à un sort harsardeux, incertain ; en effet sans toi, je crois que le mien pourrait être décidé. »

« Tes lettres respirent la vie, disait parfois Mme Guizot à son mari, c'est le monde entier que tu ramènes à moi, à notre union, à notre bonheur. » Elle disait vrai, et elle en avait besoin; cette âme encore si forte contre les véritables douleurs se laissait facilement troubler par des inquiétudes d'imagination que son mari dissipait d'un mot. Les grandes entreprises qu'elle appelait de tous ses vœux étaient renouées, la tâche qui se déroulait devant les deux travailleurs était infinie; M. Guizot allait revenir à la campagne, heureux de s'y retrouver. « Bonheur à part, écrivait-il, je quitterai très volontiers Paris pour le Bois-Milet; pendant quelques jours, j'ai pris plaisir à en voir la physionomie et à causer; mais je prends un dégoût inexprimable pour la parole inutile; il n'y a pire rabâchage que celui qui porte sur des choses importantes : on entend ce qu'on sait, on répond ce que savent ceux à qui on parle, c'est à la fois insipide et agitant. J'aime bien mieux la conversation des arbres, du vent, du soleil, des nuages. L'homme est infiniment supérieur à la nature, mais la nature est toujours inépuisable dans sa monotonie. On sait qu'elle reste, qu'elle doit rester ce qu'elle est; on n'éprouve point en sa présence ce besoin d'aller en avant qui fait qu'on se lasse d'une société, d'une conversation, qui ne la satisfont pas. Qui a jamais trouvé que les arbres devraient devenir rouges, bleus ; que le soleil d'aujourd'hui avait tort de ressembler au soleil d'hier ? On n'invoque point là le progrès et la nouveauté, et voilà pourquoi la nature nous tire de l'ennui du monde, en même temps qu'elle nous repose de son agitation. Il lui a été donné d'être toujours la même sans devenir jamais insipide ; immobile, l'homme est ennuyeux, et il n'est pas assez fort pour être toujours en mouvement. Du reste, je compte retrouver du mouvement au Bois-Milet ; les murs, les briques, tout aura fait des progrès en mon absence. Vous auriez seulement dû engager les framboises à ne pas passer. »

Mon père conserva toute sa vie sa préférence pour l'homme sur la nature. « Je ne ferais pas vingt lieues pour voir un paysage, disait-il ; j'en ferais mille pour voir une personne. » — « Ce que j'aime en M. Guizot, c'est qu'il aime la nature humaine », disait la duchesse de Broglie. Mais à mesure qu'il avançait en âge, le sentiment du repos que donnent la nature et ses immuables spectacles alla se développant dans son âme, comme son dégoût des paroles inutiles. « Rien ne me lasse davantage que de soutenir les bonnes causes par de mauvaises raisons, disait-il souvent, si ce n'est de parler ou d'entendre parler pour ne rien dire. »

Ce fut assurément un spectacle beau et rare que

l'union et la vie de M. et de Mme Guizot dans cette période du travail le plus assidu, le plus consciencieux, à travers tout le mouvement d'esprit qui les entourait et dont leur modeste salon était l'un des centres les plus animés. L'intérieur même de la famille s'était à la fois dépouillé et accru : le grand-père maternel de M. Guizot, M. Bonicel, était mort fort âgé; sa femme l'avait précédé; leur fille, libre du pieux devoir qu'elle avait rempli jusqu'au bout, était venue se fixer à Paris, dans la maison de son fils aîné; son second fils était alors sous-préfet; elle se croyait arrivée au terme de sa tâche, et sur le point de jouir du repos qu'elle retrouvait après tant et de si longues souffrances. Dieu en avait décidé autrement, et c'était jusqu'au dernier jour que cette âme si forte, ce cœur inépuisable devaient aider ceux qui lui étaient chers à porter leur fardeau.

Un grand chagrin avait récemment atteint M. et Mme Guizot. Mme de Vaines était morte au mois de novembre 1823, confiant à sa fille Élisa, qui n'avait pas encore vingt ans, le soin de sa sœur cadette, délicate et d'une nature inquiète, et l'éducation d'un petit frère âgé de six ans. M. de Vaines avait été destitué; il vivait à Paris; désormais Mlle Dillon partageait les intérêts journaliers comme les occupations de M. et Mme Guizot. Son esprit se développait chaque jour à leur contact; déjà elle écrivait pour le plaisir d'écrire et de conserver les idées qui se pressaient dans son imagination. Douée de la plus rare mémoire, elle dévorait avidement les gros livres, « tes plus dangereux rivaux auprès de moi, » écrivait-elle à sa sœur ; mais elle ajoutait aussitôt, avec cette vivacité de cœur qui fit toujours de ses affections le premier but de sa vie : « Tes rivaux, ma Pauline! je donnerais pour le plaisir de te voir tout ce qui a été imprimé dans le monde : tu es mille fois plus pour moi que ce qui habite dans mon esprit, toi la constante préoccupation de mon âme, le but chéri de toutes mes pensées. Ce n'est pas à cause de ce que je sais que tu m'aimes, que je suis chère aux miens ; la science est une œuvre du temps, elle cessera avec l'ignorance de l'homme ; mais l'affection durera toujours, elle est immortelle comme Dieu. Mes chers amis, je serai toujours votre Élisa, même après que le nom des siècles aura disparu. La foi et l'espérance finiront, a dit saint Paul, mais la charité durera éternellement. Ainsi tout périra de nous, tout, excepté le souffle divin de l'amour que Dieu a déposé en nous pour y être un continuel appel à l'infini. A quoi bon nous aimer, si ce n'était que pour le temps ? Tout ce qui passe est si court ! dit saint Augustin. »

« Le bonheur même me serait un supplice, écrivait M. Guizot quelques années auparavant, si je n'y voyais qu'un passe-temps, si je pouvais croire à la subite disparition, à l'anéantissement successif de toutes ces ineffables émotions, de ces joies célestes, dussé-je les voir renaître sans cesse et jusqu'au dernier de mes jours. Le passé m'est aussi précieux et aussi cher que l'avenir ; il faut à mon âme que tout ce qu'elle a senti demeure éternellement, et que, de notre vie commune, rien ne se perde jamais pour nous. » C'était à bon droit que Mme Guizot, recevant chaque matin de semblables lettres, pouvait dire : « Cher ami, quand je lis et relis ces lettres si charmantes, ces expressions d'une tendresse si simple, je pourrais dire si jeune, et que je pense à l'idée que se font de toi beaucoup de gens, à cet orgueilleux, cet ambitieux, ce cœur froid, cette tête calculatrice, cela me présente un contraste si singulier, que je ne puis m'irriter de ces sots jugements. Je ris à l'effet que produiraient tes lettres et cette suite de lettres toutes semblables et toutes différentes sur tel que je connais bien. C'est une chose admirable que les jugements des hommes, et l'on ne s'en soucie, Dieu merci ! pas plus que de raison ; cependant on les reçoit encore pour quelque chose, et plus qu'ils ne valent, et cela vaut mieux ; si on leur rendait justice, le lien social serait trop près d'être rompu. »

M. Guizot avait excité autour de lui une activité toujours croissante dans les travaux et les recherches historiques ; il en était lui-même le chef incessamment laborieux ; il commença en 1823 la publication de sa collection des mémoires relatifs à l'ancienne histoire de France ; la traduction de Grégoire de Tours par Mme Guizot parut alors à tous un chef-d'œuvre d'exactitude et de simplicité sans affectation. En même temps, et sous la même direction, se publiait la collection de mémoires relatifs à l'histoire de la révolution d'Angleterre, et M. Guizot préparait ces *Essais sur l'histoire de France au cinquième siècle*, qui ont pour la première fois éclairé d'une vive lumière les origines obscures de notre civilisation. Les travaux préparatoires de l'histoire de la révolution d'Angleterre étaient dès lors l'objet de ses recherches scrupuleuses. Il était arrivé à former des tableaux qui en classaient jour par jour les moindres évènements.

De son côté, Mme Guizot avait achevé les *Nouveaux Contes*, restés classiques pour les enfants dans tous les pays, grâce à l'élévation morale et à l'autorité des leçons cachées sous la forme la plus simple et animées par les plus charmants récits. Elle commençait à écrire ses *Lettres de famille sur l'éducation*, « le seul[1] ouvrage qu'elle ait fait librement, de son pur choix et avec un plaisir complet. Elle avait beaucoup appris en fait d'éducation en s'occupant de son fils; jamais il n'y en eut de plus vraiment libérale; elle n'écrivit rien à ce sujet qu'elle n'ait appliqué; son talent pour démêler et

1. Notes de M. Guizot.

suivre dans la vie réelle les conséquences d'un principe s'était beaucoup développé en étudiant le caractère de son fils. » La simple pratique de l'éducation lui était cependant restée étrangère ; elle avait eu affaire à un enfant unique, créature délicate et rare, précocement développée par l'atmosphère qui l'entourait. Sa foi religieuse, chaque jour plus ferme, manquait cependant de netteté et de cette précision, plus nécessaire peut-être dans les rapports avec les enfants que partout ailleurs. L'empreinte de la philosophie du dix-huitième siècle se retrouvait souvent dans ses théories d'éducation, lors même qu'elle s'en croyait absolument dégagée ; il en résulta parfois dans son livre des lacunes regrettables; mais, ces réserves faites, nul travail sur ce sujet inépuisable n'a jamais atteint le même degré d'élévation morale, de finesse et de droiture dans le jugement. « Elle n'avait pas deviné d'avance le sentiment maternel, » disait-elle parfois; mais elle l'avait éprouvé, elle l'éprouvait avec transport ; une tendresse infinie se mêlait sans cesse pour elle au respect que lui inspiraient ces âmes immortelles qui nous sont confiées et dont la volonté est si forte, si indomptable, à peine ont-elles paru dans la vie. Mieux que personne elle comprenait les trésors secrets que recèlent le cœur et l'esprit d'un enfant; elle ne se lassait pas d'observer, de juger, de décrire les principes, fruit de ses observations; et puis elle s'arrêtait, pénétrée d'une émotion profonde. « Mon cœur se fond de tendresse en regardant mes enfants, faisait-elle dire à M^me^ d'Attilly ; » et c'était bien l'expression de son propre sentiment. « Comme Dieu nous instruit de sa loi, ainsi la mère l'apprend à l'enfant, » dit-elle ; et elle résume admirablement tout le but du grand travail de l'éducation, en disant qu'elle « consiste à tourner la volonté des enfants sur eux-mêmes. L'éducation doit s'aider, pour y parvenir, du besoin de la liberté, qui est la base nécessaire de l'obéissance. »

Le livre de M^me^ Guizot fut publié en 1826 : c'était le reste de ses forces qu'elle donnait ainsi au travail, loi de sa vie tout entière. Sa santé, depuis longtemps ébranlée, s'affaiblissait graduellement ; elle était sérieusement malade sans qu'on le sût. Une grande agitation manifesta bientôt le mal constaté par les médecins ; elle souffrait beaucoup, elle sentait ses forces insuffisantes pour supporter la souffrance, et elle aspirait avec passion à tout ce qui pouvait, pensait-elle, lui rendre la faculté de vivre. Elle voulait quitter Paris, s'établir à la campagne, respirer l'air des champs. L'éloignement des médecins, la nature même de sa maladie, rendaient tout déplacement difficile ; elle s'en désolait, avec cette vivacité d'impressions que la raison ne domina jamais chez elle, et que la faiblesse physique rendait à la fois plus douloureuse et plus touchante. J'en retrouve l'expression dans les notes que M. Guizot avait conservées sur cette époque de leur vie commune. « Songe donc, mon ami, disait-elle, que je n'ai rien vu, rien connu, rien usé ; ma vie a été presque aussi immobile que laborieuse; avant notre mariage, je n'étais pas sortie des environs de Paris ; la Révolution, qui m'a tant agitée, ne m'a pas jetée au delà de Passy ; j'ai beaucoup senti, beaucoup réfléchi, beaucoup travaillé; mais tout s'est passé en moi, j'ai tout tiré de moi-même. J'ai vécu sur place, sans communication avec le dehors, presque sans le voir. Depuis notre mariage j'ai un peu plus mis le nez à la fenêtre; mais plus j'ai été heureuse, plus les moindres plaisirs m'ont trouvée prête à les goûter. Je suis bien vieillie, bien fatiguée, bien malade; eh bien! cher ami, le moindre mouvement qui me vient du dehors, l'idée seule d'un beau pays, d'un grand évènement, de quelque spectacle, de quelque scène inconnue et intéressante, me rend de la jeunesse et de la force ; il semble que je n'aie usé que la moitié de ma vie, celle du dedans, et qu'au dehors j'en puisse retrouver une autre, qui me mènerait encore loin, mon ami ; c'est de là que me vient ma meilleure espérance; je me dis que peut-être je ne suis pas près de finir moi-même, puisque rien n'est fini pour moi ; je regarde comme un bon symptôme, je me réjouis pour nous deux, de sentir le monde si plein et moi-même si disposée à jouir de tant de choses, à prendre à tant de choses tant d'intérêt. Sois tranquille, qu'un peu de santé me revienne, et tu me retrouveras comme tu m'as eue, aussi capable et sans le moindre effort, sans le moindre mérite, de ne manquer de rien à côté de toi ; de ne rien chercher, de ne rien désirer, de ne rien voir au delà de toi. Mais aujourd'hui il me faut quelques distractions, quelques occupations qui laissent ma vie intérieure un peu en repos et me dispensent de l'activité en me préservant de l'ennui. Je les trouverai, je l'espère, dans un voyage, dans ce mouvement, dans ce monde nouveau ; j'ai foi en l'instinct qui me le fait si vivement souhaiter. »

Toutes les objections tendres, comme les hésitations des médecins, cédèrent devant ce désir passionné. M. Guizot conserva toujours la plus cruelle impression de la longue résistance qu'il avait cru y devoir opposer ; seul parmi ses amis M. Royer-Collard l'avait encouragé à partir. « Peut-on quelque chose ici pour la soulager ? avait-il dit. Si on ne peut rien, laissez-la décider elle-même, ne consultez qu'elle et vous. »

Nul ne pouvait guérir ni même soulager le mal qui la dévorait ; le grand chirurgien M. Boyer avait conseillé Plombières. « Je vois encore son visage, ses yeux, à ce seul mot, inondés tout à coup d'une joie étonnée, inquiète ; elle ne pouvait croire qu'une telle espérance lui fût permise ; que mille objections, mille obstacles ne vinssent pas sur-le-champ la lui enlever. » Après des retards inévitables qui laissaient croître les souffrances et la faiblesse, M. Guizot emmena enfin sa femme à Plombières. Il y fut accompagné par sa mère et par son fils, comme par Mlle Dillon. Parmi les épreuves de sa longue vie, peu de choses avaient laissé dans l'esprit de mon père un souvenir plus douloureux que ce voyage, alors si long et si difficile, sans autre résultat qu'un progrès de plus en plus rapide du mal. Elle avait quitté Paris le 16 juin 1827, toute pleine d'une joyeuse espérance. Dès qu'elle eut passé la barrière, elle fut charmée. « Soyez sûrs que ce n'est point une illusion, disait-elle ; cet air-ci n'est pas celui des rues, le soleil est plus sain sur des champs que sur des maisons. Dès que j'ai quitté Paris, une sensation très positive, très distincte m'avertit que j'ai changé d'état. » Elle revint le 28 juillet 1827, épuisée, anéantie, découragée, écrivait Mlle Dillon à sa sœur ; occupée encore des autres, mais par moments, cependant, vaincue par une souffrance au-dessus des forces humaines. Comme elle arrivait à Paris, Mme de Razomousky, l'une de ses amies les plus chères, et qui lui devait beaucoup, vint aussitôt. « Ma chère, me voilà dans mon lit, dit-elle, je n'en sortirai que d'une manière ou de l'autre ; mon sacrifice est fait. » Deux jours plus tard, le 1er août 1827, elle s'éteignit pendant que son mari, assis à côté d'elle, lui lisait un sermon de Bossuet sur l'immortalité de l'âme.

« Vous m'avez dit les seules paroles qui m'atteignent, mon cher ami, écrivait le 8 août M. Guizot à M. de Barante, intimement lié avec lui depuis plusieurs années. Elle était heureuse par moi, tout à fait, sans mélange, jusqu'au dernier moment. Si cette idée pouvait m'être sans cesse présente, elle mêlerait constamment quelque douceur au plus amer chagrin ; mais je ne la retrouve que de loin en loin, elle m'apparaît, et bientôt je retombe sur moi-même, dans ce vide immense, sous ce poids affreux. J'ai tort pourtant ; après le bonheur de l'avoir pour femme, ce que j'eusse le plus souhaité au monde, même au prix de la douleur, c'est celui de l'avoir eue. J'ai joui quinze ans du premier, le second me reste. Je n'ai pas le droit de me plaindre. Nous nous sommes séparés aussi tard qu'il se peut, elle a vécu aussi avant dans le tombeau, je l'y ai accompagnée aussi loin qu'il peut nous être donné ! Elle est morte en m'écoutant lire le sermon de Bossuet sur l'immortalité de l'âme ; je sais à quel endroit, à quelle phrase, elle a cessé de m'entendre ; deux minutes auparavant déjà ses sens étaient troublés ; elle a fait effort pour les rappeler ; évidemment elle voulut suivre jusqu'au bout un bon et sublime raisonnement de Bossuet sur la

.estion ; l'effort lui a réussi ; elle est rentrée en ssession d'elle-même, elle a entendu la fin du ragraphe, et alors, à la lettre, elle nous a quittés r les ailes d'une excellente preuve d'immortalité. ı quart d'heure encore, ne me voyant plus, ne 'entendant plus, de moment en moment elle me rrait la main ; quand elle a cessé, dix minutes rès, elle avait complètement cessé de respirer, ns qu'aucune altération décelât le moindre com-ıt : elle n'y était plus, voilà tout. Je ne vous de-ande pas pardon de vous donner ces détails ; ils nt ma pensée habituelle, il faut que je me taise ı que je parle d'elle, et je suis sûr que vous pre-:z plaisir à suivre ainsi jusque dans les dernières aces de son passage ici-bas cette créature si ɔble et si tendre, une des plus nobles, comme me écrit Royer, qui eût jamais honoré la vie humaine. dieu, écrivez-moi, je suis sûr que vous me par-rez d'elle comme je le désire. Je pars dans huit ı dix jours pour Broglie. Ils sont venus tous deux ans l'espoir de la revoir encore ; ils sont arrivés uinze heures trop tard, ils voulaient m'enmener, ıais j'avais besoin de rester ces quinze jours-ci. crivez-moi là ! » Et le 31 août : « Je vous remercie de ı'écrire, mon cher ami, vos lettres me sont douces, ien qu'elles ne puissent rien à mon mal. J'y suis tabli, c'est tout ce que je puis dire. Je recom-ıence à travailler, mais avec grand effort ; si je pouvais ne rien faire que me promener seul, relire des lettres, transporter en un mot ma vie dans le passé, elle serait facile, mais il faut vivre pour le présent, il faut écarter même le souvenir qui m'envahirait tout entier. C'est là le combat. J'ai mon fils avec moi, enfant satisfaisant sous tous les rapports, doux, tendre, intelligent, animé; elle en jouissait beaucoup depuis deux ans. Il a assisté complètement aux derniers moments de sa mère, nous nous en entretenons souvent. Je ne crains pas de l'en occuper; il est singulièrement porté à tourner sa propre tristesse en un attendrissement doux qui n'ébranle pas son imagination; elle est morte si calme, si complètement exempte de toute altération morale et physique, que l'enfant n'est point troublé de ce souvenir; il n'a point eu d'accès de chagrin; elle lui est fort présente, elle revient habituellement à sa pensée, il lui porte la même affection que quand elle était là; il a la plus haute idée d'elle et de ce qui me manque. Voilà sa disposition puisque vous me la demandez, elle est telle que je la souhaite. J'ai vu des natures d'enfant plus énergiques, plus passionnées que celle-là, je n'en ai pas vu de plus droite, plus élevée et plus simple. Il retourne à Paris vers le milieu de septembre avec ma mère et mes nièces; j'irai moi-même, vers le milieu d'octobre, le voir entrer comme externe au collège, et passer quinze jours avec lui, puis je reviendrai achever ici l'année. J'ai un besoin absolu de travail tranquille et de solitude pour reprendre possession de moi-même; mon âme est dans l'état d'un membre qui a été brisé, l'immobilité la plus complète lui est nécessaire; à cette condition seulement la vie peut recommencer à y circuler. »

M. Guizot travaillait en effet beaucoup: les deux premiers volumes de l'*Histoire de la Révolution d'Angleterre* parurent en 1827, et dès les premiers jours de 1828 il se chargea de la direction de la *Revue française*, sérieux recueil où se discutaient les questions les plus hautes de la philosophie et de l'économie politique, sans que les questions actuelles et brûlantes en fussent exclues. En tête du premier numéro (janvier 1828) parut un article de M. Guizot sur l'état de la France, jugeant les élections qui venaient d'avoir lieu (novembre 1827), les actes du ministère de M. de Villèle, et se terminant, à la dernière heure, par l'annonce de la formation du cabinet de M. de Martignac. « S'il comprend et accepte la France, il se hâtera de se mettre en harmonie avec la majorité dont la France vient d'envoyer à la Chambre les éléments; il travaillera lui-même à la lier, à l'étendre, à l'affermir. S'il ne veut pas, ou n'ose pas, ou ne sait pas, il n'y a rien à en dire; son avènement n'est alors qu'une raison de plus pour dresser vers la formation et la prépondérance du parti national toutes nos pensées, tous nos efforts. Le pays a levé sa bannière, il faut la tenir ferme et haute pour que tous s'y rallient, puis la planter au pied du trône. Cela seul vaut la peine de s'en inquiéter. »

Le ministère faisait un effort pour rentrer dans les voies sérieusement libérales; il avait porté M. Royer-Collard à la présidence de la Chambre; il rendit à M. Guizot son titre de conseiller d'État et l'autorisa à rouvrir son cours, en même temps que M. Villemain et M. Cousin.

Ce fut le 9 avril que le professeur, absent depuis sept ans de sa chaire, retrouva devant lui un auditoire plus nombreux, plus ardent, plus sympathique que celui qui se réunissait naguère au collège du Plessis [1]. Les applaudissements qui saluèrent l'entrée de M. Guizot lui causèrent une vive émotion. « Je vous demande pardon, messieurs, dit-il, votre accueil si bienveillant m'a un peu troublé. Parce que je reviens ici, il me semble que tout doit y revenir, que rien n'est changé. Tout est changé pourtant, et bien changé ! Il y a sept ans nous n'entrions ici qu'avec inquiétude, préoccupés d'un sentiment triste, pesant ; nous nous sentions entraînés vers un mal que vainement, à force de gravité, de tranquillité, de réserve, nous essayions de détourner. Aujourd'hui, nous arrivons tous, vous comme moi, avec confiance et espérance, le cœur en paix

1. Premier théâtre des enseignements de M. Guizot.

et la pensée libre !... Nous n'avons qu'une manière, messieurs, d'en témoigner dignement notre reconnaissance : c'est d'apporter dans nos réunions, dans nos études, le même calme, la même réserve que nous y apportions quand nous redoutions chaque jour de les voir entravées ou suspendues. La bonne fortune est chanceuse, délicate, fragile, l'espérance a besoin d'être ménagée comme la crainte, la convalescence exige presque les mêmes soins, la même prudence que les approches de la maladie... Vous les aurez, messieurs, j'en suis sûr. Cette même sympathie, cette correspondance] intime et rapide d'opinions, de sentiments, d'idées qui nous unissait dans les jours difficiles et nous a du moins épargné les fautes, nous unira également dans les bons jours, et nous mettra en mesure d'en recueillir les fruits. J'y compte, messieurs, j'y compte de votre part, et n'ai besoin de rien de plus. »

Ceux qui eurent cette bonne fortune d'assister pendant les deux années suivantes au cours de M. Guizot, ont souvent raconté avec quelle constante fidélité les auditeurs tinrent l'engagement que le professeur avait pris en leur nom comme au sien. La foule pouvait se presser à la porte de la salle et trouver difficilement place sur les bancs trop étroits ; le silence et le respect régnèrent toujours dans ses rangs ; les leçons sur l'histoire de la civilisation en Europe et en France ne furent jamais troublées par aucun tumulte, quelles que fussent l'animation des passions politiques et les excitations du dehors. Ce souvenir resta toujours cher à M. Guizot

La consolation entrait en même temps dans sa vie. Déjà malade et secrètement convaincue des approches de la mort, Mme Guizot avait dit à Mme de Saint-Aulaire, qui était intimement liée avec elle : « Si je meurs, je désire qu'il soit malheureux le moins et le moins longtemps possible. » Désintéressement bien rare dans une âme passionnée, et qui contribua peut-être à l'accomplissement de son noble désir. Mme Guizot avait beaucoup agi sur l'éducation de sa nièce, Mlle Élisa Dillon; pendant son douloureux voyage à Plombières, elle avait pris plaisir à recevoir d'elle des soins; elle constatait volontiers les ressemblances de leur nature. « Élisa, c'était Pauline [1] jeune », dévouée et tendre comme *Pauline* l'avait été jusqu'au dernier jour. Mlle Dillon avait passé un mois à Broglie après la mort de sa tante; elle était rentrée à Paris; M. Guizot lui écrivait de Broglie parlant de celle qu'ils avaient tous deux aimée : « Je ne te remercie pas de tes soins pour ma mère, ma chère Élisa, mais je veux pourtant que tu saches combien j'en suis touché; tu t'y entends très bien; du temps pour elle, de l'attention pour ses amis, c'est là ce qui

1. Notes de M. Guizot.

réussit le mieux et je suis sûr que tu as déjà réussi. Certainement cela est nécessaire à la douceur de notre intérieur, et je ne sais ce que j'y deviendrais sans repos. C'est ce dont j'ai surtout besoin à présent, parce que c'est ce qui me rend pleinement à moi-même, ce qui me permet de vivre exclusivement dans ma pensée avec celle qui est là constamment et nulle part ailleurs. Ce qui me déplairait par-dessus tout dans l'agitation, ce serait la distraction. Il n'y a pour moi aujourd'hui que deux situations supportables, une grande et importante activité, ou de me séparer du dehors et de rentrer en moi-même : la première me reviendra peut-être un jour, et je le désire ; je puis m'arranger aujourd'hui la seconde, et c'est ce que je fais ; sois sans inquiétude sur ma santé ; tout cela n'est rien, je suis beaucoup mieux que je ne devrais être. J'ai recommencé à me promener ; j'ai fait seul quelques grandes courses. Je recherche les promenades qui lui ont plu, particulièrement quand nous étions ensemble. Je veux les retrouver toutes jusque dans le moindre sentier et les refaire pour ainsi dire dans les mêmes pas. C'est une grande bonté de la Providence d'avoir permis que les impressions demeurassent en nous si présentes et si vives ; Dieu sait si, en me promenant dans ces bois avec elle, il m'est jamais entré dans la pensée que j'y reviendrais seul ; si j'ai jamais fait le moindre effort pour

7

garder la mémoire des endroits où nous passions. Eh bien! je l'ai si bien retenu que, lorsque je me mets à rechercher dans ma tête un sentier, tant que je n'ai pas retrouvé le véritable, je suis mécontent, mal à l'aise; je ne saurais dire en quoi celui où j'ai été avec elle diffère de celui où je passe, mais je suis sûr que ce n'est pas cela, et quand enfin j'ai trouvé, à l'instant mes souvenirs reviennent, se pressent, s'éclaircissent; je reconnais tout, les positions, les arbres, la pente du terrain, les points de vue, les pierres, tous les objets qui ont agi sur moi en même temps que sur elle; tout ce qui s'est associé pour moi à sa présence a fait sur moi sourdement, à mon insu, une impression qui se réveille à l'instant et comme un trait de lumière. Ce passé est ma vie; heureusement il m'est présent au delà de tout ce que je puis dire, et chaque jour plus présent; chaque jour je retrouve, je rapproche à sa date, à sa place, une conversation, un petit événement, un mot, un désir, un plaisir commun, quelqu'un de ces détails de notre vie pendant quinze ans. Je retrouverai tout, absolument tout, j'espère. A cela seulement je puis employer ce que j'employais à être heureux. »

C'était à travers ce mélange de chers souvenirs, de profonde tristesse et de vide cruel, que la pensée, l'action, l'influence de M^lle Dillon se glissaient peu à peu. Elle avait vingt-quatre ans; son instruction rare, le développement de son esprit, les grands devoirs qui pesaient sur elle depuis plusieurs années, avaient imprimé à son caractère une maturité précoce ; elle semblait établie dans la vie, forte, sereine, et uniquement occupée à soutenir par son courage tous ceux qui l'entouraient : tel n'était pas cependant tout le fond de sa pensée : « Tu me dis, chère amie, écrivait-elle de Plombières à sa sœur (13 juillet 1827), que j'ai l'air d'avoir renoncé à me marier et que cela te désole. Tu te trompes, je suis persuadée, plus persuadée que personne, que le vrai bonheur, le *bonheur*, s'il est de ce monde, n'y est que dans le mariage, et je le désire, et j'en jouirai plus vivement que je ne le dirai jamais à personne, même à toi. Mais à l'envie de le goûter, ce bonheur, je ne sacrifierai pas une seule des conditions qui me semblent nécessaires pour l'assurer ; ma médiocre fortune, ma volonté de ne pas quitter mon père, bien d'autres raisons circonscrivent beaucoup le cercle où je pourrais choisir ; il est donc possible que je ne me marie pas, et bien certainement je m'accommoderai mieux du célibat que d'un mariage imparfait. Il me faudra beaucoup, beaucoup de choses pour me dédommager de la perte de la liberté, du renoncement à mes goûts, de l'interruption de mes études, pour me faire oublier que je ne m'appartiens plus à moi-même, et trouver ma joie à me subordonner, à m'absorber dans l'existence d'un autre. Qu'on touche mon cœur, qu'on se fasse aimer, admirer, respecter, et je serai la plus docile des esclaves, mais je ne me donnerai pas à moins, j'y suis décidée : j'envisage avec calme une vie passée comme celle qui coule maintenant pour moi. J'ai besoin seulement de conserver des objets d'affection, des liens avec le passé qui m'est si cher. Si j'étais sûre de t'avoir toujours près de moi, toi la bien-aimée de mon cœur, je ne craindrais rien de l'avenir, mais je renonce à cet espoir; je veux surtout que tu te maries, tu en as besoin; je ne puis donc compter sur toi. Il me faut pourtant bien quelqu'un à aimer, quelqu'un à qui me dévouer, quelqu'un que maman ait chéri et que je puisse chérir aussi pour l'amour d'elle; c'est à mon excellent père que, dans mes rêves de vie célibataire, je consacre l'activité de mes actions, c'est lui dont j'embellirai la vieillesse, lui dont je soignerai la santé et les plaisirs quand il ne sera plus en état d'y suffire lui-même. Voilà, ma chère amie, tout ce que j'ai voulu dire; je ne renonce pas au mariage, mais je n'en fais pas la condition *sine quâ non* de ma destinée; si je trouve l'homme qu'il me faut, eh bien ! je goûterai le paradis sur la terre, l'amour dans le mariage; sinon, avec toi, mon père, Maurice, mes amis, mes livres et les pauvres, je passerai encore une douce et, je l'espère, une un peu utile vie. »

Le jour vint où le bonheur fit tout à coup irruption dans la vie de Mlle Dillon et rentra dans celle de M. Guizot. Nul ne connaissait mieux que lui cette âme qu'il avait vue se former; les légers défauts de caractère qu'il lui avait parfois reprochés disparaissaient devant le bonheur. « Élisa n'a plus d'amour-propre, parce que tout son amour est satisfait, » disait la duchesse de Broglie. Toutes les relations de famille étaient devenues douces autour d'elle, tant elle y portait de sérénité, de charme, de facile et joyeuse persévérance : elle était tout naturellement une fille pour la mère de M. Guizot, une mère pour son fils. « François est charmant pour moi, écrivait-elle à sa sœur (23 août 1828); il me soigne d'une manière tout à fait aimable; il est entré complètement dans le vrai de ma relation avec son père; je craignais qu'il n'eût quelque peine à s'habituer à la déférence de M. Guizot pour moi, à ma liberté avec lui et qu'il ne se scandalisât de mon ton familier comme d'un manque de respect; point du tout, cela lui, paraît tout simple, c'est un grand bonheur pour nous. Je ferai tout pour que les personnes qui aimaient ma tante m'aiment aussi; ne le lui dois-je pas, à elle et surtout à lui, à qui je dois tout? Mais tout me sera, tout m'est déjà facile; je ne vois pas un visage mécontent, je suis entourée d'affection. Que Dieu me protège, car je suis une trop heureuse créature ! »

Le vrai bonheur est un rare et salutaire spectacle.

Ceux qui approchaient Mme Élisa Guizot en purent jouir constamment tant que Dieu la laissa vivre. Elle se maria le 8 novembre 1828. Dans le souvenir même de ses meilleurs amis, sa vie personnelle resta difficile à distinguer et à suivre, tant elle était absorbée dans l'existence de son mari, consacrée à ses intérêts, à ses affaires, à ses occupations. Elle travaillait pour lui, elle regardait autour d'elle pour lui, elle lisait ou causait pour lui. L'indépendance et la fermeté de sa pensée restaient cependant les mêmes; elle réfléchissait beaucoup, et son esprit allait chaque jour s'étendant et se développant. Dans sa première jeunesse, elle avait éprouvé, sous l'empire d'une dévotion un peu étroite, beaucoup de scrupules et d'inquiétudes religieuses; elle en était sortie par la voie de la philosophie dont l'atmosphère l'entourait; elle retrouva bientôt la foi large et simple qui convenait à son intelligence comme à son cœur. « Je conçois deux façons d'être sérieusement et sincèrement religieux, écrivait-elle à sa sœur : l'une qui vient surtout du raisonnement, se fonde sur la démonstration de l'existence de Dieu, qui ressort de l'ordre du monde et de la nécessité d'une cause première, proclame l'immortalité de l'âme comme une conséquence nécessaire de notre nature morale, et compte sur la rémunération à venir, parce que la loi du juste et de l'injuste, qui doit régner en droit, ne règne pas en fait ici-bas et que tout droit doit s'accomplir. On peut aussi devenir religieux par un ardent besoin d'aimer que rien ne satisfait en ce monde, par un instinct de pureté que révolte le spectacle du mal et du mélange mondain, par les peines du cœur qui cherche en haut quelque soulagement assuré, par ces pressentiments vagues et sublimes qui nous poussent au delà de tout ce qui est fini. L'intelligence et le sentiment sont ainsi des sources de religion. Je crois, ma chère Pauline, qu'isolée, ni l'une ni l'autre de ces deux façons d'être religieux n'est la bonne, qu'il ne suffit pas à Dieu de l'hommage de notre cœur et de notre raison, et que lorsqu'on lui offre un esprit éclairé par la science et une âme pleine de son saint amour, alors seulement on accomplit toute justice. Cependant, chère amie, il faut en convenir; ces deux manières d'être religieux existent à part, et elles ont fait des grands hommes et des martyrs. Notre nature est si incomplète qu'elle peut être bonne avec une bien faible dose de vérité, mais au moins faut-il qu'elle en possède réellement cette petite dose, et qu'elle y tienne de cœur, et qu'elle s'en nourrisse avec conviction. Comment veux-tu donc que j'aime le livre au sujet duquel je t'en écris si long? Je ne trouve chez M. Benjamin Constant ni certitude de l'intelligence, ni piété de l'âme. La certitude de l'intelligence? Il ne s'en est pas seulement inquiété; il a négligé d'affirmer qu'il croyait en Dieu; il a déclaré l'impiété la plus forte dans ses raisonnements. Il se moque des incrédules; mais de quoi? De ce qu'ils nient la foi, non de ce qu'ils ne la partagent pas. Et quant à du sentiment religieux, il en trouve partout et n'en porte nulle part; il en étale les égarements avec complaisance et les délices avec lassitude, comme un esprit blasé, sèchement blasé, qui essaye de s'émouvoir pour se désennuyer. Je veux bien qu'un catéchisme soit aride, qu'un livre d'extase religieuse n'ait pas le sens commun; mais écrire sur la religion et être à la fois déraisonnable et sec, c'est beaucoup trop et je ne saurais m'y faire. »

Les travaux de M. Guizot étaient alors de nature à réclamer le concours de sa femme et à donner à celle-ci une large part dans son activité intellectuelle; elle dépouillait les correspondances qu'entraînait la direction de la *Revue française;* elle lisait les ouvrages dont il fallait rendre compte, et se chargeait souvent de les juger avec une justesse délicate dans le goût et dans l'expression qui donnait à la revue bibliographique un grand intérêt; elle mettait d'ailleurs au service de son mari ses sérieuses connaissances historiques pour la préparation de son cours. M. Guizot poursuivait avec la même ardeur ses études et ses travaux, tout en observant l'état des esprits sous le ministère de M. de Polignac, à la veille des fautes qui devaient amener, bon gré mal gré, de nouveaux bouleversements. Depuis longtemps ses amis vivaient comme lui, étrangers au gouvernement; ils continuaient de porter le plus vif intérêt aux affaires publiques, tout en se livrant à des travaux purement intellectuels. M. Guizot les aidait de sa sympathie et de ses conseils, il écrivait à Agen à M. Dumon : « Je vous fais mon compliment de votre établissement. Du bonheur domestique et une terre où vous pousserez des racines, cela vaut bien les bruits de Paris, et même quelques bonnes conversations que vous perdez. Pourvu que vous soyez bien décidé à ne pas vous laisser engourdir par le défaut de mouvement intellectuel autour de vous, je vous engage à ne rien regretter. Nous n'avons qu'à attendre; faites-vous une solide existence, préparez votre influence, votre candidature, et prenez patience en étant heureux. Si l'on pouvait établir dans chaque département un homme comme vous, et dans une si bonne position, nous ferions plus pour l'avenir que par tous nos beaux entretiens. Seulement venez nous voir quelquefois, et écrivez-nous; il faut se disperser, non se séparer, que le filet s'étende, mais que les mailles se tiennent toujours. — Je suis charmé que vous songiez à vous occuper d'histoire, vous avez bien fait, je crois, de renoncer à un sujet littéraire : le mouvement d'esprit en littérature est encore si faible et si vague, que, de votre retraite, vous en suivriez difficilement les obscures vicissitudes. L'histoire a plus de corps, et sa nouvelle direction est plus déterminée. Décidément le public y prend goût; si vous suivez votre projet, vous pouvez prétendre à beaucoup plus qu'à un succès provincial. Vous n'éprouverez qu'une grande difficulté, c'est à limiter votre sujet; l'Aquitaine a subi tant de dislocations et de métamorphoses que son histoire vous entraînera tour à tour dans toutes sortes d'histoires, celle d'Espagne, d'Angleterre, etc. Il vous arrivera un peu ce qui est arrivé à M. de Barante pour les ducs de Bourgogne, et plus encore; car l'Aquitaine n'a jamais eu autant de consistance que la Bourgogne, ni ses maîtres autant d'éclat que les ducs bourguignons de la maison de Valois. Ce sera à vous à lutter contre cette difficulté. Je vous engage à rattacher autant que vous le pourrez votre travail à l'histoire de France, et à laisser de côté ou à ne traitèr qu'en passant celle des portions de l'Aquitaine qui ont appartenu, par exemple, à l'Espagne. Quant aux renseignements que vous me demandez, ouvrez la *Bibliothèque historique de la France* du Père Le Long, vous trouverez là, surtout au tome 3e, article *Guyenne*, l'indication à peu près complète de tous les documents. Les deux ouvrages d'Auteserve, *Rerum Aquitanicorum libri decem*, les cinq premiers sur l'ancienne Aquitaine, les cinq derniers sur l'Aquitaine depuis Clovis jusqu'en 1137, sont un livre capital. Ils ont été imprimés à Toulouse en

1648 et 1657, in-4°. L'histoire du Languedoc des Bénédictins et celle du Béarn, par du Marca, sont les deux meilleures de toutes celles des provinces limitrophes, et vous aideront beaucoup. A partir de la fin du douzième siècle, regardez de près à l'histoire des rois d'Angleterre, possesseurs de l'Aquitaine; tous les historiens français l'ont négligée. Si vous vous étendez un peu sur l'Aquitaine avant l'invasion des Goths et des Francs, et que vous vouliez, par exemple, savoir l'origine de sa première population, le nouveau travail de M. de Humboldt (Guillaume) sur les Basques vous sera nécessaire; il y a lieu de croire que les Basques sont un débris des Ibères, les anciens Espagnols qui occupaient aussi l'Aquitaine. Du reste, je suis à votre disposition pour tous les renseignements que je pourrai vous donner; n'y mettez point de réserve, il m'arrive sans cesse de donner du temps à des gens à qui je tiens infiniment moins qu'à vous, et je serai charmé de vous être bon à quelque chose. Si vous m'en croyez, portez l'effort de votre travail sur les temps féodaux: ce sont ceux qui parlent le plus à l'imagination du public; il ne les a connus pendant longtemps que par la haine très méritée qu'il leur portait; aujourd'hui, il les craint peu, quoi qu'on en dise, et est assez porté à s'y intéresser. Quand vous serez tout à fait décidé et en train, adressez-moi, si cela vous convient, des questions précises; j'essayerai de vous aider. »

M. Guizot écrivait à M. de Barante (le 21 septembre 1829), six semaines après la formation du ministère de M. de Polignac : « Mon cher ami, vous voyez leurs débuts, je n'ai pas grand'chose à vous apprendre. On demandait hier matin à M. de la Bourdonnaye ce qu'il comptait faire : « Je ne sais rien, je ne veux rien, je ne fais rien. » C'est là, en effet, toute leur politique. Si la Chambre devait se réunir demain, peut-être tomberaient-ils aujourd'hui, peut-être feraient-ils un coup d'État ; l'un et l'autre est possible, et nous autres, public, nous croyons tantôt l'un, tantôt l'autre ; à tout prendre pourtant, le fait dominant est leur impuissance ; ils la sentent, et on peut espérer que le dénouement viendra de là. Les refus, les démissions les accablent. J'ai donc assez bon espoir, et si l'issue est bonne, elle sera très bonne, car nous aurons acquis un motif sans réplique pour tout ce qui est nécessaire. Cependant j'ai peine à me persuader qu'une fois arrivés là, ils se laissent tomber sans résistance ; leur avènement a montré que tout est possible ; le bon plaisir qui les a élevés peut les soutenir à tout prix. Nous verrons, mais à coup sûr, la crise décidera bien des choses. Elle avancerait fort si le *Journal des Débats* était acquitté. Tout donne à croire qu'il le sera en cour royale. Le tribunal de première instance est moins sûr. Ils ont là un rude ennemi, et qui chaque jour leur fait plus de mal. On attend la démission de

M. de Chateaubriand, car on y compte. Victor m'écrit, avant de savoir tout ceci, que son langage est très bon, qu'il professe le plus grand mépris pour les tentatives de M. de Polignac, et ne veut entrer que dans un ministère libéral. Les amis de M. de Mortemart disent que, lorsqu'il aura reçu deux ou trois dépêches qui lui déplairont et qui rendront sa situation désagréable, il pourra bien se retirer aussi. Le roi, on ne sait pourquoi, parle de M. de Martignac avec une amertume toute particulière. Ravez est décidément pair. M. de Polignac et M. de Chabrol n'ont pas cessé de se repaître de l'espérance d'une majorité : « Nous avons déjà 180 voix, dit Chabrol, et nous gagnons tous les jours. » La Bourdonnaye est plus sérieux et se fait moins d'illusions. Quoi qu'il en soit, tenez pour certain que le printemps prochain ne nous trouvera pas comme nous sommes; nous aurons triomphé ou nous en serons à délibérer s'il faut payer l'impôt.

« Ceci pourra bien vous distraire un peu du Parlement de Paris. Travaillez cependant, ce sera toujours autant de fait. Vous avez toute raison de croire que *placitum* est d'origine latine. Le mot est employé dans la jurisprudence romaine et signifie *contrat*, *convention*. N'est-il pas singulier que, de même que le mot *convention*, il ait servi à désigner un contrat et une assemblée? C'est après l'invasion que ce dernier sens lui a été attribué; mais son histoire correspond exactement à celle du mot *convention*, à cela près que le premier sens de *placitum* a été contrat, tandis que le premier sens de *convention* a été réunion matérielle : l'un a commencé par désigner le rassemblement des personnes, l'autre l'accord des volontés, mais ils ont également passé de l'un à l'autre sens. — *Mallum*, *mahl*, est l'ancien mot germain, et son histoire est la même; car il a signifié aussi un contrat et une assemblée, et la trace de ce double sens subsiste encore aujourd'hui en allemand, d'une part, dans les mots *Gemahl*, *Vermählen*, qui désignent le contrat de mariage, de l'autre, dans le mot *Mahlzeit*, temps du repas, ou de la réunion pour prendre le repas. Quant à la synonymie des deux mots *mallum* et *placitum*, elle est un peu vague ; je crois cependant que le *mallum* désignait l'assemblée des hommes libres en général, sans aucune allusion aux affaires dont elle s'occupait, tandis que *placitum* indiquait plutôt une assemblée judiciaire. Sa métamorphose dans le mot *plaid* semble confirmer cette supposition. Au reste, la variété dans le sens des deux mots tient surtout à la diversité de leurs dates. *Mahl* est du temps où les assemblées des hommes libres faisaient toutes choses; *placitum*, du temps où l'on ne se réunissait plus guère que pour juger les procès ; il y a cependant beaucoup de restrictions à apporter à cette distinction.

« Quant au mot *parliamentum*, sans aucun doute, il n'a pas été employé avant le commencement du douzième siècle. Il n'est, à coup sûr, ni du pur germain ni du pur latin, il est roman et date de l'époque où les nouvelles langues ont commencé à paraître, soit dans le midi, soit dans le nord de la Gaule. On le trouve au midi et au nord, chez les Provençaux et chez les Normands. D'où est-il venu? Je ne le sais pas bien. Toute cette famille de mots, *parole*, *parler*, *parlement*, est d'une origine douteuse. Je crois fort peu aux origines celtiques ou gaéliques, surtout pour des mots d'un usage général, journalier et que l'on rencontre pour la première fois au douzième siècle. J'ai souvent cherché l'étymologie de *parliamentum* et je ne me suis point satisfait. Je ne vous enverrai pas par la poste toutes les hypothèses que j'ai parcourues, ce serait trop long; mais tenez pour certain que le mot commence avec les langues modernes.

« Adieu, ma femme est bien et sa fille aussi; c'est la couche la plus normale qui se puisse voir, et l'enfant prospère au mieux. Mon fils a assez réussi au concours. Il a été nommé au concours général, et à son collège il a eu deux premiers prix et quatre accessits. Il n'est pas content et j'en suis bien aise. il veut des prix au concours général. Adieu, voilà un volume. Tout à vous. Quand m'enverrez-vous un article pour la *Revue?* »

La vie politique active et personnelle s'ouvrait

pour M. Guizot au moment même où il discutait l'origine du mot *parlement*. Tenu jusqu'alors en dehors de la Chambre par son âge, il fut porté, vers la fin de 1829, dans les arrondissements réunis de Pont-l'Évêque et de Lisieux, en remplacement de M. de Vauquelin le chimiste, mort le 15 octobre. L'élection eut lieu le 23 janvier 1830, et M. Guizot fut nommé à une grande majorité. Il n'avait jamais visité son collège, et sa réputation seule lui avait valu des partisans qui devinrent bientôt des amis fidèles et dévoués. M. Guizot prit pour la première fois la parole afin de soutenir l'adresse des 221, que M. Berryer attaquait de son côté pour son début.

Les hommes sérieux et sensés étaient profondément troublés et inquiets. M. Guizot continuait son cours, scrupuleusement et exclusivement scientifique ; il maintenait extérieurement le calme chez ses auditeurs, mais l'agitation intérieure n'en était pas moins grande. Lorsque le roi eut prononcé d'abord la prorogation (19 mars 1830), puis la dissolution de la Chambre (16 mai 1830), M. Guizot, assuré de sa réélection dans le Calvados, partit pour Nîmes afin de prêter à ses amis le secours de sa présence, qui paraissait devoir être efficace. C'était la première fois qu'il quittait sa femme ; elle avait bien de la peine à accepter la séparation ; elle écrivait à sa sœur le 15 juin : « Je t'écris d'un cœur bien malade, ma Pauline ; mon mari est parti ce matin, et m'en voilà pour vingt-huit ou vingt-sept jours d'absence! C'est bien long et bien dur. Je ne puis te dire ce que j'ai souffert dans ces derniers jours-ci; je ne pouvais le regarder sans avoir les yeux pleins de larmes, et le temps me faisait mal de courir si vite vers notre séparation. Il est parti ce matin à huit heures, et je crois, en vérité, que je suis mieux depuis ce moment; passé la première angoisse, j'ai repris un peu de calme, et j'ai commencé à penser au retour. Depuis trois mois, je ne crois pas que j'aie passé une heure sans que l'idée de ce jour-ci me vînt saisir le cœur; maintenant qu'il est arrivé, je me reporte vers celui qui me rendra mon mari, et, j'espère, pour ne plus nous quitter que de courts instants. Ah! si tu étais ici, chère sœur, je ne connais que toi sous le soleil à qui je voulusse laisser un peu voir ce qui se passe dans mon cœur; écrire est si peu de chose! Je prends ce soir ma fille dans ma chambre, et m'en fais une grande joie, si je puis parler de joie en ce moment. Je fais arranger quelque chose au meuble du salon; aussi me suis-je établie dans le cabinet de M. Guizot; d'ailleurs il le désirait et je crois que cela me vaut mieux que la solitude de cette pièce. Je me rappelle que lorsque tu m'as quittée, j'ai été plusieurs jours sans me décider à rentrer dans ta chambre, et ne l'ai fait que par hasard, tant cette pièce sans toi me faisait de peine. Je vais travailler pour passer le temps; j'ai un article sur les poésies d'Uhland, dans le prochain numéro de la *Revue;* je ferai mes notes et puis je reprendrai mes Gaulois [1], et j'écrirai la guerre de César. Quand il fera beau le soir, j'irai me promener avec Henriette ; mes sorties du matin seront pour ma salle d'asile et mes pauvres. Voilà ma vie. »

Mme Guizot supportait douloureusement l'absence ; l'inquiétude dans l'absence lui semblait au-dessus de ses forces ; son mari lui écrivait de Nîmes le 26 juin 1830 : « Sois tranquille, s'il y avait jamais dans ma vie politique quelque danger, je te voudrais auprès de moi, je t'y appellerais, si tu n'y étais pas naturellement. Nous sommes unis pour la bonne et pour la mauvaise fortune. Tu souffrirais mille fois plus loin de moi que de près ; nous avons à qui laisser nos enfants ; un devoir envers eux, le soin de leur sécurité, pourrait seul nous obliger à rester séparés ; et ce soin si cher, d'autres qui méritent toute notre confiance le prendraient au besoin pour nous. N'aie donc nulle agitation, mon Elisa ; au milieu de l'orage, nous serons ensemble, nous le combattrons ou nous le supporterons ensemble. Viendra-t-il bientôt? Je ne le crois pas. La lutte est très vive, plus vive qu'on ne le voit de loin ; les deux partis sont profondément engagés, et d'heure en heure s'engagent plus profondément l'un contre

1. Mme Elisa Guizot avait entrepris une histoire de France racontée aux enfants dont elle avait écrit quelques chapitres.

l'autre; une fièvre terrible d'égoïsme et de platitude possède et pousse l'administration ; l'opposition se débat avec une ardeur passionnée, quoique très contenue, contre les embarras et les angoisses d'une situation légale et morale assez difficile. Elle trouve dans la loi des moyens d'action et de défense qui lui donnent la force et le courage de soutenir le combat, mais sans lui inspirer confiance dans le succès; car presque partout la dernière garantie manque, et après avoir lutté bravement et longuement, on court risque de se trouver tout à coup désarmé et impuissant. Même anxiété, même incomplet dans la situation morale : l'opposition méprise l'administration et la regarde cependant comme son supérieur; les fonctionnaires sont avilis et occupent encore le haut du pavé ; un souvenir de la puissance et de la grandeur impériales leur sert encore de piédestal ; on les regarde en face, on leur jette de la boue qu'ils méritent, mais c'est de bas en haut, avec timidité et colère tout à la fois. Il y a là sans doute beaucoup d'éléments d'agitation, de crise même ; mais dès qu'on croit l'explosion prochaine, possible seulement, tous se retirent, tous la craignent; personne n'en attend la satisfaction de quelque désir impérieux, de quelque ardente espérance. Au fond c'est à l'ordre, à la paix que chacun demande aujourd'hui la fortune. On ne compte que sur les moyens réguliers. C'est là la véritable garantie de l'avenir, celle qui pendant longtemps, et à moins de circonstances extraordinaires, ramènera le fleuve dans son lit, au moment où il semblera le plus près d'en sortir. »

Les circonstances extraordinaires se préparaient, destinées à précipiter le pays dans des voies qu'il entrevoyait depuis plusieurs mois avec inquiétude et sans désir sérieux de s'y aventurer. Une prorogation des élections avait retardé le retour de M. Guizot; il s'en dédommageait tristement, en causant de loin comme il avait coutume de le faire de près, entraîné par le besoin de cette intimité et de ces épanchements qu'il réserva toujours à un très petit nombre de personnes, mais dont il savait leur donner constamment la profonde joie : « Je te parle élections; je fais comme si nous étions ensemble, je puis alors ne pas être économe de mon temps, j'en ai à dépenser avec toi. Je puis te parler de choses indifférentes; quand je voudrai, je te dirai celles qui me tiennent fortement au cœur; mais loin de toi, quand je te donne à peine une heure par jour, je devrais ne parler jamais que de toi, de moi, de notre bonheur, de notre vie. Va, c'est bien aussi mon instinct, et je me fais presque toujours effort pour te dire un mot d'autre chose. Ne crois pas, mon amie, que j'aie un sentiment moins profond, moins immuable que toi de notre bonheur; quand je ressens vivement nos contrariétés, quand je les appelle des mécomptes dans la plus heureuse vie, le bonheur et la reconnaissance n'en remplissent pas moins mon âme; mais je te dis tout, je répands devant toi toutes mes impressions, et une fois écrites, envoyées à deux cents lieues, t'arrivant après quatre jours, elles se présentent à toi beaucoup plus exclusives, plus permanentes qu'elles ne le sont en effet. Mon Elisa, personne, pas même toi, n'est plus fermement confiant que moi dans la Providence, plus soumis de cœur à sa volonté ; mais lorsque ma transformation intellectuelle s'est accomplie, lorsque mes idées se sont fixées, mes regards se sont surtout dirigés vers l'ensemble des choses, sur la destinée de l'humanité, le cours, les lois, le but de son développement. C'est là surtout que l'intervention divine a éclaté à mes yeux, que j'ai reconnu clairement, irrésistiblement, la pensée et la volonté suprêmes. Je les trouve manifestes dans l'histoire du monde, d'une façon aussi certaine que dans la marche des astres; je vois Dieu dans les lois qui règlent le progrès du genre humain, aussi présent, aussi évident, bien plus évident, selon moi, que dans celles qui président au lever et au coucher du soleil. Pour te dire enfin toute ma pensée, l'histoire de l'humanité a pour moi des lacunes, d'immenses lacunes, mais point de mystères ; j'en ignore beaucoup, j'en comprends tout; des millions de faits m'y échappent, aucun ne m'étonne; mes yeux sont trop faibles pour atteindre à tout, mais ils se sentent en plein jour. De là surtout m'est venue ma foi. C'est dans le spectacle de l'humanité, de sa vie et de sa destinée générale que j'ai puisé une entière certitude, une confiance infinie dans la sagesse et dans la bonté, et l'action permanente de la Providence; son action sur chacun de nous en particulier, ses desseins dans la destinée individuelle, me sont beaucoup moins clairs; là je ne doute pas, mais je ne vois pas aussi bien, je rencontre à chaque pas le mystère. Je sais que plus d'une fois on entrevoit la raison et le résultat moral des épreuves que Dieu inflige aux individus, qu'ailleurs on reconnaît qu'il a épargné leur faiblesse et mesuré le vent à la laine de l'agneau; mais je rencontre aussi des faits contraires et pareillement indubitables, des épreuves auxquelles l'individu a moralement succombé, et dont je ne découvre aucun bon résultat, des détresses qui ont surpassé toutes les forces. Je te le répète, mon amie, à ce spectacle je ne doute point, je ne murmure point; mais je ne comprends pas, je ne vois pas, je tombe dans le mystère, dans un terrible mystère. Ma confiance en Dieu le supporte, mais ce n'est pas de là qu'elle vient; elle trouve ailleurs, dans le cours général des choses, un point d'appui qui la rend capable de résister à tout, mais elle a besoin de ce point d'appui. Quand il s'agit, en un mot, des desseins de Dieu sur chacun de nous, je me confie, je m'humilie, car je me sens dans les ténèbres; quand il s'agit des desseins de Dieu sur le genre humain, je contemple et j'adore, car le jour m'inonde de toutes parts. »

A Paris, Mme Elisa Guizot travaillait, elle soignait son grand écolier François, sa petite fille Henriette; elle donnait beaucoup de temps à sa belle-mère, sans négliger la politique. « Mon mal de tête est fort diminué, écrivait-elle le 15 juillet; après t'avoir écrit, j'ai pu travailler. Je refais mon chapitre sur l'état de la Gaule et j'aurai à le récrire une troisième fois; mais c'est un morceau important, je n'y veux rien épargner. Je crois bien que j'aurai besoin de retoucher le chapitre sur les guerres gauloises où sont placés plusieurs traits du caractère gaulois; tu en avais aussi l'impression, nous verrons cela ensemble quand tu auras un peu de temps. J'ai l'*Histoire ecclésiastique* de Fleury et je vais me mettre à la lire. J'entamerai aussi Néander. Ayant à traiter l'établissement du christianisme dans les Gaules, je serais bien aise d'avoir lu un ouvrage savant sur les premiers siècles de l'Église; cette science ne paraîtra pas dans mon récit, mais elle le dirigera, et peut-être trouverai-je là des détails curieux et intéressants. D'ailleurs, quand j'aurai fait ces deux lectures, je les ferai servir à autre chose, et je ferai pour la *Revue* un article sur l'ouvrage de Néander comparé à celui de Fleury. La question prise ainsi sera d'un intérêt plus général ; une fois l'article fait, nous le mettrons dans ton carton ; il sera employé quand l'occasion s'en présentera, il pourra attendre sans danger ; les journaux quotidiens et la *Revue de Paris* ne prendront pas le sujet. Je vais à Mousseaux, mais je n'y emporte pas de livre ; car Pauline (M^me de Rémusat) vient avec moi, elle me l'a fait proposer par la nourrice ; ma matinée sera nulle, et grâce à sept ou huit pauvres que j'ai vus ce matin, je n'aurai rien fait aujourd'hui que t'écrire et corriger la première épreuve d'*Une famille ;* cette édition sera vraiment fort jolie ; j'en suis charmée. Nous avons été hier soir aux Tuileries, ta mère et moi ; et nous avons beaucoup causé de sa douleur, de l'effet qu'elle avait produit sur elle, de sa fidélité aux opinions de ton père, de votre éducation, et cette pauvre mère pleurait, elle me disait : « Mes douleurs sont de l'histoire pour mes enfants, ils étaient trop jeunes pour les sentir ; pendant vingt ans j'ai passé toutes mes nuits à pleurer, assise sur mon lit ; je me contraignais pour ne pas les attrister ; votre mari avait un grand instinct de tendresse, il voyait mes chagrins, et je me forçais pour vivre ; sans eux, je ne l'aurais pu, mais j'avais l'idée d'une double tâche à remplir ; mon pauvre ami avait eu confiance en moi, et je puis bien dire que j'ai accompli toutes ses volontés ; j'ai élevé complètement mes enfants, je ne m'y suis épargnée ni au moral ni au physique ; enfin, ce dont je ne puis me corriger, c'est d'être exigeante avec eux, mais je crois que Dieu me le pardonnera. » Mon ami, j'avais les yeux pleins de larmes en l'écoutant ; elle me disait qu'elle avait eu trois vies en une seule : la jeunesse assez indifférente, huit années de bonheur, et tout le reste dans les larmes ; voilà trente-cinq ans qu'elle pleure, et qu'elle ne trouve nulle part un cœur qui réponde pleinement au sien. Je m'attache tous les jours davantage à elle, et elle s'attache à moi. Je crois que nous nous entendrons fort bien sur l'éducation d'Henriette.

« J'ai causé avec M. de Guizard de la *Revue dramatique ;* il est tenté de donner à M. Fétis la partie musicale, et de se charger du reste dont il ferait un tout ; il me semble que ce serait très bien, il le ferait parfaitement et dans l'esprit et le ton de la *Revue*. Je verrai M. de Langsdorff ; il ne fera que ce qu'il voudra ; mais je crois qu'il serait charmé d'écrire dans la *Revue*.

« On raconte que M. de Peyronnet a fait parler à quelques personnes des centres, et que le roi l'a su. Au conseil du dimanche, M. de Peyronnet a parlé des élections et de leur importance ; il a fait entendre les mots de modération et de légalité. Le roi alors s'est fâché, lui a dit avec emportement qu'il n'attendait pas de lui de tels avis, qu'au surplus on n'avait pas besoin de chercher à recomposer le ministère, qu'il savait que des personnes du conseil y pensaient, mais qu'elles pouvaient s'en épargner la peine, et que s'il jugeait à propos d'en venir là, il le ferait seul et à son gré. Je tiens ces renseignements du *Globe*. M. Cotte est venu hier pour me voir, mais j'étais sortie avec ta mère ; je le regrette, le *Temps* avait l'air bien informé. Depuis trois ou quatre jours, on reparle de coups d'État ; l'*Univers* est redevenu violent ; la *Quotidienne* ne parle que de bonnes lois à proposer : il semble que ces deux journaux représentent la diversité d'opinions de M. Polignac et de Peyronnet. As-tu lu le discours de M. Berryer ? Il est parfaitement légal, parle des institutions établies par la Charte. — Adieu, mon ami, quelle lettre ! Je me sens le cœur léger d'avoir passé la moitié de notre séparation ; mais qu'elle a été longue ; que de jours perdus pour le bonheur ! »

Le secret des hésitations comme des résolutions du roi Charles X avait été bien gardé ; les mieux informés ignoraient l'imminence du danger qu'ils redoutaient depuis si longtemps. « Je quittai Nîmes le 23 juillet 1830, dit M. Guizot dans ses mémoires, content des élections auxquelles j'avais concouru, des dispositions générales que j'avais trouvées, et uniquement préoccupé de chercher comment il faudrait s'y prendre pour faire prévaloir dans les Chambres et accueillir en même temps par le roi le vœu décidé, mais modéré et honnête, du pays. Ce fut seulement le 26 juillet, en passant par Pouilly, que j'eus, par le courrier de la malle, la première nouvelle des ordonnances. J'arrivai à Paris le 27 à cinq heures du matin, et je reçus à onze un billet de M. Casimir Périer qui m'engageait à me rendre chez lui, où quelques-uns de nos collègues devaient se réunir. La lutte était à peine commencée, et déjà tout l'établissement de la Restauration, institutions et personnes, était en visible et pressant péril. Quelques heures auparavant, à quelques lieues de Paris, les ordonnances ne m'étaient même pas connues, et à côté de la résistance légale, je trouvai en arrivant l'insurrection révolutionnaire déchaînée. La fermentation et la confusion croissaient d'heure en heure. C'était, à l'occasion des ordonnances de la veille, l'explosion de toutes les colères, de toutes les espérances, de tous les desseins et désirs politiques amassés depuis seize ans. »

Une seule personne, une seule conduite paraissaient capables d'arrêter la révolution et de rendre l'ordre au pays en lui assurant la liberté. L'avènement du roi Louis-Philippe en 1830 a valu à la France dix-huit années de paix, de bon et libre gouvernement ; il lui a ménagé une halte dans cette longue carrière d'agitations et de secousses qu'elle poursuit depuis bientôt un siècle. Ceux qui mirent la main à l'œuvre au mois de juillet 1830 croyaient fonder un édifice durable. Leurs belles espérances pour l'avenir les consolèrent de la tristesse et des inquiétudes présentes; c'était encore du bonheur. M. Guizot passa trois mois au ministère de l'intérieur, occupé à réorganiser l'administration presque toute entière, donnant ses audiences à quatre heures du matin, assistant chaque jour à deux séances de la Chambre. « Vous aurez encore longtemps besoin de M. Guizot, disait M. Casimir Périer au roi, dites-lui donc de ne pas se tuer tout de suite à votre service. » Dans les premiers jours de novembre, ceux des membres du cabinet qui formaient le noyau de la résistance contre les tendances révolutionnaires, MM. de Broglie, Casimir Périer et Guizot, se retirèrent; M. Laffitte devint président du conseil.

Mme Guizot avait pris une part ardente aux inquiétudes et aux tristesses de son mari ; elle espérait et elle triomphait avec lui ; mais les nécessités de la vie nouvelle à laquelle elle était appelée, lui pesaient infiniment plus qu'elle ne jouissait de ses agréments. « Quel rêve que tout ceci, chère sœur ! écrivait-elle le 4 août, du ministère de l'intérieur ; je suis un peu ennuyée de la magnificence bruyante de cette maison; je compte bien, si j'y reste, y mener la vie la plus simple possible, sauf les occasions d'apparât obligé. » Lorsque M. Guizot quitta les affaires, la violence des discussions parlementaires ne laissait guère de place au repos et à la vie domestique ; ce fut seulement à Broglie, au mois de mai 1831, que M. et Mme Guizot purent goûter enfin quelques jours de paix, à la suite d'une course que M. Guizot avait dû faire dans les arrondissements de Lisieux et de Pont-l'Evêque. Pendant son absence, Mme Guizot écrivait à sa sœur : « Je me trouve très bien ici ; je jouis beaucoup du calme parfait de cette habitation, et de ne pas entendre parler politique toute la journée. J'ai vécu huit mois au *tread mill* ou dans la fournaise, comme tu voudras ; l'ouverture des Chambres m'y replongera, et je suis charmée de prendre auparavant un long bain de repos. Mais pour qu'il fût complet, j'aurais besoin d'avoir là M. Guizot ; je ne vis pas loin de lui, je ne m'intéresse à la journée que pour la voir finir ; mon âme se hâte, se précipite d'heure en heure, de minute en minute, vers celle qui me le ramènera ; ce n'est pas là le moyen de se reposer. Aussi je ne compte vraiment que sur les dix jours que nous passerons encore ici après son retour définitif. Alors seulement je jouirai à l'aise de la campagne et de sa beauté tranquille. Ce qui m'enchante, en attendant, c'est le bonheur de ma petite Henriette : elle s'amuse parfaitement, passe sa vie en plein air, va et vient, cueille des fleurs, fait des petits jardins, devient chaque jour plus rose et plus ronde. Je suis persuadée que ce voyage lui fera un bien infini. »

Le 2 mai, M. Guizot écrivait de Honfleur, après avoir vu la mer pour la première fois de sa vie, plaisir qu'il s'était promis de partager avec sa femme : « Je suis désolé de n'avoir qu'un quart d'heure pour t'écrire ; que n'aurais-je pas à te dire ? Je viens de passer quatre heures le long de la mer, de coteau en coteau ; j'ai parcouru un petit vaisseau. Le temps était superbe, voilà un orage qui commence. Tu n'es pas là. Étrange situation de n'avoir pas un plaisir vif qui ne devienne à l'instant une vive peine, et d'avoir pourtant le plaisir vif, irrésistible ; il arrive de lui-même, malgré moi ; en vain il se métamorphose sur-le-champ ; il recommence ; je ne puis ni m'en défendre ni l'accepter. Je viens de passer quatre heures à le subir et à le perdre ainsi ; je n'ai peut-être jamais été dans un état si complètement involontaire, ne pouvant ni repousser le plaisir ni en jouir. Ce n'est point une impression subite, singulière, que m'a causée la vue de la mer ; j'ai senti mon âme s'épanouir naturellement, facilement, comme si l'espace lui eût manqué jusque-là, et qu'en présence de cet espace immense, égal, elle retrouvât la plénitude de son existence et la liberté de ses mouvements. C'est une émotion calme, mais toujours croissante, douce d'ailleurs, bientôt puissante, et qui de minute en minute s'empare plus fortement de vous, et vous attache, vous cloue à la même place, au même spectacle. Que n'étais-tu là ? Que n'y étions-nous seuls ? Nous y reviendrons. Je l'ai promis ; je me le suis promis, et je suis sûr que je retrouverai alors mon plaisir tout entier, tout vrai. Quatre heures, mon amie, quatre heures sans toi, au milieu de ce tiraillement intérieur et en soutenant avec cinq personnes une conversation intarissable. J'en suis las. Mais sache bien que la mer est incomparable, même à Honfleur; que la situation d'Honfleur est charmante et qu'on y est si aimable qu'on m'y parle sans cesse de toi. Il faut que je te quitte. Que dit ma fille ? Chère enfant ! je voudrais bien savoir si je reviens souvent dans le vague de sa petite pensée, si mon souvenir passe comme une ombre devant ses yeux. Embrasse-la en me nommant.—C'est aujourd'hui le grand banquet. Hier j'ai vu quinze électeurs à dîner, et une trentaine dans la soirée. On avait avec raison invité deux ou trois demi-opposants, des incertains. Nous avons discuté; j'ai raconté ces neuf derniers mois. Aujourd'hui j'en ferai autant avec un peu plus de solennité.

« On me comble. Je trouve ici quelques personnes qui sont à merveille et beaucoup d'autres de bon sens et de bonne intention, mais qui ont grand besoin d'être éclairés. Ils ne savent pas, ils ne comprennent pas. De toute cette publicité qui nous fait tant de bruit aux oreilles, à peine quelques phrases retentissent-elles un moment dans une commune où résident deux ou trois électeurs. Elles les troublent plus qu'elles ne les instruisent. Ils n'ont pas le secret des paroles, le fil des faits. Nous ne nous doutons pas de ce qu'ils ignorent et de l'effet que produisent dans les esprits les lambeaux d'évènements ou de discours, ou de journaux, qui y tombent de temps en temps... Adieu encore, je vais avoir une maîtresse séance. On fera des discours, j'en répondrai. On me portera des toasts, j'en rendrai. Rien n'y manquera. Je voudrais voir ma fille au milieu de ce brouhaha, elle se mettrait à pleurer... Adieu, adieu ; on m'a préparé pour mes courses une petite jument d'allure qu'on dit charmante. »

M. Guizot revint à Broglie le 22 mai ; quelques jours plus tard il retournait à Paris. Cette séparation, que tous deux avaient eu tant de peine à supporter, devait être la dernière avant la séparation suprême. Le 22 juin, la naissance d'une seconde fille vint ajouter une joie nouvelle à ce bonheur si grand et si vivement senti. « Je suis heureuse, bien, bien heureuse de tout point, écrivait Mme Guizot à sa sœur, qu'elle avait la joie de voir bien mariée à M. Decourt, sous-préfet à Béthune. Que Dieu donne un peu de tranquillité au pays, qu'il écarte de nous les dangers dont la terreur m'a fait passer bien des nuits sans sommeil, que je n'aie rien à redouter pour l'être chéri auquel ma vie est suspendue, et nulle créature ne devra plus d'actions de grâces au souverain dispensateur de tous biens ? Que ne lui dois-je pas déjà, chère sœur ? Il m'a donné ton bonheur, le seul qui me manquât. »

Le choléra venait d'éclater à Paris ; visiteur nouveau et terrible qui mit en même temps en lumière les plaies hideuses et les grandeurs de la nature humaine. Le peuple, d'abord seul frappé par la maladie, fut un instant emporté par ces terreurs sauvages qui causèrent, pendant les pestes du moyen âge, tant d'effroyables massacres. Le mouvement fut passager, et bientôt la prévoyance calme et forte du gouvernement, l'admirable courage déployé par les prêtres, par les médecins, par les femmes, ranimèrent et relevèrent les âmes. Des hôpitaux temporaires, créés par la charité privée, subvinrent à l'insuffisance des ressources ordinaires. M^me Guizot passait sa vie chez les pauvres qu'elle avait depuis longtemps coutume de visiter avec une sollicitude affectueuse. « Après les cruelles scènes de ces jours derniers, écrivait-elle à sa sœur le 6 avril 1832, le calme est rétabli, mais j'en ai encore l'âme toute froissée, le spectacle du malheur me pénètre, et celui de la folie et du crime me bouleverse. Nos projets d'été sont plus incertains que jamais ; nous ne quitterons pas Paris tant que le choléra y sera, nous ne voudrions ni emmener ni laisser nos écoliers. D'ailleurs nous trouvons mal d'abandonner le peuple à ce fléau. Il avait jusqu'ici souffert presque seul ; mais, bien que le mal diminue, l'épouvante est grande dans le monde des salons qui a vu tomber plusieurs des siens. Les pauvres tombaient par milliers sans l'émouvoir beaucoup ; il lui a fallu des leçons plus rapprochées pour le frapper. Prions Dieu que le fléau s'arrête ; le nombre des victimes est bien assez grand. »

Quelques jours plus tard, pendant vingt-quatre heures, Mme Guizot se débattit sous le poids d'une mortelle angoisse, car son mari était violemment atteint par le choléra. Le soins les plus habiles et le courage serein du malade lui-même le tirèrent bientôt de tout danger ; il était convalescent le 16 mai, lorsque M. Casimir Périer, frappé à son tour par l'épidémie, rendit le dernier soupir comme un soldat vaillant succombe à son poste. « Ce pauvre M. Périer ! écrivait Mme Guizot à sa sœur, je te parlais hier de convalescence, et il est mort ce matin à sept heures. Le mieux très sensible qu'on avait remarqué depuis plusieurs jours avait diminué le dimanche soir ; lundi il était moins bien, mais nous voulions encore nous persuader que ce n'était qu'une de ces alternatives naturelles après une si grande maladie, mais hier il n'y a plus eu moyen de conserver cet espoir. M. Guizot a employé sa première sortie à aller dans cette maison désolée ; M. C. Périer était à l'agonie : mon mari eût beaucoup souhaité le revoir, mais comme il avait les yeux ouverts, quoique éteints, on a craint l'émotion d'une reconnaissance, et M. Guizot a été privé de cette triste consolation. Je l'ai moins regretté que lui, car je suis sûre que cela lui aurait fait mal ; il a déjà été fort ébranlé par cette heure passée si près de son malheureux ami. Il aimait vraiment M. Périer, plus même que je ne le croyais ; il avait trouvé en lui des qualités bien rares et qu'il est fait pour apprécier. Nous avons été aussi fort chagrins de la mort de ce pauvre M. Cuvier ; il s'est vu mourir avec toute la précision scientifique, et il a regretté la vie pour ses beaux travaux non encore achevés. Adieu, ma chère amie, j'ai le cœur trop triste pour t'en dire plus long. »

Le choléra tirait à sa fin, même dans les départements où il avait sévi plus tard et plus longtemps qu'à Paris. L'épouvante commençait à se calmer ; elle avait été si vive sur divers points, que le duc et la duchesse de Broglie s'étaient vus obligés de rendre eux-mêmes les derniers devoirs aux malades qui succombaient autour d'eux en Normandie, au moment même où ils avaient la douleur de perdre à quinze ans une fille charmante. M. Guizot écrivait le 28 mai au duc de Broglie : « Comment vous trouvez-vous à Broglie, mon cher ami ? Je regrette extrêmement de ne pouvoir vous y joindre tout de suite, je vous apporterais ce dont nous avons tous besoin et vous plus qu'un autre aujourd'hui, beaucoup de sympathie et un peu de distraction. On ne dit jamais tout : il y a, même dans la meilleure amitié, des réserves, des réticences infinies, mais la perte que vous avez faite, il me semble que je l'ai faite aussi, je l'ai sentie comme un chagrin personnel. J'ai toujours devant les yeux cette charmante enfant, calme, transparente et brillante comme une belle eau sous un beau soleil. J'ai bien souvent pris plaisir à la regarder, à prévoir l'avenir que lui promettait cette harmonie intérieure qui éclatait dans ses yeux si animés et si tranquilles, dans ses mouvements si doux, son sourire si franc. J'ai joui bien souvent pour elle et pour vous de l'affection que vous lui portiez, et pressenti avec joie les consolations que vous y puiseriez l'un et l'autre dans les épreuves de la vie. Si nous étions ensemble, je ne vous dirais probablement pas un mot de tout cela, mais vous sentiriez infailliblement que mes pensées répondent aux vôtres, et en même temps je vous aiderais à ne pas vous y enfoncer tout entier. On ne se console point : rien ne console, pas même un nouveau bonheur ; mais on se calme, on reprend pleine possession de soi-même et de la vie. On retient, on garde précieusement dans son âme un passé chéri et on ne sacrifie rien de l'avenir. C'est à quoi il faut s'appliquer constamment et pourquoi je voudrais être avec vous. Mais nous ne parvenons pas à sortir de la condition d'hôpital. Ma mère vient d'être très souffrante ; elle est mieux, et l'on me promet que dans trois jours il n'y paraîtra plus. Pour moi, je suis fort bien ; la force m'est revenue avec une rapidité dont on s'étonne : je ferais deux ou trois lieues sans fatigue ; il ne me reste plus qu'une disposition habituelle à un mal de tête assez aigu au-dessus des sourcils. Le grand air, la promenade, le repos me guériront tout à fait. Je commence à retrouver la faculté de m'occuper, mais je n'en use pas encore. »

Les émotions des émeutes de juin avaient succédé aux émotions du choléra qui n'étaient pas encore par tout calmées. M. Guizot écrivait quelques jours plus tard à M. de Broglie : « Ne vous inquiétez pas, mon cher ami, des abus possibles de l'état de siège. Il a été gauchement mis, vingt-quatre heures, douze heures au moins trop tard, et on en usera fort peu, si on en use le moins du monde. Quelques visites domiciliaires, une assez grande quantité d'armes saisies, quelques papiers peut-être, et l'effet moral de la mesure comme proclamation de la victoire, voilà tout. Je ne sais s'il y aura un jugement de conseil de guerre. Dans les trois jours quelques-uns eussent été bons ; mais il est bien tard. Évidemment on ne sait ni manier ni déposer cette arme terrible. Voici le résultat clair et net. La parodie de la révolution de juillet est jouée et tombée. Rien n'y a manqué, ni l'adresse des 221, sous le nom de *Compte rendu* des 41, les barricades, la tentative de conduire M. de la Fayette à l'Hôtel de ville, la réunion de députés, les offres de s'interposer, etc. Je n'ai jamais vu plus complète et plus servile copie. Le public a sifflé avec colère; on n'essayera pas, je crois, de longtemps une nouvelle représentation. De plus, le gouvernement est rentré en possession du canon; un pouvoir sans canon est impossible comme un pouvoir sans raison. Charles X est tombé faute de raison; nous chancelions faute de canon. Le canon est à nous aujourd'hui aussi bien que la raison. Enfin le roi a payé de sa personne, simplement, franchement et avec succès. Il a beaucoup gagné, non seulement dans les rues, mais dans les salons. C'est le propos courant du faubourg Saint-Germain que, le 6 juin, il a pris sa couronne. Voilà ce que nous avons vraiment gagné. Mais le cœur me saigne de tout ce que pourrait rapporter et ne rapportera probablement pas ce capital. Je crains fort que nous ne le dépensions au lieu de le faire fructifier.

« Rémusat est revenu de Londres; content de l'état de l'Angleterre, quant à nous et aussi quant à elle-même. Tout lui semble indiquer que le bon sens national atténuera ce que la réforme a eu de violent et d'aveugle. Nous sommes au temps du bon sens national : il y faut croire comme à Dieu sans le voir nulle part, et presque sans le comprendre; il se révèle par ses œuvres. J'en souhaiterais, je l'avoue, quelque manifestation, quelque image plus claire, plus permanente. J'ai un goût extrême pour la personnification, l'incarnation du bon et du vrai. Cependant je ne me plains pas; mieux vaut mille fois le vrai Dieu invisible que des idoles.

« Voilà qui est effroyablement doctrinaire. Gardez-m'en bien le secret. Figurez-vous les haut-le-corps de tels ou tels que vous savez bien, et gens d'esprit, s'ils entendaient un tel langage. Il faut que nous fassions pour arriver jusqu'au public comme le chat pour passer sous les portes : se baisser et s'amincir, c'est la condition *sine quâ non*. Je m'en ennuie souvent, je m'en irrite quelquefois, et pourtant j'aime mieux la subir que de renoncer à l'action. Je garde la pleine liberté et la fierté solitaire de la pensée pour le repos de ma vieillesse. Quand nous nous promènerons à Broglie, un peu voûtés et chancelants, nous ferons de la doctrine tant qu'il nous plaira, sans nous soucier du qu'en dira-t-on.

« En attendant, je voudrais bien y être, doctrinaire ou non, et y respirer à l'aise, loin de ce mouvement tantôt si terrible, tantôt si vain. Nous sommes tous fort bien; ma mère se remet; il ne me reste plus trace du choléra. Vous n'en entendez guère plus parler, ce me semble. »

Et le 13 août : « Vous ne voulez donc pas en finir du choléra? On dit ici que son apparition à Bordeaux nous annonce une délivrance décidée, qu'il ne fait de tels bonds que lorsqu'il veut vraiment s'en aller. Il faut bien dire quelque chose dans de telles épreuves : les hommes ont un égal besoin de s'effrayer et de se rassurer sans savoir pourquoi. Dans la même minute, dans la même phrase, ils s'exaltent tour à tour en terreur et en espérance. Du reste, nous pouvons comprendre à présent Thucydide et Boccace. Évidemment, sans les ressources, sans les efforts de notre science et de notre civilisation, qui ont fait des merveilles au milieu de leur insuffisance, nous aurions eu dans les rues ces effroyables spectacles que nous taxions un peu d'amplification poétique. Plus j'avance et plus je me confirme dans ma conviction qu'en toutes choses, dans la peinture des scènes extérieures du monde et de la vie intérieure de l'âme, l'imagination des hommes est toujours restée au-dessous de la réalité. Il y a mille fois plus de passion dans un cœur vraiment ému que dans le roman le plus passionné, mille fois plus d'incidents et de scènes dans un évènement réel que M. Hugo et M. Dumas en pourraient presser dans un mélodrame. La littérature n'est qu'un pâle reflet de la vie, et le bonheur et le malheur que Dieu fait surpassent infiniment ce que l'homme en sait peindre.

« Orfila traîne toujours ; ce n'est pas encore de la convalescence, et il y a, dit-on, autant à craindre qu'à espérer. S'il doit guérir, on le verra clairement d'ici à huit jours, mais il peut mettre des mois à mourir. C'est un corps fatigué des travaux et des plaisirs de la vie. Il a beaucoup souffert, et s'est beaucoup diverti. La perte serait grande ; car il paraît que, depuis qu'il est doyen, il s'est révélé en lui un instinct de gouvernement, un ascendant naturel, une habileté à manier les hommes, qui le rendent très précieux à la tête d'une semblable école. Il l'a fait rentrer pleinement dans les voies de l'étude et de la science. Ceux qui s'y adonnent à la politique sont traités de sots et hautement dédaignés. Le 6 juin, il ne manquait pas plus de cinquante élèves aux cours.

« Il n'en manquerait pas quatre, certainement, si le 6 juin essayait de recommencer ; car tout le monde lui rirait au nez et se jetterait sur lui pour l'étouffer en une seconde. Je n'ai jamais vu le bruit si décrié et le calme aussi profond. La prospérité recommence partout ; sans le choléra, l'élan serait très vif. » — 20 août. « Je ne sais si je viendrai à bout de vous écrire ce matin. Je vais à la distribution des prix du grand concours. François et Maurice ont des nominations. Les voilà hors des études du collège : François va faire sa philosophie et des mathématiques. C'est un nouveau monde; il est dégoûté de l'ancien. Il a fallu toute sa douceur et sa confiance en moi pour que cette dernière année de grec et de latin ne lui fût pas nauséabonde. Évidemment il y a là quelque chose qui ne répond plus à l'état actuel, à la pente naturelle de la société et des esprits. Je ne sais pas bien quoi, je le cherche. Pour rien au monde, je ne voudrais abolir ni seulement affaiblir cette étude des langues, la seule vraiment fortifiante et savante à cet âge. Je tiens extrêmement à ces quelques années passées en familiarité avec l'antiquité; car, si on ne la connaît pas, on n'est qu'un parvenu en fait d'intelligence. La Grèce et Rome sont la bonne compagnie de l'esprit humain, et au milieu de la chute de toutes les aristocraties, il faut tâcher que celle-là demeure debout. Je regarde aussi en gros la vie du collège, cette vie pleine d'affaires et de liberté, comme intellectuellement excellente. De là seulement sortent des esprits forts, naturels et fins à la fois, des esprits très exercés, très développés sans aucun tour factice, sans aucune empreinte particulière. Je suis de plus en plus frappé de tous les avantages de l'éducation classique; et cependant je conviens, je vois dans la personne de mon fils qu'il y a là quelque chose et quelque chose d'important à changer. L'enseignement est trop maigre et trop lent. Il y a trop loin de l'atmosphère intellectuelle du monde réel à celle du collège. Les méthodes sont adaptées à des classes très nombreuses, ce qui fait que les élèves forts sont sacrifiés aux élèves médiocres, et les classes sont très nombreuses parce qu'une foule d'enfants, ne trouvant nulle part à apprendre ce dont ils ont besoin et envie, viennent là apprendre ce dont ils n'ont ni besoin ni envie. Pour dire vrai, le collège et presque tout notre système d'instruction publique sont encore faits à l'image de l'ancienne société. Les rêveries du dix-huitième siècle, les sottises de la Révolution en ce genre, nous ont dégoûtés, et justement, des essais nouveaux qui ont si mal réussi, et en rentrant dans l'ancienne voie nous sommes retombés dans l'ancienne ornière. Il faudra en sortir, mais avec grand'peine et grande précaution, car, malgré tout, nos collèges et leurs méthodes valent infiniment mieux que les méthodes et les écoles que nous auraient données M. de Tracy et M. de Laplace, s'ils avaient pu donner quelque chose qui durât seulement autant qu'eux. »

Le moment approchait où M. Guizot allait mettre la main à tous ces grands problèmes de l'instruction publique qui avaient occupé longtemps ses pensées. Depuis le 12 mars 1831, lorsque M. Casimir Périer, au lendemain du sac de l'archevêché, avait pris les rênes de l'État, il avait été soutenu à la Chambre par M. Guizot et par ses amis, sans que ceux-ci eussent pris aucune part aux affaires. La mort du grand homme de gouvernement qui avait dirigé le vaisseau d'une main si ferme, le laissait violemment battu par les flots. L'hésitation des partis était grande, celle du roi plus grande encore. « Rien de nouveau, écrivait M. Guizot à M. de Broglie le 26 août 1832, si ce n'est une légère brise qui semble se lever et annonce l'approche de la terre, celle de la terre où on laboure, non de celle où l'on se repose; on recommence à manier, à combiner des noms propres, à se faire des insinuations, des demi-confidences; autant que j'en puis juger par ce qui me revient à moi, la pente n'est pas mauvaise, et on dérive vers la raison. La déraison est impossible, mais la raison est bien difficile. Pour mon compte, je vais demain à huit heures du matin présider à des examens d'histoire dans l'intérieur de l'École normale. Les élèves sortants ont fait quelques thèses remarquables, toutes inspirées par l'esprit historique; je veux voir ce que Michelet leur a enseigné. Je me méfie de ses formules.

« Je suis charmé que le choléra vous quitte. J'en redoutais pour vous la tristesse, au moins autant que le danger. La tristesse ne vaut rien à l'âge de vos enfants, surtout cette tristesse de spectateurs, morne et oisive, qui n'a rien d'assez personnel pour mettre l'âme en mouvement, et qui l'amollit au lieu de la fortifier. Vous ferez bien de leur faire faire une course au Havre. L'immobilité est un poison pour la jeunesse. Je vois combien elle pèse à mon fils. Il devait passer ses vacances à courir, à chasser chez vous, en Anjou, en Touraine. Il m'en a fait très doucement le sacrifice ; le choléra est partout où il voulait aller, je me suis mis à sa discrétion et il n'a pas hésité. Je ferai de mon mieux pour animer ses vacances, mais rien ne remplacera le mouvement extérieur, la nouveauté des lieux, des personnes, le changement d'air enfin, et ces premiers essais de liberté et de personnalité active. Quand Rousseau a dit : « L'homme qui pense est un animal dépravé ; » il a fait, selon sa coutume, d'une petite vérité une grande sottise, mais la petite vérité n'en demeure pas moins. Notre temps a abusé de la pensée ; nous lui avons trop demandé ; elle n'a pas, à elle seule, de quoi animer suffisamment la vie. La nature nous porte vers le dehors, vers l'action. C'est du dehors que vient la nourriture du dedans, et, à s'en trop séparer, on tombe dans une situation fausse qui jette bientôt l'âme dans une disposition maladive. J'ai appris cela de l'expérience, car dans ma jeunesse l'action m'était antipathique ; et la méditation ou l'émotion solitaire faisait mon plus vif plaisir. Et encore aujourd'hui, quoique je me plaise dans l'action, ce n'est pas ma pente la plus naturelle, ni, à mon gré, la situation la plus satisfaisante.

On y sent, à chaque instant, la grossière imperfection de toutes choses; on se fatigue, on s'épuise à tenter de la vaincre; et dans cette lutte interminable, les plus énergiques, les plus heureux efforts ont si peu d'effet visible, qu'en vérité le prix ne vaut pas le travail. La condition de spectateur, la pensée seule et pure, a des plaisirs bien plus vastes et plus libres; mais là précisément est le mal; tant de liberté ne convient pas à notre faiblesse. Nous avons besoin d'être sans cesse contenus, ramenés par le monde réel, de sentir à chaque instant le fardeau que nous portons et les obstacles qui nous entourent. Vous avez vu faire l'essai des yeux bandés : on ne parvient pas à marcher droit pendant dix pas. C'est ce qui arrive à la pensée seule et pure : elle est aveugle et s'égare bien vite. Et quand on a fait cette découverte, quand on a une fois reconnu combien l'action est nécessaire pour que la méditation ne devienne pas folle, il faut bien s'y résoudre et accepter de bonne grâce la situation naturelle et normale de l'homme.

« Convenez qu'il vaudrait bien mieux se dire tout cela que se l'écrire. J'espère que je vous manque un peu, car vous me manquez extrêmement. A mesure que j'avance dans la vie, j'ai besoin de bien moins de personnes, mais j'ai bien plus besoin de quelques-unes. Affection à part, j'éprouve deux impressions contradictoires : je me sens enrichir chaque jour en observations, en idées, en tout ce que les hommes ont plaisir à se communiquer, et chaque jour aussi le nombre de ceux avec qui je prends plaisir à communiquer, avec qui je communique vraiment, librement, se réduit, en sorte que la sympathie, la société morale me deviennent en même temps plus nécessaires et plus rares. A coup sûr les vacances ne manqueront pas plus à François qu'à moi ; et je ne vois pas sans une certaine terreur la fournaise de la session se rouvrir avant que j'aie pu me rafraîchir à Broglie des deux années que nous venons de passer. Encore un petit acte de résignation à faire. M. de Talleyrand est mieux, mais point de façon à partir un de ces jours pour Londres. »

M. de Talleyrand avait à Paris des affaires plus importantes encore que celles qu'il traitait à Londres. Consulté sur la formation d'un ministère nouveau, il conseilla au roi d'appeler le duc de Broglie. Celui-ci vint à Paris, et son premier mot, comme sa résolution définitive, furent qu'il n'entrerait dans aucun cabinet sans M. Guizot. Après quelques jours d'hésitations et de pourparlers, le ministère du 11 octobre fut enfin formé, réunissant autour du roi Louis-Philippe tous les éléments de force gouvernementale qui devaient par la suite se diviser d'une manière fatale. M. de Broglie devint ministre des affaires étrangères, M. Thiers ministre de l'intérieur; le maréchal Soult était président du conseil; M. Guizot fut nommé ministre de l'instruction publique. « Puisque vous deviez rentrer dans la fournaise, lui écrivait M. Royer-Collard le 14 octobre, j'aime mieux que ce soit par le ministère de l'instruction publique. Vous irez à la brèche, mais vous aurez le mérite d'y aller; vous n'y êtes pas exposé en signe de provocation. »

Le 14 octobre, M. Guizot écrivait à M. de Barante: « Mon cher ami, nous voilà rengagés. J'ai douté longtemps que la raison devînt sitôt nécessité. La rumeur est grande, pas plus grande que je ne m'y attendais. Toutes les vieilles querelles, toutes les vieilles rivalités, toutes les susceptibilités d'amour-propre sont en émoi. C'est là notre plus grand obstacle. J'espère que nous le surmonterons. Il y a de la force contre nous, il y en a pour nous. Il faut absolument que nous mettions fin aux affaires du dehors. Cela fait, nous aurons de quoi faire le reste. Il est plus aisé de rebâtir Lisbonne sur un sol brûlant et tremblant que de raffermir une société ébranlée. C'est là cependant ce que nous entreprenons. M. Périer nous a rendu un immense service. Il a arrêté le désordre matériel; mais le désordre politique, le désordre intellectuel, ceux-là restent, et il faut les dompter. J'ai toujours bien pensé de notre pays. J'en pense toujours bien, mieux que jamais peut-être; mais je vois, je touche les obstacles, et quelquefois je frissonne. Faites en sorte que le bon sens européen nous aide ; nous avons besoin de recueillir toutes les forces de la raison, de les prendre partout pour point d'appui. Qu'on comprenne bien que nous jouons la grande, peut-être la dernière partie de l'ordre, de la sécurité européenne, et qu'il faut que partout tous les honnêtes gens, tous les hommes sensés, mettent au jeu pour nous. Si nous employons bien le temps qui nous reste d'ici à la session, je crois le succès assuré.

« Vous m'avez envoyé un morceau charmant que je vais faire imprimer et répandre, soit dans la *Revue de Paris*, soit séparément. Soyez tranquille sur l'anonyme. L'histoire de France est là tout entière, et vos conseils du présent sont tournés de façon à être accueillis. Envoyez-moi de temps en temps quelques pièces de ce genre. Je vous promets d'en faire bon usage.

« Vous m'approuverez, j'en suis sûr, de n'avoir voulu que le ministère de l'instruction publique. Je n'en dirai pas un mot de moins, et tous les spectateurs m'en sauront gré. Nous épuiserons jusqu'à la dernière possibilité de rallier tous les chefs de la majorité et de ne pas laisser M. Dupin en dehors. Je n'en désespère pas ; nous aborderons nettement toutes les difficultés et nous ne nous laisserons point rebuter par les petits mécomptes et les petits échecs. Victor est en très bonne disposition. »

M. Guizot devait conserver et il conserva toute sa vie un souvenir doux et profond de ses travaux à cette époque. Il a raconté dans ses mémoires les entreprises qu'il a tentées, les espérances qu'il avait conçues : quelques-unes grandes et importantes, ont échoué; le temps a manqué à d'autres; quelques-unes ont été le germe des progrès depuis lors accomplis; la plus capitale de toutes, l'organisation de l'enseignement primaire en France, a résisté à toutes les secousses et triomphé de toutes les attaques; ce que la Convention et l'empereur Napoléon avaient négligé a été accompli par la loi de 1833 : l'instruction nécessaire a successivement été mise en France à la portée de tous.

Mme Guizot avait vu sans regret la rentrée de son mari dans les affaires. Elle savait déjà la vérité de cette parole qu'il répéta souvent plus tard : « J'aime le pouvoir, parce que j'aime la lutte »; elle n'aurait pas voulu retenir le combattant hors de l'arène, « Tu me demandes ce que je pense de notre changement de position, écrivait-elle à sa sœur le 22 octobre 1832 je pense bien des choses, tant de choses que je t'en dirai bien peu. Je sais que les affaires sont difficiles, orageuses, périlleuses peut-être, et pourtant je jouis beaucoup d'y voir mon mari rentré. Avant notre mariage, il me demanda un jour si je ne serais jamais effrayée des vicissitudes de sa destinée; je vois encore ses yeux briller sur moi avec transport, en m'entendant lui répondre qu'il pouvait être tranquille, que je jouirais passionnément de ses triomphes et que je n'aurais pas un soupir pour ses revers. Ce que je lui ai dit est toujours vrai, ma chère amie; ce que je lui ai promis je le tiendrai: je m'inquiète, je me désole des obstacles, des ennuis, des luttes, des dangers qu'il trouvera sur son chemin; mais, somme toute, j'ai bonne confiance et je suis contente, car il l'est. Ma vie d'ailleurs n'est pas brisée comme pendant son ministère de l'intérieur; je le vois bien moins que je ne voudrais; il déjeune et dîne avec nous, dort un temps raisonnable, et se porte bien, quoiqu'il travaille beaucoup. De plus, le genre de son ministère lui est agréable; il se retrouve avec plaisir au milieu des compagnons et des travaux de sa jeunesse. Les affaires le reposent de la politique générale : c'est un grand avantage. Et puis, ma chère sœur, que Dieu me laisse à lui et lui à moi, je serai toujours, même au milieu de toutes les craintes, de toutes les épreuves, la plus heureuse des créatures. »

Dieu accorde rarement le bonheur parfait à ses créatures, et lorsqu'il nous le montre un instant, c'est pour le retirer bientôt à lui. M^me^ Guizot avait eu la joie ardemment désirée de donner le jour à un fils (le 11 janvier 1833). Le 24, elle écrivait à sa sœur, qui attendait un second enfant, après avoir perdu le premier : « Il ne me manque plus que ton fils à toi pour être la plus heureuse des femmes, complètement, parfaitement heureuse et je sais tout ce que je dis là. » Elle était sur son canapé, faible encore, mais bien portante, animée et causante, curieuse de tout ce qui se disait et se faisait. M. Royer-Collard vint la voir. En sortant, il se retourna vers M. Guizot : « Soignez-la, dit-il, prenez garde à elle ; c'est une de ces natures héroïques qui ne se doutent du mal que lorsqu'elles sont vaincues. » L'espèce d'instinct prophétique qui éclairait parfois le grand philosophe politique, ne l'avait pas trompé. Quelques jours plus tard, Mme Guizot, enrhumée, disait-on, se remettait dans son lit ; bientôt la fièvre devint un délire péniblement contenu en la présence de son mari. « Va-t'en, va-t'en, lui disait-elle, je ne veux pas que tu m'entendes déraisonner. » Quatre ans plus tard, M. Guizot, à la veille de voir son fils lui échapper comme sa femme, n'assista que dans les derniers instants aux accès de délire qui troublaient souvent la raison du jeune homme mourant. Chez l'un comme chez l'autre, l'affection et le respect passionnés conservaient encore leur empire lorsque tout autre gouvernement intérieur avait disparu.

Le lundi 11 mars, pendant la nuit, Mme Élisa Guizot rendit le dernier soupir. Elle avait longtemps lutté, car elle était jeune et elle désirait passionnément de vivre. Ses petits enfants apportés sur son lit l'avaient vue, les yeux troublés dans l'expression de sa tendresse; ils en conservèrent longtemps un souvenir d'effroi. Jusqu'au dernier instant, elle reconnut son mari; sa main ou ses lèvres lui répondaient encore, lorsque le voile terrible qui sépare les mourants de ce qu'ils ont le plus aimé, semblait déjà tombé pour elle. « Je mourrai seul, » a dit Pascal. Elle ne se sentit jamais seule, même en mourant.

M. Guizot restait seul; il l'écrivait le 23 avril à sa belle-sœur, M^me^ Decourt : « Non, ma chère sœur, vous ne lui écrirez plus, vous ne la verrez plus à table, dans sa chambre, nulle part; elle n'est plus à sa place. Pouvez-vous le croire? En êtes-vous bien sûre? Pour moi, vingt fois, cent fois le jour, je l'attends comme si elle allait venir; je la cherche comme si je devais la trouver. Vingt fois, cent fois par jour, je refais l'affreuse découverte. Et que sera-ce quand je n'aurai plus à la faire, quand ces éclairs d'illusion ne traverseront plus mon âme, quand je n'entendrai même plus l'écho lointain de sa voix, quand je n'essayerai plus de saisir son ombre, quand la certitude, l'effroyable certitude, sera toujours là immobile, insurmontable? Je ne puis vous dire avec quelle douleur, quelle terreur je vois le temps s'enfuir et m'emporter de plus en plus loin d'elle. Chaque jour, chaque heure, ajoute à la séparation; je la perds chaque jour un peu plus. Autour de moi tout est encore plein d'elle; tout atteste encore sa présence : il y a quinze jours, ses robes étaient encore dans l'armoire qui me touche; à présent presque toutes en sont sorties. Déjà j'ai usé le papier qu'elle avait touché, les plumes qui lui avaient servi. Tout disparaît, tout se renouvelle avec une rapidité qui me déchire l'âme. Oh ! si je pouvais rendre toutes choses immobiles, immuables, arrêter, fixer ma vie tout entière au moment où elle m'a quitté, je souffrirais mille fois moins. Nous vivions si intimement, si activement ensemble ! Nous avons pensé, senti, dit, fait ensemble tant de choses, que je n'ai pas sous les yeux un coin, un meuble, auquel ne s'attache quelque cher, quelque ravissant souvenir ! C'est là ma vie aujourd'hui, et j'ai horreur d'entrevoir la possibilité que celle-là aussi m'échappe, que le temps, la nécessité, des circonstances nouvelles en dispersent, en détruisent les éléments. Mon bonheur est passé, brisé; mais j'en ai encore autour de moi les monuments, les débris; ma maison est devenue un désert, mais ce désert a été un paradis; j'y trouve, j'y possède partout la trace et les preuves de sa vie. Que cela du moins me reste; j'ai tout perdu, que maintenant du moins rien ne change plus pour moi, je ne forme pas d'autre vœu, et je n'ose pas me flatter que celui-là même soit accompli.

« Il y a d'ailleurs un inexprimable tourment dans

ce mensonge de la vie extérieure, ordinaire, où je suis rentré. Je vais, je viens, je parle, j'agis comme un autre, et les autres ont repris avec moi leurs habitudes. Ce n'est pas l'effort, quelque grand qu'il soit, qui m'est le plus insupportable; ce que je déteste, ce qui me fait souffrir au delà de toute expression, je vous le répète, c'est le mensonge, mon propre mensonge à tous les moments du jour, dans toutes les relations de la vie. Si quelque chose pouvait m'être un soulagement, ce serait que mon amour pour elle éclatât maintenant plus que jamais; je voudrais ne parler que d'elle, ne paraître occupé que de sa mémoire, que tous ceux qui me connaissent vissent mon cœur toujours plein d'elle et d'elle seule, et son image toujours devant mes yeux, et son nom toujours sur mes lèvres. Il me semble que je lui manque en étant autrement, que je lui dérobe quelque chose de ce qui lui revient. Et pourtant il le faut, je le dois; il faut que je suffise à ma vie, que j'accomplisse ma destinée; elle-même le veut, l'exige; chaque fois que je suis tenté de tout laisser là, de m'abandonner à mes vrais sentiments, de montrer constamment et partout ce qui est toujours au fond de mon cœur, j'entends sa voix, sa voix chérie, qui m'ordonne de me lever, de marcher, de faire loin d'elle, mais encore pour elle, tout ce qui la rendait heureuse et fière quand elle était là! Que la volonté de Dieu soit faite et la sienne!

« Avec vous seule, ma chère sœur, je puis me laisser aller, à vous seule je puis tout dire ; non pas tout certainement, pas la meilleure partie de ce qui est, mais quelque chose enfin. Écrivez-moi donc, je trouverai toujours du temps pour vous. Personne après moi ne l'a aimée, ne l'a connue autant que vous. Je vous appartiens à ce titre ; elle vous a léguée à moi, vous et tout ce qui vous intéresse ; et toute occasion où je pourrai sentir et faire pour vous ce qu'elle aurait senti et fait elle-même, me sera un baume plein de douceur. J'ai relu votre lettre trois ou quatre fois comme si vous m'eussiez rendu quelque chose d'elle. Adieu, mes enfants vont bien. Soyez tranquille sur Henriette, je vous soignerai dans son cœur. »

Les enfants de M. Guizot devaient un jour avoir cette joie de sentir pleinement la place qu'ils tenaient dans sa vie et dans son cœur. Au début de sa douleur et dans leur petite enfance, ils ne le consolaient pas et ne pouvaient pas le consoler.

« Je ne vis plus qu'à la surface, écrivait-il à Mme Decourt le 28 février 1834, mes enfants eux-mêmes ne pénètrent pas bien avant. Je les aime tendrement cependant, pour moi et pour elle. Ils sont charmants, mais qu'elle leur manque, qu'elle leur manquera ! Quand je vois Henriette si vive, si tendre, l'esprit si ouvert, le cœur si serein et si animé à la fois ; Pauline plus agitée et plus contenue, hésitant quelquefois à parler ou à accourir, mais rougissant de plaisir quand on va à elle et qu'on lui parle; Guillaume, qui commence à ouvrir ses grands yeux bleus, pour essayer de comprendre les gestes et les paroles de ses sœurs; en présence de ces petites âmes déjà si actives, si pressées de se déployer, mon cœur se serre et se déchire. Qui les suivra, de minute en minute, comme elle les eût suivies? Qui leur dira, tout le long du jour, ce qu'elle leur aurait dit? Qui dirigera leur développement avec cette tendresse pleine d'autorité, avec cet esprit élevé et simple, avec cette activité inépuisable et calme dont elle leur eût prodigué les trésors? Ils auraient été si heureux autour d'elle, et au milieu de leur bonheur elle les aurait si bien préparés aux épreuves de la vie ! Personne ne sait, vous ne savez pas vous-même, combien elle se développait et grandissait chaque jour. Je la voyais avec délices s'élever au-dessus de ces petits éblouissements, se dégager de ces petites fluctuations qui troublent les plus belles âmes dans la première jeunesse. Tout amour-propre, toute vaine agitation disparaissait en elle; plus sa situation s'élevait, plus elle s'élevait au-dessus de sa situation; jouissant avec la vivacité que vous avez connue des petits plaisirs, des agréments extérieurs de la vie, elle s'attachait cependant de plus en plus à son côté vraiment sérieux et important. Il semblait que le bonheur lui fût un principe de détachement, et qu'arrivée pour son propre compte au but de la vie, affranchie de toute préoccupation personnelle, elle ne songeât plus qu'à ses affections et à ses devoirs. Et cela sans effort, sans dessein, presque à son insu, par le simple développement de sa noble nature, comme les fleurs s'épanouissent, comme les fruits mûrissent sous la main de la Providence. Et ce beau spectacle était pour moi, et ce trésor était à moi. »

Quelques mois plus tard, M^me^ Decourt rejoignait sa sœur dans l'éternité, laissant après elle ce fils que sa sœur et elle avaient si ardemment désiré. « Ce n'est pas moi qui vous consolerai, écrivait M. Guizot à son beau-frère le 6 février 1835, mon courage est un triste courage. Il suffit au dehors; ce n'est rien au dedans. Mais si ma vive, bien vive sympathie peut vous soulager un moment, comptez bien qu'elle est plus vive que vous ne savez. A votre femme seule je pouvais parler avec quelque vérité de ce qui est toujours le fond de mon âme; elle seule pouvait me comprendre à moitié; me voilà voué au complet silence. Il y a vingt-sept ans que je me suis lié avec cette famille de Meulan; j'y ai trouvé les créatures les plus rares, les plus élevées dans l'ordre intellectuel et moral, que j'aie rencontrées en ce monde; deux m'ont appartenu; je leur ai dû tout le bonheur de ma vie, tout ce dont je prendrai plaisir à me souvenir quand l'âge m'aura vaincu et confiné dans ma petite maison. Il n'y a que vingt-sept ans, et j'ai vu tomber la mère, les filles, les frères, les petites-filles ; il ne reste de tout cet intérieur si animé, si rare, qu'un frère sourd, mes enfants, le vôtre, et cette pauvre Mme de Meulan ruinée qui se trouve bien chez moi. »

Tout ce qui avait tenu à la famille des Meulan resta toujours cher à M. Guizot, tout ce qui en restait s'était réuni autour de lui. Sa belle-sœur, Mme de Meulan (Aline de Turpin-Crissé), vécut chez lui pendant plus de dix ans et finit par y mourir. M. de Varnes et son fils, établis sous le même toit après le mariage de Mme Decourt, ne s'en éloignèrent que par nécessité, et restèrent toujours étroitement unis aux souvenirs communs et aux affections communes. Le fils de Mme Decourt, bientôt orphelin, trouva chez M. Guizot et chez les siens ses plus douces affections de famille. La vie de mon père devait être encore bien longue et bien remplie : Dieu lui réservait encore de grandes consolations et des joies profondes ; au milieu de beaucoup de douleurs, il n'oublia jamais un seul des dons qui lui avaient été accordés, puis enlevés, et sa pensée leur resta constamment fidèle. Il écrivait le 20 avril 1835 à Mme de Broglie, l'une des personnes qui pénétrèrent quelquefois doucement dans le secret de son âme et de sa tristesse : « Si vous étiez ici, j'irais vous voir ce matin, mais vous n'y êtes pas. Rien n'est toujours là, rien ne demeure toujours, ni les grandes ni les petites joies : passer, passer sans cesse, c'est le vice radical et incurable de ce monde. Je n'ai pas à me reprocher de l'avoir oublié dans le temps de mon bonheur ; c'était le seul sentiment qui le troublât. J'y retombais sans cesse. Je voyais à la lettre, je voyais les jours s'écouler, la terre fuir sous mes pieds. Les jours s'écoulaient, la terre fuyait bien plus vite encore que je ne le voyais. Dieu, j'en suis sûr, ne m'accuse pas d'ingratitude : je n'ai pas méconnu un seul instant l'étendue de ses dons ; je les ai toujours sentis supérieurs, je ne dis pas seulement à mon mérite, mais même à ma force pour en jouir ; tout ce qu'on entend, tout ce qu'on lit sur l'insuffisance des meilleurs bonheurs humains, sur la promptitude de l'âme à les épuiser, à se blaser, m'a toujours paru faux et impie ; j'ai trouvé le bonheur immense, inépuisable ; au moment où j'en jouissais le plus vivement, j'ai toujours senti que je n'atteignais pas à tout ce qui m'était donné ; ma joie, ma reconnaissance étaient sans mesure, et pourtant il me semblait toujours qu'une partie du bienfait céleste tombait à terre et se perdait avant d'avoir pu pénétrer jusqu'à mon âme, et au milieu des plus pures délices, j'ai toujours pressenti et regretté je ne sais quelles autres délices admirables que j'entrevoyais, mais que je ne pouvais saisir. N'est-ce pas, c'est bien là l'infini, le bonheur infini, l'amour infini? Seul il nous satisfait, et en même temps il nous surpasse ; seul il nous suffit, et nous n'y suffisons pas. Quand atteindrons-nous cet état où, sans cesser de nous sentir inférieurs au bienfait, nous ne craindrons plus du moins qu'il nous échappe, où nous aurons l'éternité pour en jouir sans l'épuiser? C'est là, c'est dans cet avenir qu'il faudrait savoir se transporter et s'établir dès à présent ; mais l'âme est bien faible, et la plus ferme espérance ne lui tient point lieu de la possession. Ainsi Dieu nous a faits et voulus, ainsi il faut nous accepter nous-mêmes, nous et notre destinée dans notre commune imperfection. C'est toujours dans cet état de soumission dernière et aveugle que j'aboutis et trouve quelque repos.

« Mes enfants sont revenus de Dieppe. Ils sont à merveille. Les bains de mer et les douches ont fortifié ma petite Pauline au delà de mon attente. Guillaume est très bien, toujours une douce et bonne créature qui ne se doutera jamais de ce qu'il y a pour moi dans le bleu si pur de ses yeux. Henriette est plus vivante et plus sereine que jamais. Il y a quelque temps, dans mes lectures du soir, je suis tombé sur ce fragment, bien inattendu en pareil lieu, d'une élégie de Properce :

« Maintenant, je te lègue les gages de notre union, nos enfants. Leur pensée respire et respirera toujours sous ma cendre. Père, acquitte-toi du rôle de mère ; c'est à ton cou qu'ira se suspendre désormais toute la troupe de mes bien-aimés. Lorsque tu leur donneras tes baisers pour apaiser leurs pleurs, ajoutes-y les baisers de leur mère. C'est sur toi que va peser toute la maison. Si tu te laisses aller à la douleur loin de leur présence, quand ils viendront à toi, sèche tes yeux et cache-leur tes larmes en les embrassant. Qu'il te suffise de donner les nuits à ma pensée et de me voir revenir sans cesse à toi dans mes songes, et, lorsque dans le secret de ta solitude tu parleras à mon image, adresse-moi toutes tes paroles comme si j'étais là, prête à te répondre. »

Le 17 novembre de la même année, il écrivait à Mme de Broglie, en se rappelant l'anniversaire de la mort de son frère, M. Auguste de Staël, qui avait été enlevé en 1827 à sa famille, après dix mois de mariage, à la veille de la naissance d'un fils qui ne devait pas lui survivre plus de deux ans : « Chère amie, n'est-ce pas aujourd'hui que le pauvre Auguste nous a quittés? Je deviendrai un autre *Old Mortality;* mon cœur est avec les morts ; j'ai besoin de rechercher les dates, les lieux, d'ôter la mousse, de relever la pierre, de saluer en passant. Et non seulement pour ceux que j'ai aimés comme Auguste, mais pour tous ceux que j'ai un peu connus. Ils sont aussi sur l'autre rive, ils y sont avec ceux qui ont emporté là mon âme. Je m'épuise à la rappeler sans cesse pour l'employer aux travaux de la terre. Tant que dure le travail même, j'y suffis, mais dès que la charrue s'arrête, mes yeux, ma pensée, mon cœur, tout mon être, s'élancent et s'attachent ailleurs. Dieu, je vous assure, a grande raison de laisser toujours quelques nuages entre les deux rives; si la perspective nous était parfaitement claire, si nous voyions là devant nous, sous leur forme vive et dans toute leur beauté, ceux dont le seul souvenir pâlit et efface tout, il n'y aurait pas moyen de vivre et d'attendre; nous nous précipiterions. Heureux, je n'avais point perdu, tant s'en faut, le sentiment de l'imperfection des choses humaines; vingt fois par jour, je trouvais le monde faux, froid, sec, grossier, subalterne; mais je tournais la tête, je regardais à côté de moi... Oui, il est certain que tout sentiment d'imperfection, de lacune, de mécompte, s'évanouissait, qu'une joie parfaite remplissait mon âme. Et pourtant, je suis sûr, bien sûr qu'il n'y avait là point d'idolâtrie ; non seulement nous avions nos défauts, nos misères, mais nous les connaissions, mais nous en parlions, mais nous nous sommes mille fois avertis et humiliés ensemble ou tour à tour. Mais notre bonheur n'en souffrait point, point du tout; nous subissions, nous acceptions, nous combattions en commun l'infirmité de notre condition et de notre nature ; mais au sein de ce mal et de cette lutte nous nous étions l'un à l'autre un appui et un repos assurés ; nous nous sentions, l'un envers l'autre, au fond de notre cœur, dans une situation pleinement conforme à la volonté et à la bonté de Dieu. Et ce qui nous manquait n'altérait pas plus notre joie que notre reconnaissance.

« Ce n'est pas de moi que je voulais vous parler, et à présent je ne pourrais vous parler d'autre chose. Peu importe du reste : pour sympathiser avec vous, avec votre pauvre sœur, avec tous ceux qui aiment et qui regrettent, je n'ai pas besoin de sortir de moi-même. Priez pour moi, demandez pour moi de la force : personne ne peut savoir combien de fois par jour j'en manque et crains d'en manquer bien davantage. »

La vie avait repris son cours autour de M. Guizot. Le foyer désolé n'était pas désert. Toujours prête au dévouement le plus absolu et le plus simple, surtout à celui qui lui permettait l'action et lui laissait en définitive le gouvernement, la mère de M. Guizot s'était retrouvée à ses côtés, acceptant résolument à soixante-neuf ans la tâche de soigner et d'élever trois enfants dont l'aînée n'avait pas quatre ans, dont le dernier atteignait ses deux mois. Lorsque leur mère s'était sentie frappée à mort, dans les intervalles de son délire elle avait recommandé ses enfants à sa belle-mère avec une pleine et touchante confiance. Au travers des différences de l'éducation et de l'origine, les deux âmes, par-dessus tout nobles et désintéressées, s'étaient rencontrées et comprises. C'était, depuis son second mariage, une des joies de M. Guizot de voir sa mère heureuse par la tendresse de sa femme. La grand'mère devait rendre aux enfants au delà de ce qu'elle avait reçu. A côté d'elle grandissait le fils aîné, chaque jour plus aimé de tous, plus charmant pour tous. Il était particulièrement cher à M. Jean-Jacques Guizot et à sa femme (Mlle Amélie Vincent). Ils n'avaient point d'enfant et ils traitaient leur neveu comme leur fils. L'un et l'autre devaient le précéder dans la tombe. Tous s'empressaient alors pour alléger la douleur que rien ne pouvait consoler, pour remplir auprès des petits enfants le vide qu'avait laissé leur mère. L'affection toute filiale qui unissait depuis longtemps Mlle Rosine de Chabaud-Latour à Mme Guizot se reportait sur les petits-enfants de son amie. Déjà elle commençait auprès d'eux cette douce mission, mêlée de complaisance tendre et des soins les plus sérieux, qui devait laisser dans leur cœur et dans leur vie une profonde empreinte et une éternelle reconnaissance. Au sein de l'atmosphère presque usatère que la mort et la douleur avaient créée autour de leur petite existence, c'était à l'amie de leur grand'mère qu'ils devaient presque tous leurs plaisirs. L'incomparable dévouement de Mme Guizot ne s'abaissait pas souvent jusqu'aux caresses, et la faiblesse n'y tenait guère de place. Tout jeunes encore, les enfants ne se trompaient cependant ni sur la tendresse ni sur le dévouement.

Le calme sérieux de la famille pouvait seul donner alors quelque repos à M. Guizot. Ardemment engagé dans les luttes de la politique, soutenant à la fois la discussion sur les questions particulières à son ministère et les attaques dirigées contre le gouvernement en général, il ne trouvait et ne cherchait point d'autre consolation. Parfois, lorsque M. et M^me^ de Broglie passaient quelques jours en Normandie, il s'y rendait avec eux, assuré à la fois d'y rencontrer l'intimité et la liberté dont il avait besoin. En 1834, il emmena avec lui son fils. « Nous sommes arrivés à très bon port, chère maman, écrivait-il; la nuit était très fraîche et m'a un peu enrhumé du cerveau, voilà tout. J'ai déjà passé plusieurs heures à me promener, et je recommencerai demain; j'ai bien des lieux à revoir; je regrette de ne pas passer ici un peu de temps; je n'y retrouverais que des souvenirs, mais je n'ai plus que cela. Du reste, quand il a fallu quitter mes pauvres petits enfants, si je m'étais laissé aller, j'aurais renoncé à cette course, et je serais resté avec eux et avec vous. Cependant si je pouvais jouir de quelque chose, je jouirais ici du calme et de la liberté. Mais qu'ai-je à faire de loisir et de liberté? Ce sont des vases vides; il faut avoir du bonheur à mettre dedans. Le travail seul me convient désormais. — Voici deux lignes pour mon Henriette, dites à Pauline que je l'embrasse et que je lui écrirais aussi si elle savait lire. Je m'étonne d'avoir pu quitter ces pauvres enfants, mais je les laissais entre vos mains;

vous êtes et vous serez pour elles tout ce qui se peut. Que de projets elle avait faits, ici même, sur Guillaume! Et l'activité de son imagination n'a jamais troublé un instant la sérénité de son âme. »

La lutte extérieure devenait chaque jour plus ardente; quelques symptômes de dissidence intérieure se faisaient sentir dans le cabinet; les colères de l'opposition se dirigeaient surtout contre M. Guizot. Son fils, qui voyageait alors en Suisse, en recueillait les échos avec un étonnement mêlé d'indignation : « Garde tes saintes colères, mon cher enfant, pour de plus sérieuses causes, pour de plus dignes adversaires, lui écrivait M. Guizot au mois d'août 1835; je les trouve très naturelles, et je t'en aime mieux, mais je serais désolé de te voir user ton âme à sentir et à repousser de telles sottises. Quiconque fait un peu de bien en ce monde encourt beaucoup de haines et suscite beaucoup de mensonges. Il faut s'y résigner, non seulement moi, ce qui est bien aisé, mais tous ceux qui m'aiment. Que tu ne souffres pas ce qui choquerait sciemment ou volontairement les convenances morales, rien de plus simple; mais ne va jamais, je t'en prie, au delà ni au-devant de la nécessité. Et surtout n'en prends pas le moindre chagrin. Malgré les milliers d'injures et d'absurdités qu'on débite sur mon compte, je me tiens, en vérité, parmi les hommes qui ont fait un peu parler d'eux, pour l'un des moins calomniés.

« Tu trouveras, j'espère, tout ton monde en bon état et tout aussi charmé de te revoir que toi de revenir. Ta grand'mère est un peu souffrante aujourd'hui, mais ce ne sera rien. Les bains de Pauline et d'Henriette leur réussissent à merveille. Nous te ferons reposer ici, car je veux que tu rentres fort et dispos dans ton nouveau travail. J'espère qu'il t'intéressera et que la combinaison des études de l'École normale avec celles de l'École de droit te délassera des mathématiques; et comme la session ne commencera qu'au mois de janvier, nous aurons le temps de causer un peu, ce qui me manque bien souvent ! »

La question de la conversion des rentes, un peu légèrement soulevée par le ministre des finances, M. Humann, amena décidément la chute du cabinet. Le 22 février 1836, M. Thiers reforma un ministère ; M. de Broglie, M. Guizot, M. Duchâtel y restèrent étrangers. Dès que la session fut finie, M^me^ Guizot emmena ses petits-enfants à Broglie. Le cabinet chancelait déjà, M. Guizot était décidé à ne point hâter l'évènement, il n'avait aucun goût à rentrer alors dans les affaires, et ne croyait pas les circonstances opportunes; il visitait ses amis de l'arrondissement de Lisieux, désormais séparé électoralement de l'arrondissement de Pont-l'Évêque; il s'occupait en même temps de chercher dans le pays un nid pour sa vieillesse qui pût servir d'abri et de point de ralliement à sa famille. Il écrivait le 10 août à sa fille aînée, âgée alors de sept ans : « Je prends mes précautions, ma chère petite : je t'écris aujourd'hui, parce que demain je sortirai dès que je serai levé, pour aller voir à trois lieues de Lisieux une petite terre qu'on me propose d'acheter. Je ne serai peut-être pas revenu pour l'heure de la poste, et je ne veux pas que ma lettre te manque. On dit que cette petite terre est jolie; la maison est une ancienne abbaye, grande, bien bâtie et assez bien arrangée. Il y a de beaux bois tout autour, une source à côté de la maison, et un fort ruisseau qui traverse les prés. Par malheur, il y a, pour y arriver, une lieue de mauvais chemin; aussi la terre sera-t-elle vendue bien meilleur marché que celles qui sont situées sur le bord de la grande route. On me dit de plus qu'on va faire un bon chemin qui passera au pied de la maison. Enfin je verrai. Je serais bien content, ma chère Henriette, si je pouvais vous mener avec moi demain, toi et ta sœur; la course m'amuserait au lieu de m'ennuyer. Cette petite terre s'appelle le Val-Richer.

« Je reviens de dîner en ville avec vingt-deux personnes, après avoir déjeuné ce matin avec seize. Demain, je n'ai pas de grand déjeuner; mais, en revanche, je vais assister à la distribution des prix du collège. Le soir, après dîner, j'ai joué au trictrac et j'ai gagné tout le monde; mais j'aurais bien mieux aimé perdre aux dominos avec toi. A présent je vais me coucher. J'entends de mon lit le bruit de la rivière (la Touques) qui fait presque le tour de la maison; car tu sauras que je loge dans une presqu'île. La Touques est bien plus grosse que la Charentonne, et elle fait tourner une quantité de moulins et d'usines de toute espèce.

« Ce matin, j'ai été me promener dans un très beau jardin qu'on appelle le Jardin de l'Étoile. Il n'est pas aussi grand, tant s'en faut, que le parc de Broglie; mais il y a des arbres magnifiques, entre autres des peupliers deux ou trois fois plus gros que les plus gros hêtres de Broglie. Il faudrait beaucoup, beaucoup de bras comme les tiens ou ceux de Pauline pour en faire le tour.

« Adieu, ma bonne chère petite. Je t'embrasse bien fort, ainsi que ta sœur et petit Pataud. J'écrirai demain à Pauline. Dis-le-lui de ma part. Travaillez et amusez-vous bien en mon absence. Je compte vous revoir le 18, c'est-à-dire jeudi prochain au plus tard. Embrasse bien ta bonne maman pour moi. Je ne te demande pas de m'aimer plus que tu ne m'aimes, je sais que tu ne le pourrais pas. Adieu donc. Je ne sais pas te quitter.

« Fais-tu bien tes leçons d'arithmétique et d'anglais avec Mme de Broglie et Mlle de Pomaret? Je croirai tout ce que tu m'en diras. »

Le lendemain, M. Guizot écrivait à son fils François, demeuré à Paris avec sa tante, Mme de Meulan : « Vous aurez reçu de mes nouvelles ce matin, et vous aurez compris que je n'ai pu vous écrire plus tôt. Je mène une vie de bohême. Je compte retourner à Broglie le 18. Ne me grondez pas de ne pas vous écrire plus souvent et plus longuement. Je fais, je vous assure, tout ce qui se peut. J'ai présidé ce matin pendant deux heures la distribution des prix du collège. Ils espéraient bien quelques phrases de ma façon, mais je me suis tu obstinément. J'aurais trouvé ridicule de venir faire à Lisieux un discours universitaire qu'on n'aurait pas manqué d'opposer à celui que M. Pelet va faire un de ces jours à Paris; mais je n'ai pas pu refuser de remettre les couronnes aux vainqueurs. Je vais demain droit à la campagne.

« J'admire vos travaux et les inventions de ta tante Aline pour la bibliothèque, et je vous en remercie. Je vois d'ici que, planches et catalogue, ce sera merveilleux. J'en écrirai un de ces jours à ta tante que je suis charmé de savoir près de toi. Vous ferez très bien de faire vos courses projetées; seulement, attendez trois ou quatre jours avant d'aller à Rouen. Il serait possible que je vous engageasse à venir, au lieu de cela, faire une course dans le Calvados pour voir une petite propriété qui me paraît réunir bien des conditions, et je pense que cela vous conviendrait tout autant. Je vous écrirai avant de partir d'ici ce qui en sera. En attendant, je prie Aline de continuer à m'écrire souvent et longuement. Je suis charmé de savoir tous les détails. C'est quelque chose de bien insuffisant que les lettres, et pourtant, au moment où elles arrivent, elles font un vif plaisir.

« Tu as aujourd'hui vingt et un ans. Il y a aujourd'hui vingt et un ans que je fus bien heureux. Que de choses se sont passées depuis autour de moi, et bien plus encore en moi! Mais, en ce qui dépend de toi, mon enfant, le jour d'aujourd'hui ne donne point de démenti à ma joie d'il y a vingt et un ans; il l'étend, au contraire, et la confirme. Je t'en remercie et pour moi et pour ta mère. Adieu, mon enfant. Je t'embrasse du fond de l'âme. »

Le Val-Richer fut acheté, de l'avis de tous, et il devint sur-le-champ pour tous l'objet du plus vif intérêt. M. Guizot en avait tout spécialement confié les arrangements à son fils. Mme Guizot et ses petits-enfants devaient le visiter en quittant Broglie, avant de retourner à Paris. Le centre matériel de la vie était trouvé, pour la première fois, loin des villes. M. Guizot et les siens avaient peu vécu à la campagne. Il y devait puiser, comme eux, ces plaisirs toujours nouveaux dont sa vieillesse elle-même ne se lassa jamais.

Cependant la situation politique devenait chaque jour plus tendue, et c'était de son fils que M. Guizot attendait les renseignements et les nouvelles dont il avait besoin pour diriger sa conduite. « Vous avez tous deux tort de me gronder, lui écrivait-il de Broglie le dimanche 21 août. Vous aurez vu que je ne vous avais pas écrit jeudi, ou plutôt que je n'avais pas fait partir ma lettre, parce que je voulais avoir causé avec M. de Broglie qui n'est arrivé que le soir fort tard. Dans une situation comme celle-ci, je ne puis pas souffrir de parler au hasard et sans savoir. Sois tranquille, mon cher enfant, je ne te laisserai jamais sans lettres ; notre séparation me déplaît trop pour que je n'en remplisse pas les vides tant que je le pourrai. Vous savez ce que j'ai arrangé pour que vous pussiez venir plus tôt au Val-Richer. Dès que j'aurai une réponse de Lisieux, je vous le dirai ; mais dans ce moment-ci il me paraît impossible que vous quittiez Paris ; j'ai besoin qu'on y trouve quelqu'un à qui parler pour moi, et autant je me félicite de n'y pas être, autant je suis charmé que vous y soyez pour causer avec tous les gens qui viennent dire ou chercher quelque chose. J'espère que cette crise si pressée se calmera un peu ou bien se dénouera.

« Il n'est jamais entré dans ma pensée, en cas que j'y fusse appelé, de faire un ministère exclusivement doctrinaire. Je tiens que la fidélité politique est une des premières nécessités de ce gouvernement-ci, et je n'y manquerai jamais. Je tiens aussi que lorsqu'on a puisé de la force dans l'appui de quelques hommes, il faut qu'à leur tour ils puisent quelque avantage dans votre alliance. Mais je sais tenir compte de la diversité des circonstances et de ce qu'elles exigent ou permettent en fait de combinaisons nouvelles. Je sais aussi tous les inconvénients de l'esprit exclusif, de l'esprit de coterie ; j'en suis plus ennemi que personne ; c'est le contraire de l'esprit de gouvernement, et au lieu de me resserrer, de me renfermer dans un cercle étroit, je chercherai toujours à m'étendre, à réunir des nuances, des situations diverses ; je serai toujours prêt à accepter toutes les alliances efficaces et honorables. Si on m'appelle, c'est qu'on aura besoin de moi et de la force qui est toute ralliée autour de moi ; je ne me séparerai pas d'elle, je ne la laisserai pas se disperser ; mais, à mon tour, j'aurai aussi besoin de forces et j'irai au-devant de toutes celles qui seront disposées à marcher avec moi. Je n'ai aucune entrave, aucun parti pris ; je suis parfaitement libre et en mesure d'être aussi conciliant qu'il conviendra à la situation. Seulement je ne me hasarderai pas étourdiment et sans réunir tous les moyens possibles de succès, dans une lutte qui sera bientôt très vive, très difficile, et où j'engagerai toute ma responsabilité. Tout amour-propre à part, quelle que soit la combinaison nouvelle, s'il y en a une, et si j'en suis, j'en répondrai et j'en porterai le poids plus que tout autre. Dans l'intérêt du roi et du pays comme dans le mien propre, je ne devrai donc point m'affaiblir d'avance et je ne le ferai point. Du reste, je suis complètement de votre avis; j'attendrai ici ce qui arrivera. Il faut avoir une étrange fièvre de déraison pour s'emporter en ce moment contre moi qui ne fais et ne dis rien.

« Remercie M. Mallar de sa correspondance si active et si clairvoyante. Il comprend pourquoi je ne lui réponds guère. Cependant je lui écrirai demain ou après-demain. Je voudrais bien aussi que tu pusses tous les jours lire ou savoir par M. Mallar ce que contiennent *le Temps*, *le Courrier*, *le Constitutionnel*, *le National*, *l'Impartial* et même le *Journal du Commerce;* on n'en reçoit ici aucun, et je désire être un peu au courant. Adieu, mon cher ami. Quelqu'un a-t-il des nouvelles de M. Piscatory? de M. Duchâtel? de M. de Rémusat? »

Loin de se calmer, la crise allait s'aggravant, et M. Guizot fut bientôt rappelé à Paris. M. Thiers était résolu à soutenir l'intervention de la France en Espagne pour y étouffer la guerre civile. Le roi Louis-Philippe était également résolu à n'y jamais consentir. Le 6 septembre, le cabinet se retira, et le nouveau ministère se forma sous la présidence de M. Molé, avec lequel M. Guizot était depuis quelque temps entré en rapports plus intimes que par le passé. Le duc de Broglie n'en faisait point partie; c'était la première fois que M. Guizot entrait dans les affaires sans le plus intime de ses amis, et il en éprouva un amer regret. Il avait insisté pour placer au ministère de l'intérieur M. de Gasparin et aux finances M. Duchâtel ; M. de Rémusat devenait sous-secrétaire d'État au ministère de l'intérieur. Pour son propre compte, M. Guizot voulut reprendre le portefeuille de l'instruction publique et poursuivre ses travaux commencés.

Il était peut-être un peu trop tôt pour reprendre le timon du gouvernement, et les alliances nouvelles pouvaient offrir de graves dangers. C'était un sujet de préoccupations autour de M. Guizot. Son fils, tout jeune encore, mais doué d'un esprit fin et d'un jugement droit, prenait à la politique une part à la fois active et modeste. Il avait tenu son père au courant de l'état des choses pendant son absence, il en informait sa grand'mère restée à Broglie avec les enfants.

« Ma chère grand'mère, écrivait-il le 11 septembre 1836, vous pouvez bien croire que je ne suis pas charmé, pour ce qui me concerne, de votre résolution de demeurer encore quinze jours à Broglie ; mais je comprends parfaitement les raisons qui vous y retiennent, je les trouve très justes et votre décision d'autant plus méritoire que je ne mets pas en doute votre désir de revenir à Paris. Nous attendrons donc que vos quinze jours soient expirés pour vous aller chercher et vous conduire au Val-Richer, ma tante Aline et moi, et puis nous reviendrons tous ensemble nous remettre dans une maison qui avait déjà subi l'influence du gouvernement de M. Pelet; encore six mois, et nous aurions trouvé la maison repeinte du haut en bas, les meubles renouvelés et les plates-bandes garnies des fleurs les plus rares. Malheureusement nous l'avons surpris au milieu de ses progrès, et il n'avait encore fait que la moitié de la besogne. La chambre de mon père a été complètement remise à neuf, du moins quant au papier. La chambre des enfants, repeinte, avec une glace neuve au lieu de ce débris dans lequel Rose et Jeannette se voyaient tour à tour avec la figure coupée en biais par la fente ; mais le plus grand phénomène, c'est ma chambre : comme j'ai hérité de M^me^ Pelet, c'est-à-dire de la personne de goût dans la maison, mon amour pour le beau a été tout à fait satisfait par l'arrangement de cette chambre, et, du reste, j'y ai trouvé une foule de petits agréments auxquels, moi barbare, je n'aurais jamais songé et qui sont sans doute de délicates attentions du ministre passé pour sa femme. Au reste, je dois ajouter que non seulement je dois de la reconnaissance à M^me^ Pelet pour la disposition de ma chambre, mais qu'elle a laissé dans la maison et parmi les domestiques une grande réputation de bonté, de douceur et de bienveillance.

« En fait de politique, autant qu'on peut en juger en l'absence des Chambres et dans l'abandon universel que tout le monde a fait de Paris, le ministère a fait un bon effet, et cet effet se confirme tous les jours; le choix de M. Delessert pour la préfecture de police, et son acceptation que M. Thiers n'avait pu obtenir, sont une affaire à la fois habile et heureuse; il réunit précisément les qualités qui sont faites pour plaire à la population et à la garde nationale de Paris; c'est un honnête homme avéré et en même temps un homme de courage, de tête, dont la conduite intrépide en plusieurs occasions lui a gagné le cœur de la partie jeune et ardente de la population, et dont l'honnêteté personnelle, jointe aux mœurs et au nom si respectables et si respectés de sa famille, est à la fois un phénomène à la préfecture de police et une garantie de plus de l'intégrité du cabinet pour la haute bourgeoisie de Paris. M. de Rémusat, moins connu, est une nomination encore plus d'utilité réelle et pour le gouvernement et pour lui; vous savez ce qu'il vaut et comment une nécessité à laquelle sa volonté ne suppléerait pas, peut lui faire déployer tout ce que la nature a enfoui en lui de rares talents, de courage, d'intelligence et d'esprit. C'est la seule occasion qu'il ait eue de commencer comme il lui convenait; il a le bon esprit de la saisir, et cela lui tournera bien, au dire de tout le monde.

« Voici, j'espère, un bulletin détaillé; je sais que vous en avez besoin et je vous le dis, en mettant à part toute jeunesse et toute illusion, l'entrée aux affaires me semble beaucoup meilleure qu'elle ne vous paraît d'aussi loin; il y a du sérieux sans inquiétude, de l'ardeur sans présomption; enfin tous nos amis ont passé des rôles secondaires aux premiers rôles, et leur disposition est, je crois, de s'en montrer dignes. Il faut le dire aussi, les honnêtes gens et leur réputation valent bien quelque chose, et leur règne doit commencer, non pas pour se continuer sans interruption, sans secousse, mais pour s'étendre et se fortifier tous les jours. Maintenant la guerre n'est plus entre les scélérats et les honnêtes gens; elle est entre les hommes de bien et les coquins honteux qui prennent le nom et les formes de la probité le plus qu'ils peuvent; c'est bien un progrès qu'ils en aient besoin, et que l'honnêteté leur soit imposée pour avoir encore quelque chance de nuire à l'ombre de leur nom ou caractère. Cette guerre-là est plus longue, mais moins dangereuse, moins violente que l'autre, et si le pays en est parfois troublé, il ne s'en ressent pas profondément comme de l'autre régime. »

Au milieu des affaires publiques, bientôt difficiles et compliquées, ce fut un grand repos et un sujet de constant et charmant intérêt que l'acquisition récente du Val-Richer et les premiers arrangements à faire dans la demeure et dans le jardin. La maison était grande; il était possible de la rendre commode et agréable; mais l'installation intérieure était compliquée et devait devenir assez coûteuse. M. Guizot ne pouvait s'en occuper activement; il y envoya son fils, avec l'un de ses meilleurs amis, M. Meurand. La correspondance du ministre, harassé par les orageuses discussions des Chambres, préoccupé par la tentative du prince Louis Bonaparte sur la garnison de Strasbourg, était remplie de questions et de réponses minutieuses sur les travaux que surveillait son fils.

« Mon cher ami, écrivait-il le 20 octobre 1836, il faut paver la salle à manger en pierre de Caen, puisque nous en avons assez. Je suis tout à fait d'avis de cette économie, d'autant qu'un pavage de cette nature convient là au moins aussi bien qu'un parquet. Quant aux lambris, il est clair qu'il en faut de neufs là où ils sont pourris; je tiens à l'économie, mais aussi à la solidité. Quand nous aurons arrangé notre maison, il ne faut pas avoir à recommencer.

« Pour le chemin, je te recommande, entre nous, d'y bien regarder; il nous importe de ne pas nous engager dans une dépense excessive. D'instinct, j'étais porté à croire que la réparation du chemin vicinal existant de la Boissière à Cambremer et qui passe au bout du Val-Richer, était le parti le plus simple et le meilleur. C'est celui dont la commune de Saint-Ouen vient de voter la réparation. Mais je n'ai ni assez vu ni assez discuté pour avoir une opinion à ce sujet. Je m'en rapporte à ce que tu feras de concert avec nos amis. N'oublie pas seulement que les intérêts personnels sont ici fort en jeu, que chacun veut faire faire le chemin le plus utile pour lui, et que nous avons à prendre garde qu'on ne se serve de nous en ayant l'air de nous servir.

« Pense-t-on aux gouttières? J'en suis convenu avec M. Cocagne, et il me semble que c'est un travail urgent, surtout à l'approche de l'hiver.

« As-tu commandé le parquet pour mon cabinet du premier étage?

« Occupe-toi de prévoir et de régler d'avance, autant qu'il se peut, tout ce que Marin aura à faire pendant l'hiver. Puisque nous le prenons à notre service, il faut employer son temps et son activité. On m'avait parlé de l'extension de la pépinière comme d'une bonne chose qu'il ferait bien. Regarde à cela. Tout ce que nous avons à craindre, c'est que, pendant notre absence qui sera fort habituelle, on ne fasse pas grand'chose. Prends contre ce mal toutes les précautions possibles. La meilleure c'est de te mettre parfaitement au courant de tout ce qui se peut et doit faire, afin de pouvoir l'ordonner et le surveiller, même de loin.

« Je ne te parle pas des grandes affaires. Elles ne vont pas mal. Celle de Suisse me préoccupe plus que toute autre. Nous avons là à traiter avec la multitude, ce qui n'est ni agréable ni facile. J'admire de plus en plus le mot de Pascal : « La multitude qui ne se réduit pas à l'unité est confusion ; l'unité qui n'est pas multitude est tyrannie. » C'est la vraie devise de la monarchie constitutionnelle.

« Adieu, mon cher enfant, Meurand te restera les dix ou onze jours que tu demandes. Amusez-vous bien en faisant bien travailler. Mais je serai charmé de te voir revenir. Tu me manques plus que je ne te le dis. Ce qui me plaît, ce qui me repose par-dessus tout, c'est de parler vrai, complètement vrai et à découvert avec quelqu'un que j'aime. »

Lorsque François Guizot revint du Val-Richer dans les premiers jours de novembre, il s'était enrhumé pendant le voyage. Il n'y fit pas attention ; personne n'y fit attention autour de lui. Sa santé était habituellement bonne, il était grand, il était beau, il venait d'avoir vingt et un ans ; bientôt cependant une pleurésie se déclara, et malgré les soins les plus tendres, les plus constants, le mal gagna sans cesse du terrain. Quelques semaines s'étaient à peine écoulées depuis la mort de Mme Jean-Jacques Guizot, qui avait survécu deux ans à son mari ; les amis de François, M. Meurand [1] et

1. Les deux amis de François Guizot devaient justifier sa profonde affection, M. Meurand est devenu directeur des affaires commerciales au ministère des affaires étrangères ; M. Béhier a été l'un des grands médecins de notre temps. Tous deux restèrent tendrement attachés à M. Guizot.

M. Béhier, veillaient alternativement à son chevet. Dans la nuit du 15 février 1837, le fils aîné, l'appui et l'espoir de tous, s'éteignit sans agonie. Quelques heures après lui avoir fermé les yeux, M. Guizot écrivit à Mme de Broglie : « Chère amie, il vient de me quitter. Il est allé rejoindre sa mère. J'ai entendu de mon lit ses derniers soupirs. Je suis arrivé à temps pour qu'il me vît encore. Il m'a quitté en me regardant, si détruit et si calme ! Que Dieu me soutienne autant qu'il m'éprouve ! Quand mon tour viendra, je me reposerai avidement, car je suis bien fatigué. »

Ceux qui l'ont vu n'ont jamais oublié le visage du père, conduisant à sa demeure dernière le cercueil de son fils. En rentrant dans sa maison désolée où ses petits enfants étaient tous souffrants, il se jeta sur le lit de sa fille aînée, l'embrassant tendrement, et disant tout bas d'une voix qui vibre encore à ses oreilles : « Je n'ai plus que toi ! » L'enfant n'avait pas huit ans.

Les difficultés de la politique rendaient plus pesant encore le fardeau de la douleur personnelle qui accablait M. Guizot. Obligé de défendre à la Chambre son projet de loi sur l'instruction secondaire, il voyait l'opposition chaque jour plus violente et les mesures du gouvernement battues en brèche. Les échecs parlementaires amenèrent la dislocation du ministère. Un moment, M. Guizot, appelé auprès du roi, crut pouvoir reformer le cabinet du 11 octobre. M. Thiers refusa d'y entrer; M. Guizot et ses amis se retirèrent le 15 avril 1837, laissant à M. Molé le soin de composer un cabinet de conciliation. M. Guizot l'avait dit quelques jours auparavant à la tribune : « Plusieurs fois déjà dans ma vie, j'ai pris et quitté le pouvoir, et je suis pour mon compte, pour mon compte personnel, profondément indifférent à ces vicissitudes de la politique. Je n'y mets d'intérêt que l'intérêt public, l'intérêt de la cause à laquelle j'appartiens et que j'ai l'honneur de soutenir. Vous pouvez m'en croire, messieurs, il a plu à Dieu de me faire connaître des joies et des douleurs qui laissent l'âme bien froide à tout autre plaisir et à tout autre mal. »

La session finie, M. Guizot partit pour le Val-Richer; il écrivit à la duchesse de Broglie, qui était depuis quelques semaines en Suisse: « Chère amie, je sais que vous êtes arrivée à bon port, mais cela ne me suffit pas; comment êtes-vous? comment est Albert? Je jouis pour lui de ce beau temps. Il me semble que la chaleur doit lui être bonne. Prenez garde seulement qu'il ne se fatigue pas trop en courant les montagnes. On peut se fatiguer des courses en plein air comme du travail sédentaire, et à son âge on ne s'aperçoit guère de l'une ou de l'autre fatigue. Donnez-moi de ses nouvelles avec quelque détail, je vous en prie, et aussi des vôtres à vous.

Vous étiez un peu abattue en partant; était-ce de corps ou d'âme ? Je ne sais pas bien, car il y a longtemps que nous n'avons causé ; je n'en sais pas de bonne raison, mais j'ai remarqué le fait.

« Nous partons après-demain jeudi pour le Val-Richer, à la grande joie de tout le monde, depuis ma mère jusqu'à Guillaume. Je ne peux pas dire que j'y aie de la joie : j'avais destiné cette maison à l'établissement de mon fils; il l'avait prise dans une affection très vive. J'y vais sans amertume. Au contraire, j'aime l'ombre de ceux que j'ai perdus. Mais il n'y a point de joie dans ce sentiment-là. François était mon avenir. Aucun de mes enfants n'est encore et ne deviendra peut-être jamais cela pour moi. Outre le charme de sa personne, François tenait à ma vie tout entière ; je n'avais pas dans mon passé un intérêt, une affection, un souvenir auquel il fût étranger ; avec lui, point de fil rompu, point de lacune, point de silence. Henriette elle-même ne me rendra pas cela. Et puis si vous saviez quelles preuves de tendresse sympathique et soucieuse j'ai découvertes, je découvre encore de sa part ! Il veillait sur moi comme un gardien caché, attentif à mes moindres affaires, à mes moindres peines publiques ou privées. Et si simplement, si modestement, quoique avec tant de vivacité et d'indépendance ! Ah ! chère amie, quel bonheur, quelle faveur d'avoir possédé quelques jours de si rares créatures, mais quel vide après leur départ ! »

Rentré à Paris, M. Guizot écrivait le 18 décembre à M. de Barante : « Mon cher ami, je ne vous ai pas écrit. J'avais trop à dire. Par-dessus tout j'ai eu le cœur tellement brisé que je n'ai rien fait, rien dit pendant longtemps au delà du strict nécessaire. C'était bien assez d'y suffire. Trois mois de séjour à la campagne m'ont un peu rafraîchi. Je vais rentrer dans la fournaise. Qu'arrivera-t-il ? Je n'en sais rien et je désire qu'il n'arrive rien. Je regarde ceci comme une parenthèse. Il est bon, je crois, et bon pour tous qu'elle soit longue. La session commencera par une grande méfiance, une grande réserve de tout le monde. L'esprit de circonspection domine aujourd'hui dans le pays. N'avoir point d'avis, point de volonté, ne se compromettre pour rien ni avec personne, c'est la sagesse. Fausse sagesse, vous le savez, et qui va moins à cette forme de gouvernement qu'à toute autre. Cependant elle a son temps. Du reste, je ne sais pourquoi je vous parle de tout cela. Vous allez venir ; nous causerons, et quoique vous soyez peut-être destiné à être tiré à deux ou trois chevaux, nous causerons librement et sincèrement. Je me porte bien. Mes trois petits enfants vont bien aussi. Le séjour de la campagne et les bains de mer leur ont réussi à merveille. Savez-vous ce que c'est que d'avoir perdu le sentiment de la sécurité? Il m'en restait une, d'avoir, à côté de moi, un vrai père pour mes petits enfants. Je pouvais mourir en paix; je ne le puis plus maintenant. »

La sécurité ne devait jamais rentrer dans l'âme de mon père. Elle resta pour toujours profondément atteinte par les douleurs qu'elle avait subies coup sur coup. Il n'admit cependant jamais la pensée que les joies suprêmes de la vie pussent être achetées trop cher, même au prix des plus cruelles épreuves, et il ne cessa de remercier Dieu de lui avoir accordé les dons si rares dont il avait ardemment joui. « Je ne suis pas de l'avis du Dante, a-t-il dit dans ses mémoires :

*Nessum maggior dolore*
*Che ricordarsi del tempo felice*
*Nella miseria.....*

« Il n'y a pas de douleur plus amère que de se souvenir du temps heureux quand on est dans le malheur. »

« Un grand bonheur est au contraire, à mon sens, une lumière dont le reflet se prolonge sur les espaces mêmes qu'elle n'éclaire plus ; quand Dieu et le temps ont apaisé les violents soulèvements de l'âme contre le malheur, elle s'arrête et se complaît encore à contempler dans le passé les biens charmants qu'il a perdus. »

M. Guizot avait toujours mis à leur place et contemplé sous leur véritable jour les trésors qu'il avait possédés. « Deux nobles créatures ont tenu la première place dans ma vie, a-t-il dit; il n'y a jamais eu entre elles et moi cinq minutes de roman; je méprise le roman : il a la prétention de surpasser la réalité et il lui est bien inférieur. L'amour vrai, l'admiration vraie, le dévouement vrai sont très rares; c'est pourquoi les gens qui ne s'y connaissent pas les appellent romanesques. Ils ne le sont pas du tout; ils sont au contraire, quand ils existent, tout ce qu'il y a de plus simple, de plus positif, de plus pratique; seulement il ne faut pas s'y tromper, et prendre pour ces sentiments-là les fantaisies qui s'en attribuent le nom. Les feux follets qui traversent l'air s'appellent aussi des étoiles; mais ils n'en ressemblent pas davantage aux étoiles véritables, et celles-ci n'en restent pas moins hautes et fixes, parce que des traits de flamme apparente courent et brillent un moment dans les régions inférieures de l'atmosphère. »

Trois ans devaient s'écouler sans que M. Guizot prît part à la direction du gouvernement ; il avait d'abord soutenu le ministère de M. Molé, tout en cherchant à l'éclairer; dans la session de 1838 à 1839, il se joignit à l'opposition et forma alliance avec la gauche. Le parti conservateur se ressentit longtemps de la dislocation temporaire que lui avait fait subir la coalition.

Dans cet intervalle de liberté comparative,

M. Guizot prit plaisir à écrire la vie de Washington, « de tous les grands hommes, le plus vertueux et le plus heureux[1] ». Chaque année le ramenait pour quelques mois au Val-Richer. « Le bonheur, les affaires ou la solitude, écrivait-il, c'est un blasphème de placer ces trois mots l'un à côté de l'autre; le bonheur ne doit jamais être nommé que tout seul. Rien ne lui ressemble. Mais sans bonheur et à défaut des affaires, j'aime bien mieux la solitude que le bavardage des indifférents. Je sais qu'on ne la supporterait pas longtemps, que l'âme s'userait vite à vivre ainsi à ses propres dépens et de sa seule substance. Mais finir seul sa journée, se promener deux heures sans rien regarder, sans rien dire, n'entendant que le bruit de ses pas, n'écoutant que cette voix intérieure qui nous entretient de notre passé ou de notre avenir, c'est assez doux. Dans les affaires mêmes, un peu de solitude est bonne ; il faut un moment chaque jour secouer tous les jougs, ne relever que de soi-même, permettre à sa pensée cette liberté insouciante qui lui conserve seule son originalité et sa grandeur. Gouverner n'est pas labourer. On s'hébête à avoir toujours la main sur la charrue et l'œil sur le sillon. C'est un grand vice de notre organisation politique, en France, que ce travail

1. *Étude sur Washington.*

incessant, ce défaut absolu de loisir, auquel nous nous sommes condamnés. A faire un tel métier, on se sent devenir machine soi-même et on tombe bientôt au-dessous de sa tâche, pour n'avoir pas su ou pu, de temps en temps, la laisser là et n'y plus songer. »

Un nouveau chagrin qui ranimait les douleurs passées, frappa M. Guizot et tous les siens en 1838. Comme de coutume, depuis de longues années, il avait passé quelques semaines à Broglie. Sa mère et ses enfants l'y avaient accompagné. M. et M^me^ de Broglie devaient à leur tour visiter pour la première fois le Val-Richer. M^me^ de Broglie était partie pour Paris afin d'assister à la distribution des prix du grand concours où son fils aîné avait remporté des succès. M^me^ Guizot devait quitter Broglie le lendemain seulement. Le soir, M^me^ de Broglie entra dans la chambre des enfants qui étaient couchés; elle les embrassa. Ils n'ont jamais oublié le tendre regard de ces yeux célestes qui semblaient pénétrer dans l'autre monde. Elle revint à Broglie, heureuse et fière des couronnes de son fils. Lorsqu'elle tomba malade d'une fièvre cérébrale au milieu de septembre, elle répéta plusieurs fois : « C'est égal, on ne m'empêchera pas d'aller au Val-Richer. » Elle mourut le 22 septembre. « Vous avez perdu une bien bonne amie, et moi toute ma part de bonheur en ce monde, » écrivit son mari à

M. Guizot. Le jour où elle devait arriver chez ses amis fut celui de son enterrement. Elle avait aimé tous ceux que M. Guizot avait aimés et perdus. « Pendant vingt ans son amitié m'avait été parfaitement douce dans les jours heureux et plus douce encore dans les jours de douleur, » dit-il dans ses mémoires. C'était l'une des plus nobles, des plus rares et des plus charmantes créatures que j'aie vues apparaître en ce monde et de qui je ne dirai que ce que Saint-Simon dit du duc de Bourgogne en déplorant sa perte : « Plaise à la miséricorde de Dieu que je la voie éternellement où sa bonté l'a sans doute mise. »

En 1839, M. Guizot alla passer trois jours à Fontainebleau. Il avait assisté, au mois de juin 1837, au mariage de M. le duc d'Orléans avec la princesse Hélène de Mecklembourg-Schwerin. Au mois de septembre de la même année, il avait été invité à Compiègne, où le prince tenait un camp; il écrivait en revenant à M^me^ Guizot : « Je suis fort content de mon séjour à Compiègne. Il s'est passé fort tranquillement, sans manœuvres, sans courses fatigantes. Nous avons fait une belle promenade de cinq heures dans la forêt, M^me^ la duchesse d'Orléans, la grande-duchesse de Mecklembourg, M. le duc d'Orléans et moi dans la même calèche. On avait le temps de causer. Aussi avons-nous fait si bien, qu'en revenant j'en avais la gorge fatiguée. Mais où j'ai encore plus causé avec Mme la duchesse d'Orléans seule, c'est à table. J'étais à côté d'elle le second jour. Elle a vraiment de l'esprit, beaucoup d'esprit, un esprit élevé, sérieux, moral, et auquel se joint un mouvement d'imagination visible qui fait que ses yeux s'animent et qu'elle s'émeut, d'une façon très contenue pourtant et digne. Elle est peut-être trop instruite. J'espère qu'elle oubliera quelque chose de ce qu'elle a appris dans les livres. Décidément elle m'a plu beaucoup, plu au fond de l'âme, comme il faut plaire, et je crois que ma conversation lui a assez convenu, car, quand elle a su que je partais une demi-journée plus tôt, elle m'en a manifesté un regret de premier mouvement dont la sincérité était évidente. J'ai beaucoup causé aussi avec le duc, surtout de ce qui s'est passé à son égard, pour l'expédition de Constantine et des circonstances qui l'y ont fait renoncer, après qu'il avait été décidé qu'on l'y laisserait aller. Je l'ai fort approuvé d'y avoir renoncé. Il restera à Compiègne avec la duchesse d'Orléans jusque vers les premiers jours d'octobre. Le roi et la reine iront, je crois, du 20 au 25 de ce mois-ci. J'irai voir le roi demain soir. Je ne puis pas être allé passer trois jours chez son fils et ne pas lui faire une visite. On annonce toujours les élections générales pour les premiers jours de novembre. Le roi, me dit-on, se réserve toujours de dire *non* si don Carlos arrive à Madrid ou aux portes de Madrid, et je crois que, dans ce cas, il ferait bien. Mais en vérité l'affaire est si avancée aujourd'hui, qu'il est bien difficile qu'on n'aille pas jusqu'au bout. Il y a des choses qui se font à force d'en parler.

« J'ai vu à Compiègne Ernest de Chabaud[1] qui arrivait d'Afrique, se portant à merveille. Nous avons beaucoup causé. Sa conversation est très bonne ; M. le duc d'Orléans en est aussi convaincu que moi. »

De Fontainebleau, le 8 octobre 1839, c'était à sa fille aînée que M. Guizot écrivait : « Je suis ici dans un appartement charmant au rez-de-chaussée donnant sur le jardin, cour des Princes, un appartement où il s'est passé d'étranges choses. Hier, en arrivant, j'écarte ma toilette, placée dans l'embrasure d'une grande fenêtre de ma chambre, et je trouve derrière cette inscription : « C'est près de « cette fenêtre que Monaldeschi fut tué par ordre de « Christine, reine de Suède, le 10 novembre 1657. » Sois tranquille, il ne m'en arrivera pas autant.

« Il y a assez de monde ici : nous étions hier soixante-dix ou quatre-vingts personnes à dîner, venues de tous les coins du monde. J'ai trouvé là un

1. Le commandant de Chabaud-Latour était alors officier d'ordonnance du prince royal. Il était réservé au douloureux honneur de commander en chef le génie pendant le siège de Paris.

jeune secrétaire de légation, M. Dubois de Saligny, que j'ai placé il y a quelques années, et qui est arrivé ces jours derniers du Texas. Sais-tu ce que c'est que le Texas et où il est? C'est un peuple nouveau qui se forme en Amérique, entre le Mexique et les États-Unis. Il a établi sa capitale dans une ville qui n'existe pas encore, sur les bords du Colorado, et son président, qui est comme son roi, est parti, il y a quelques semaines, avec ses ministres, emportant sa tente et ses provisions, pour aller vivre au bord de la rivière et faire bâtir lui-même sa maison. Il se passera bien du temps et bien des évènements avant qu'il soit aussi bien logé que le roi de France à Fontainebleau. »

Les affaires ramenaient souvent M. Guizot à Paris. Au ministère de M. Molé, tombé au commencement de l'année, avait succédé, le 12 mai 1839, un cabinet qui comptait dans ses rangs plusieurs des amis personnels de M. Guizot, M. Duchâtel en tête. En vain la coalition avait entrepris de devenir un parti de gouvernement et de former un cabinet; le vice de son origine s'était manifesté avec éclat, et la crise ministérielle s'était tellement prolongée qu'il avait fallu recourir à un cabinet intérimaire. L'émeute du 12 mai avait amené la solution de cette situation fâcheuse. M. Guizot soutenait hautement le nouveau ministère. Sa mère et ses enfants l'avaient devancé au Val-Richer, il leur écrivait chaque jour, surveillant l'éducation de ses enfants, et leur donnant de loin ces leçons qu'ils aspiraient toujours ardemment à recevoir de près.

« Ma chère Henriette, écrivait-il le 23 juin, je te ferai encore la guerre sur ta ponctuation ; il n'y en a point ou presque point dans tes lettres. Les phrases se suivent sans aucune distinction ni séparation, comme les mots d'une même phrase. Quand cela n'aurait d'autre inconvénient que de causer à chaque instant, à la lecture de tes lettres, une sorte d'embarras et de surprise, il y aurait là une raison bien suffisante pour te corriger et pour ponctuer comme tout le monde. Mais il y a une autre raison plus importante que tu comprendras, j'en suis sûr. Tu as l'esprit très prompt ; tu comprends et tu fais vite ; et dès que tu as compris ou fait une chose, tu ne t'arrêtes pas du tout, tu veux passer à l'instant même à une autre. Voilà pourquoi tu ne ponctues pas. Toute ponctuation, virgule ou autre, marque un repos de l'esprit, un temps d'arrêt plus ou moins long, une idée qui est finie ou suspendue, et qu'on sépare par un signe de celle qui suit. Tu supprimes ces repos, ces intervalles ; tu écris comme l'eau coule, comme la flèche vole. Cela ne vaut rien, car les idées qu'on exprime, les choses dont on parle dans une lettre, ne sont pas toutes absolument semblables, et toutes intimement liées les unes aux autres, comme les gouttes d'eau. Il y a entre les idées des différences, des distances, inégales mais réelles, et ce sont précisément ces distances, ces différences entre les idées que la ponctuation et les divers signes de la ponctuation ont pour objet de marquer. Tu fais donc, en les supprimant, une chose absurde ; tu supprimes la différence, la distance naturelle qu'il y a entre les idées et les choses. C'est pourquoi l'esprit est étonné et choqué en lisant tes lettres ; le défaut de ponctuation répand sur tout ce que tu dis une certaine uniformité menteuse, et enlève aux choses dont tu parles leur vraie physionomie, leur vraie place, en les présentant toutes d'un trait et comme parfaitement pareilles ou contiguës !

« Mais voici qui est encore plus grave. C'est une qualité, mon enfant, et une qualité précieuse que la promptitude d'esprit. Il y a tant de choses à apprendre, à voir et à faire dans la vie, et nous avons si peu de temps à y consacrer, qu'on est très heureux d'avoir reçu de Dieu le don de cette rapidité, de cette facilité d'intelligence, qui fait qu'on peut beaucoup comprendre et beaucoup faire en peu de temps, et par conséquent se mieux acquitter de la tâche de la vie. Mais toute qualité a un défaut qui lui correspond et dont il faut se défendre avec soin ; s'il s'agissait du caractère, je te dirais que les personnes très énergiques manquent souvent de douceur, les personnes très courageuses, de prudence.

Pascal ou la Bruyère, je ne me rappelle pas bien lequel, a dit quelque part : « Une vertu n'a tout son mérite et toute sa valeur que lorsqu'elle est accompagnée de la vertu contraire. Que la fermeté soit douce, que la douceur soit énergique. Il n'y a de bon et de beau que ce qui est complet, ce qu'on peut considérer et admirer en tout sens. »

« Ce qui est vrai du caractère et de ses vertus, ma chère enfant, l'est également de l'esprit et de ses qualités. Il ne faut pas qu'une qualité devienne la source d'un défaut. Or la promptitude de l'intelligence peut amener la légèreté de l'attention. Quand on comprend aisément, on ne se donne pas toujours la peine de comprendre parfaitement. Quand on court très vite, on ne regarde pas, et par conséquent on ne voit pas tout ce qu'il y aurait à regarder et à voir sur la route. Précisément parce que tu as l'esprit facile et prompt, il faut que tu l'obliges à s'arrêter sur les choses, à les examiner avec soin, à ne pas se contenter de la connaissance qu'il en prend du premier coup. Sans cela, une grande partie de ce qu'il y a dans les choses t'échapperait ; tu ne saurais et tu ne ferais rien parfaitement. Et une qualité naturelle et grande te ferait tomber dans une fâcheuse imperfection.

« En voilà bien long, ma chère Henriette, mais tu sais que j'aime à causer avec toi. Et d'ailleurs on ne se corrige d'un défaut que lorsqu'on a bien reconnu d'où il vient et jusqu'où il pourrait aller. Prends un parti, ne laisse jamais partir une lettre sans relire très attentivement, uniquement pour la ponctuation. Quand tu en auras une fois pris l'habitude, tu n'auras plus besoin d'en prendre le même soin, et tu verras qu'un jour l'habitude de la ponctuation deviendra pour toi de la force d'attention. »

Et quelques jours plus tard : « Ma chère enfant, tu me trouveras bien contrariant; mais, je t'en prie, ne me jette pas à la tête tant de virgules. Tu m'en accables, comme les Romains accablèrent cette pauvre Tatia de leurs boucliers. — *Bonne maman n'a pas voulu, que nous allassions à la pépinière parce que, il faisait trop chaud. Nous avons toutes deux, très bien pris, nos leçons de piano; j'ai pris bien, celle d'écriture.* — Quelle raison pourrais-tu me donner en faveur de celles que j'ai soulignées? Il n'y a évidemment là aucune suspension, aucun intervalle entre les choses et les idées; elles se tiennent au contraire très étroitement, et il faut passer sans s'arrêter de l'une à l'autre. Pense à ce que tu fais; penses-y pour mettre une virgule ou ne pas la mettre, comme pour prendre un chemin au lieu d'un autre, quand tu veux aller quelque part. Tu ne sors pas du côté de la buanderie quand tu veux aller aux cygnes. Pourquoi? Parce que tu y penses. Prends-en la peine en toutes choses. On a de l'intelligence pour penser à ce qu'on fait, et non pour s'en dispenser.

« A présent, voici pour ton plaisir. Je partirai jeudi soir par la malle-poste, ma place est retenue; je vous arriverai donc vendredi matin de très bonne heure. Je serai bien heureux de vous retrouver, mes chers enfants, et je compte que vous le serez aussi.

« Paris est fort tranquille. Nous avons eu hier devant la Chambre, non pas du bruit, mais une ombre de bruit. Sept à huit cents personnes se sont amassées sur la place Louis XV, voulant venir à la Chambre et lui présenter une pétition pour l'abolition de la peine de mort. La Charte défend de venir ainsi en personne apporter des pétitions à la Chambre. On leur a dit de se retirer. Elles ne l'ont pas fait. Un escadron de la garde municipale s'est avancé au grand trot, et à l'instant la foule s'est dispersée. Un garde municipal a pris celui qui portait le drapeau, l'a jeté en travers, comme un sac de blé, sur la croupe de son cheval, et l'a amené au corps de garde de la Chambre. Tout était si bien fini et si calme à quatre heures, que j'ai été dîner à Châtenay. J'en suis revenu vers onze heures du soir. Il n'y avait pas le moindre mouvement dans Paris, et il n'y en a point ce matin. »

M. Guizot n'aurait rien voulu changer à la vie régulière, occupée et simple que menaient ses enfants sous la direction de leur grand'mère; le fond de leur gaieté naturelle et l'étroite union qui régnait entre eux suffisaient pour animer l'exactitude un peu austère qu'exigeait Mme Guizot. C'était cependant à leur père que les jeunes esprits devaient tout le mouvement et toute la variété dont ils avaient besoin. Il s'intéressait à tout ce qui les occupait; il élevait, fixait, charmait leurs pensées. Aucune récompense n'égalait pour eux ses encouragements. « Ta lettre est bien écrite, ma chère petite Pauline, disait-il le 6 septembre 1839 à sa fille cadette, couramment et plus droit qu'à ton ordinaire. Celle d'Henriette aussi était bien. Mais ne vous servez donc pas d'encre si blanche. Bonne maman a conservé son ancienne habitude de faire de l'encre avec de l'eau. Savez-vous que bonne maman, à son âge, a une écriture encore plus ferme que la vôtre?

« Je suis charmé de savoir que tu as bien pris tes trois leçons, mais cela ne me surprend pas, ma chère petite; tu les prends très bien en général, c'est ce qui arrive toutes les fois qu'on y met beaucoup de zèle. J'espère que mon bon Guillaume en viendra là un jour. Il n'y est pas encore.

« Si vous étiez ici, mes enfants, vous n'entendriez parler que de M. Van-Amburg et de sa merveilleuse puissance sur les lions, les tigres, les panthères, etc. Il vit au milieu d'eux, se couche sur leur dos, les laisse grimper sur lui, les caresse, les bat, amène là un petit agneau, le leur fait voir, approcher, lécher, sans qu'ils osent y toucher. L'autre jour, au moment où il s'en allait, emportant l'agneau, le lion a repris tout à coup sa fureur et s'est élancé en rugissant contre la porte que M. Van-Amburg venait de fermer. Van-Amburg est rentré aussitôt, la cravache à la main, et en a donné deux ou trois coups au lion qui s'est couché à ses pieds en le caressant. Je ne vous mènerai cependant pas voir ce spectacle-là. »

Ce fut un grand chagrin pour les enfants de M. Guizot, lorsque le ministère lui offrit l'ambassade de Londres. Les affaires d'Orient, de plus en plus compliquées, menaçaient d'amener de grandes difficultés européennes; on le croyait propre à acquérir de l'influence en Angleterre; les ministres étaient d'ailleurs souvent embarrassés à l'égard d'un allié qui avait été et qui pouvait redevenir un chef. Le roi avait ratifié le choix, non sans quelque hésitation. M. Guizot accepta la mission et, le 20 février 1840, il partit pour Londres, laissant à Paris sa mère et ses enfants qui devaient le rejoindre plus tard. Sa voiture était dans la cour de sa petite maison, rue de la Ville-l'Évêque; il y était déjà monté, il redescendit et rentra pour embrasser encore une fois ceux qu'il quittait.

La réunion ne devait pas être aussi prochaine qu'on l'avait espéré : la petite Pauline fut malade; elle restait délicate et fatiguée, malgré la vivacité et l'ardeur instinctives qui pouvaient faire illusion sur ses forces. M. Guizot s'inquiétait pour ses enfants de la vie de Londres; il redoutait pour eux et pour sa mère les voyages difficiles encore; les affaires lui paraissaient graves, il n'était pas assuré de demeurer longtemps à son poste. Le ministère du 12 mai avait été remplacé le 13 mars par un cabinet nouveau, formé sous la présidence de M. Thiers. M. Guizot s'était décidé à rester en Angleterre, mais des dissidences pouvaient éclater et le ramener en France ; il écrivit le 26 avril 1840 à Mme Guizot : « Ma chère maman, pour toutes les raisons possibles, politiques et économiques, de santé et d'affaires, surtout à cause de ces deux enfants délicats qui me préoccupent plus que je ne puis dire, je crois décidément qu'il faut que nous nous résignions, vous et moi, à faire un nouveau sacrifice : il m'est très douloureux, plus douloureux que je ne veux vous le dire ; il vous le sera beaucoup à vous-même. Mais plus j'y pense, plus je demeure convaincu que la raison et le devoir, mon devoir envers mes enfants, me le commandent. Une phrase d'une de vos dernières lettres m'a un peu troublé. Vous m'avez paru un peu troublée vous-même de la responsabilité de vous trouver seule loin de moi, chargée du soin et de la santé de mes enfants. Chère maman, je le comprends bien, et je voudrais bien pouvoir vous ôter ce fardeau. Il y aurait à la fois pour vous et pour moi soulagement et bonheur.

Mais si la Providence nous impose à tous deux un tel fardeau, il faut bien l'accepter. Dites-vous de plus, dites-vous toujours, et avec une entière certitude, qu'il est impossible d'avoir une confiance plus absolue que je n'ai en vous, sous tous les rapports, pour mes enfants, santé et éducation. Avec les soins assidus de Béhier qui viendrait à l'instant même au Val-Richer si vous l'y appeliez, avec l'aide de Rosine, entourée comme vous l'êtes, à Paris et à Lisieux, d'amis et de secours, je suis aussi tranquille qu'il soit possible de l'être de loin. Bien imparfaite, bien triste tranquillité! mais enfin je l'ai éprouvée pendant cette dernière indisposition de Pauline; il ne m'est pas venu en pensée de douter qu'on fît, que vous fissiez tout ce qui était convenable et nécessaire. C'est tout ce que je puis prétendre. Et pour dire vrai, l'inquiétude du voyage pour ces enfants, de la traversée, du changement de régime et d'habitude, loin de leur médecin ordinaire, serait plus grande pour moi que celle de l'absence. Que votre responsabilité ne vous préoccupe donc pas. Je la partage en me confiant en vous, et ma confiance est entière.

« Pensez bien à ceci, ma chère maman. Causez-en aussi avec nos amis. Montrez-leur ma lettre. Priez Béhier d'en causer avec Andral. Pour moi, je suis convaincu que le séjour du Val-Richer, un mois à Trouville, si le temps est beau, valent mieux pour la santé de mes enfants que l'épreuve d'un tel voyage, de deux voyages en quatre mois au plus, en moins de temps peut-être si de nouveaux embarras politiques surviennent. C'est le résumé exact de la situation et ce qui me détermine. Dieu sait si j'ai lutté contre moi-même et mon propre désir pour arriver à cette conviction!

« Je vous le répète pourtant, chère maman, car il faut bien ne pas oublier ce qui peut adoucir une vive peine; je vous répète que je suis sûr d'être avec vous vers la fin de septembre, et que j'espère tout à fait pouvoir aller passer huit jours avec vous dans le cours de l'été.

« Adieu, chère maman, je ne vous demande pas du courage. Personne n'en a plus que vous. Je vous demande de m'aider dans notre tâche commune. Vous ne parlerez de ceci aux enfants que lorsque nous serons d'accord. »

La décision fut prise en effet, au profond regret des enfants. Tout se réunissait pour les attrister : ne pas revoir leur père et renoncer à l'espoir d'un voyage en Angleterre. Le courage leur faisait un peu défaut. M. Guizot lui-même essaya de le leur rendre. « Ma chère Henriette, ma bien chère fille, écrivait-il le 9 mai 1840, tu ne seras pas fâchée quand je te dirai que le chagrin de ta lettre d'aujourd'hui m'a fait plaisir. Je sais bien que tu m'aimes beaucoup, mais je suis bien aise de le voir. Certainement c'est un grand, très grand sacrifice. Vingt fois, cinquante fois par jour, quand je m'éveille, quand je rentre, quand je monte, quand je descends à table, à la promenade, mon premier mouvement est de vous chercher, et mon désappointement toujours très vif en ne vous trouvant pas. Et ne crois pas, ma chère enfant, que l'habitude y fasse rien ; je ne m'habitue jamais à ce mal-là. Fais-en autant, je t'en prie, aime-moi absent comme présent ; aie toujours le même chagrin de mon absence ; et acceptons ensemble ce chagrin que la raison nous impose. Nous nous retrouverons vers la fin de l'été au plus tard, mes chers enfants, plus tôt pour quelques jours, je l'espère. Et nous jouirons bien ensemble du Val-Richer, qui sera encore plus charmant que de coutume. Je vous envie bien de voir les pommiers en fleurs. M. Labbey m'écrit qu'ils sont superbes et promettent la plus belle récolte. »

Et quelques jours plus tard (14 mai) : « Ma chère petite Pauline, j'ai ton portrait, et c'est à toi que j'écris pour te dire le plaisir qu'il m'a fait. Je n'écrirai à Henriette que demain. Je suis sûr qu'elle le trouvera bon ; le portrait est charmant et d'une ressemblance parfaite. Mon plaisir est double. Le portrait est très ressemblant, et il se porte très bien. Donc tu as été promptement rétablie. Je t'embrasse, ma chère enfant ; je suis sûr que, quand nous nous rejoindrons, je vous trouverai tous bien grandis. Portez-vous bien tous pour ce moment. Ton portrait est dans ma chambre, près de ma table à écrire. Il y a aussi une place pour celui d'Henriette que j'attends à présent. Ce n'est pas vous, mes chers enfants, mais c'est quelque chose. Il me semble que ton portrait veut me parler. Parle donc.

« Je te remercie de ta promesse d'avoir du courage chez Brewster, s'il le faut. J'espère qu'il ne le faudra pas ; mais je dis comme toi : *en tous cas*, tu en auras. Tu comprends qu'il est indispensable de faire bien examiner vos dents avant de partir pour la campagne. Je ne suis plus là pour vous mener à Caen.

« J'ai eu un peu de repos pour les dîners, mais les voilà qui recommencent. J'en ai trois de suite, demain, après-demain et dimanche. Londres est en ce moment une vraie fourmilière. Je suis allé hier à pied au *Foreign office* par les parcs. C'est la mode de venir se promener à Hyde-Park de quatre à six heures : un Longchamps de tous les jours. J'ai marché une grande demi-heure à côté d'une allée remplie, tout à fait remplie de voitures obligées d'aller au pas. Beaucoup d'hommes et de femmes à cheval aussi. Les femmes ici montent beaucoup à cheval et très bien. Il me faut une bonne heure pour aller à pied de chez moi au *Foreing office*, mais c'est une promenade charmante. »

De loin, et sans atténuer leurs regrets, M. Guizot faisait partager à ses enfants les intérêts nouveaux et variés de sa vie. Trop jeunes encore pour en comprendre les grands côtés, ils s'amusaient passionnément des récits souvent contenus dans ses lettres. En les relisant quarante ans plus tard, ils y retrouvent encore des phrases, des paragraphes restés gravés dans leur mémoire. « J'aurais bien voulu que vous fussiez tous hier dans un coin pour assister à mon dîner chez le lord maire, *at the Mansion House*, écrivait-il le 21 avril, vous vous seriez bien amusés un quart d'heure du moins. Une très grande et très belle salle appelée, je ne sais pourquoi, *Egyptian Hall*, entourée d'énormes colonnes, ornée de tous les drapeaux et symboles de la Cité. Quand je suis entré accompagnant le lord maire et donnant le bras à la lady mairesse, trois cent cinquante personnes étaient déjà à table. La salle était très imparfaitement éclairée. Au moment où nous nous sommes assis, les conduits du gaz ont été ouverts et tout à coup la salle a été inondée de lumière. Le lord maire et la lady mairesse sur deux fauteuils un peu élevés, sous un grand dais rouge ; moi, à côté de la lady mairesse. Sur toutes les tables, une vaisselle magnifique appartenant à la Cité. Le dîner a été long, la musique continuelle et assez bonne. Vers la fin on a apporté deux énormes coupes en vermeil, remplies de vin ;

la trompette a sonné. Le hérault de la Cité a proclamé que le lord maire et la lady mairesse buvaient à la santé de l'ambassadeur de France, de l'évêque de Londres et de tous les assistants. La lady mairesse s'est levée et a pris une des deux coupes en se tournant vers moi. Je me suis levé aussi. Elle a bu en me faisant la révérence et m'a remis la coupe. Je lui ai rendu sa révérence. Je me suis tourné vers ma voisine de gauche, et j'ai bu à mon tour en la saluant et lui présentant la coupe. Elle en a fait autant à son voisin de gauche. Le lord maire agissait de même de son côté pendant ce temps-là, et les deux coupes ont ainsi fait le tour des trois cent cinquante convives. Cela s'appelle *the Loving Cup*, la coupe d'amitié. A l'arrivée du dessert, deux immenses plats de vermeil ont été placés, l'un devant le lord maire, l'autre devant la lady mairesse. On les a remplis d'eau de rose et ils ont passé à la table d'honneur seulement (cinquante personnes), devant chacun des assistants qui y ont trempé le bout de leur serviette, pour se laver les lèvres et les doigts. Alors ont commencé les *toasts*. La reine, le prince Albert, la reine douairière et la famille royale, l'armée et la marine d'Angleterre, l'ambassadeur de France et les ministres étrangers. J'étais seul présent du corps diplomatique. Je me suis levé et j'ai répondu au *toast* par un petit speech en anglais qui a été, je ne sais combien de fois, interrompu et couvert d'applaudissements. Je leur ai fait grand plaisir, et ils me l'ont très cordialement témoigné. Je ne sais combien de toasts encore et beaucoup de compliments pour moi de la part des orateurs. Les *ladies* se sont retirées selon l'usage. Encore des toasts. Un peu avant onze heures enfin, nous nous sommes levés de table et nous sommes rentrés dans les appartements, où le bal a commencé. J'étais chez moi à minuit moins un quart.

« Le lord maire s'appelle Sir Chapman Marshall et a l'air d'un très bon homme. La lady mairesse est sa fille, jeune femme très jolie et d'une physionomie parfaitement douce. On m'a demandé de proposer un toast en son honneur, ce que j'ai fait.»

1 heure.

« Voilà d'excellentes lettres. J'en suis bien heureux. J'écrirai demain à ma bonne petite Pauline. Je compte qu'elle ira mieux tous les jours. Mais tu es plaisante, toi, avec ton air de componction sur le lait d'ânesse : « J'espère qu'il nous fera du bien. » Est-ce que tu as besoin que quelque chose te fasse du bien à toi? Tu es un colosse. Je suis charmé que tu prennes du lait d'ânesse; il est toujours bon, mais pour toi c'est du luxe.

« Adieu, mes chers enfants, je vous dis adieu d'un cœur gai, quoique le temps soit sombre. Tout le soleil de ces jours-ci ne m'égayait pas. Vos lettres d'aujourd'hui valent bien des soleils. Adieu, je vous embrasse tous trois fois, y compris bonne maman. »

A leur tour les enfants avaient des nouvelles à donner, car Mme Guizot avait pris ses quartiers d'été au Val-Richer. L'intérêt de M. Guizot pour les travaux et les plaisirs de cette installation de campagne allait toujours croissant. « Vous voilà établis au Val-Richer, ma chère maman (5 juin). J'espère que vous y serez arrivée sans trop de fatigue. Je ne le saurai que lundi, car la lettre que vous m'écrirez, ce matin vendredi, de Lisieux, mettra un jour de plus à m'arriver. Passé cette petite lacune que vous n'éprouverez pas, notre correspondance sera aussi régulière qu'à Paris. C'est une joie qui recommence pour moi tous les jours. Je ne comprends pas comment on supporte l'absence sans lettres. Hélas, que de peines on supporte sans les comprendre !

« Je ne puis vous dire quel plaisir j'ai à penser que mes enfants vont vivre au grand air. Je crois cela si bon ! Laissez-les dehors le plus possible. Il n'y a pas à craindre que la vie intellectuelle de ces enfants-là n'aille pas assez vite. Ils ont l'esprit et le cœur plus avancés, plus excités qu'il ne convient peut-être à leur âge. Je ne m'en plains pas ; mais il n'y faut rien ajouter. Du loisir, du mouvement, de la liberté, c'est là ce qu'il faut soigner pour eux. Et quand ils sont dehors dans le jardin où nul danger n'est à craindre, laissez-les faire ce qui leur plaît, comme il leur plaît, un peu seuls au besoin, sous votre surveillance lointaine. Il n'y a pas de liberté pour les enfants, s'ils ne sont pas un peu seuls, livrés à eux-mêmes. L'intervention, la simple présence d'une grande personne, même dans leurs plaisirs, leur enlève quelquefois ce laisser-aller, cette verve qui leur sont très bons.

« Ne faites pas lire à Henriette l'*Histoire de la République romaine* de M. Michelet. Ce n'est pas bon pour elle. Aucun ouvrage de M. Michelet ne convient à des enfants, même très avancés; et pas plus comme instruction que comme impression morale. Ce sont des livres d'une science douteuse et d'un jugement mal réglé, quoique honnête. Si Henriette a fini l'*Histoire ancienne*, prenez l'*Histoire romaine* de Rollin ou celle de Laurent Échard qui est dans la bibliothèque de la galerie, et puis l'*Histoire des empereurs* de Crevier; nous réglerons tout cela en automne. Elle me mande qu'elle lit l'histoire des poètes latins. Elle pourrait lire la traduction de l'*Énéide*. Faites-lui lire aussi celle de la *Jérusalem délivrée*, elle l'intéressera beaucoup et à tout prendre l'impression en est bonne. »

Et, le 9 juin, à son fils, alors âgé de sept ans : « Mon cher Guillaume, tu étais si occupé à Paris que tu ne m'écrivais pas de longues lettres. Auras-tu autant à faire au Val-Richer? Davantage peut-être, car les leçons seront à peu près les mêmes, et tu te promèneras beaucoup plus. Promène-toi, mon enfant; cours, plante, joue avec l'eau du petit ruisseau. Tu sauras encore t'amuser quand j'irai vous rejoindre, n'est-ce pas? J'aime beaucoup à te voir t'amuser.

« Je suis charmé que vous ayiez tous trouvé la nouvelle route et l'avenue jolies. J'attends les détails. Dis-moi combien il y a d'arbres plantés le long de notre chemin, depuis l'endroit où il tourne dans le pré jusqu'à la porte de la cour. Et aussi combien il y a d'arbres verts dans le bouquet qui doit avoir été planté à droite dans le creux, à l'entrée du chemin dans le pré.

« Vous êtes bien heureux d'avoir tant de fraises. Si vous pouviez m'en envoyer, vous me rendriez un grand service. Elles sont encore ici rares et fort chères. En tout les choses rares sont ici d'une cherté que vous n'imaginez pas. J'ai eu des pêches pour mes deux grands dîners; elles ont coûté cent sous la pièce.

« Adieu, mon cher enfant. Je te quitte pour écrire une dépêche. Cela m'arrive souvent. J'envoie un courrier ce soir. A Epsom, l'autre jour, après les courses de chevaux, j'ai vu lâcher je ne sais combien de pigeons qui sont allés porter dans leurs comtés le nom du cheval qui avait eu le prix. Ils vont au bout de l'Angleterre dans quelques minutes. Est-ce que nous ne pourrions pas dresser des pigeons qui iraient deux fois par jour du Val-Richer à Hertford-House? Il est vrai que les pigeons ne réussissent pas au Val-Richer. »

Les enfants racontaient leurs joies et comptaient consciencieusement les arbres de l'avenue; mais c'était à sa belle-sœur, Mme de Meulan, que M. Guizot demandait les détails précis qui satisfaisaient seuls son esprit; c'était elle qu'il chargeait des arrangements nouveaux. Née à la veille des orages de la Révolution française, elle avait vu deux fois sa fortune détruite; restée veuve et sans enfants, elle avait reporté dans son dévouement à M. Guizot toute la passion de sa forte et rude nature. Douée d'un tempérament robuste et des talents les plus délicats, elle consacrait son temps et son énergie à cet embellissement de l'établissement campagnard dont elle devait naguère partager le soin avec François. Ses travaux étaient aussi nombreux que variés : elle peignait, elle sculptait, elle brodait. Elle prenait en même temps un intérêt inquiet aux affaires que traitait M. Guizot. « Je voulais vous écrire avant-hier et hier, ma chère Aline, lui écrivait M. Guizot le 26 juillet. Les conférences et les dépêches m'en ont empêché. J'ai passé une partie de ma nuit à travailler. Les affaires d'Orient vont très mal. Les ennemis du pacha tirent grand parti de l'insurrection de Syrie; s'il ne la réprime pas tout de suite, cela tournera mal. Je n'ai jamais bien auguré de cette question-là. Je l'ai tenue en suspens depuis cinq mois, et elle serait encore en suspens sans cette insurrection. Nous verrons. Quoiqu'on dise que je réussis ici en toutes choses, je n'ai pas cette prétention-là.

« J'ai aujourd'hui mon dîner Nemours : trente personnes. Et une grande abondance de fleurs dans l'appartement. C'est la parure que j'aime le mieux. Je voulais avoir de la musique pendant le dîner, et un petit rout après. Mais, c'est dimanche ; il n'y a pas moyen. On ne peut pas se donner le dimanche la moindre licence au delà du dîner ; et le duc et la duchesse de Nemours n'ont pu me donner que ce jour-là. Ils partent mardi pour aller voir les courses de Goodwood, où le duc d'Orléans a envoyé deux chevaux à lui, et de là pour la France.

« A propos de fleurs, multipliez beaucoup les dictames, je vous prie. Je les aime et j'aime l'abondance de la même fleur. Décidément, celles qui prospèrent le plus en Angleterre ce sont les géraniums. La quantité et la qualité sont également remarquables. Tâchez aussi de recueillir beaucoup d'espèces de bruyères, c'est une jolie famille et qui dure longtemps en fleur.

« Vos faisans argentés et dorés me plaisent. J'aime une volière. Un jour, nous en arrangerons une dans la cour. Je crains que ce ne soit un emplacement un peu froid. Vous n'avez pas d'idée du plaisir que j'aurai à revoir cette avenue et cette cour bien arrangée. Soyez tranquille. J'étais l'autre jour à *Sion*, chez le duc de Northumberland, l'une des plus belles habitations de l'Angleterre. Une galerie bleu et or, semblable à la galerie de François Ier à Fontainebleau, une salle à manger soutenue par les douze plus belles colonnes de vert antique qui existent au monde; elles ont été trouvées dans le Tibre et achetées par le grand-père du duc actuel. Des serres comparables à celles du Jardin des Plantes, et qui nous ont servi de modèle. Tout autour, ces incomparables gazons de l'Angleterre, couverts de beaux moutons et de belles vaches, soignés et propres comme les gazons. J'aime mille fois mieux mon Val-Richer. »

Et le 29 avril: « Ma chère Aline, vos deux panneaux sont charmants. Ne vous donnez pas la peine de m'envoyer le troisième; je m'en rapporte à vous; et c'est assez de trois comme variété. Ce dont je suis curieux, c'est du pilier en pierre. Envoyez-m'en le petit dessin que vous me promettez. Je suppose que vous êtes déjà à l'ouvrage. Je connais votre persévérance; vous avez bien des choses en train dans ce moment, la rampe, mon fauteuil, vos tapis de toute espèce, que sais-je ! Vous viendrez à bout de tout cela. Et d'avance, je vous remercie de tout, comme de choses faites. Savez-vous qu'il y a bien de la confiance dans ce que je vous dis là?

« Maintenant convenons d'une chose. Vous avez acheté le cheval Henry pour mille francs, et s'il est bon, comme il y a lieu de le croire, je n'y ai nul regret. Vous allez faire faire les haies de clôture du futur jardin, sèches et vives. Puis vous ferez baisser le gazon de la cour : c'est indispensable pour les eaux et le complément de cette cour. Mais il faut en rester là, et exactement là, cette année, pour les travaux du Val-Richer. Nous avons déjà fait énormément cette année, et je suis ruiné. Rien du tout de plus. Vos ouvrages à vous, la rampe, les petits tapis, voilà les dernières conquêtes que le Val-Richer peut espérer en 1840, et ce sera beaucoup.

« De plus, je n'ai pas envie que vous gardiez Bradamante pour en avoir un poulain. C'est évidemment un mauvais calcul ; il faudra nourrir la mère pendant un an, le petit deux ou trois ans ; il ne vaudra pas ce que cela nous aura coûté. Nous n'avons pas besoin d'un cheval de plus. Vous en aurez un bon à votre service. Vendez Bradamante, ne fût-ce que pour cent francs. Elle nous aura bien servi trois ans.

« Vous ferez très bien de faire porter la terre qu'on enlèvera de la cour au-dessous de l'allée des marronniers, de manière à la soutenir et à faire là un talus.

« Je suis charmé du succès de la porte. Est-elle bien solide, et en a-t-elle l'air ? Car je n'aime pas l'air colifichet. En toutes choses l'apparence de la force est bonne comme la réalité.

« J'ai eu, à moi tout seul, l'esprit de répondre à Orbec que j'étais depuis longtemps engagé aux cantons de Saint-Pierre et de Mézidon, dans le cas où M. Legrand donnerait sa démission. J'ai écrit tout cela à M. Labbey et à M. Jeanne. Cet arrangement me convient à merveille. Je suppose que M. Legrand donnera sa démission à la fin de cette session du Conseil général. Je lui écrirai alors à lui-même. En attendant, M. Labbey lui montrera ma lettre.

« Vous avez raison sur M. Labbey, il est plein d'instincts élevés, généreux. Et mon amitié pour lui est pleine d'estime.

« Je suis au courant de ce qu'on dit à Paris. Je ne m'inquiète pas beaucoup des mauvais propos, même d'anciens amis. J'impute énormément à la légèreté, le grand vice et la grande excuse des hommes. Cela me donne assez d'indifférence et point d'humeur. Quand on a essayé de me nuire traîtreusement, je me suis défendu de façon à ôter pour quelque temps l'envie de recommencer. Tenez pour certain que, depuis six mois, ma conduite a été bonne, que ma position est forte, et résignez-vous aux oscillations et aux périls. »

Les plus rudes années de sa laborieuse vie allaient bientôt commencer pour M. Guizot; cependant il se plaisait déjà à entrevoir au Val-Richer les jours de repos que Dieu devait lui accorder en ce lieu même.

« Si vous avez au Val-Richer le magnifique soleil qui brille ce matin sur mon square, écrivait-il à M^me^ Guizot, ce doit être charmant. Certainement je vieillis, car l'idée du repos, d'un repos définitif, me plaît. Je ne sais si j'en jouirai jamais. Indépendamment des motifs domestiques qui m'obligent au travail, je me sens appelé, poussé par ma nature, à l'activité, à toute l'activité que les circonstances voudront m'imposer. Ce qu'on peut, on le doit. Et en même temps qu'on le doit, on s'y porte de soi-même, on l'accepte promptement et vivement, quand l'occasion s'en présente, par un instinct qui surmonte même les goûts et qui révèle une mission. Enfin, j'irai devant moi, par une ligne droite, aussi loin et aussi longtemps qu'il plaira à Dieu. Mais j'espère qu'avant le jour du départ j'aurai quelques jours de repos, de repos complet. Je me repose d'avance en y pensant. »

Dans la vie du Val-Richer qui plaisait à M^me^ Guizot, ses petits-enfants jouissaient ardemment, non seulement de leur liberté, mais des amusements qu'ils partageaient avec elle. Cette âme forte, si cruellement ballottée par la vie, frappée dans sa jeunesse d'une incurable douleur, avait conservé le goût des fleurs, des fruits à cueillir, de tous les soins et de tous les agréments de la vie rurale ; ses constantes inquiétudes maternelles ne parvenaient pas à troubler complètement pour elle le calme de cette retraite :

elle s'y reposait et s'y détendait, et elle consacrait à ses petits-enfants, à leurs promenades aussi bien qu'à leur éducation, tout ce qu'elle reprenait là de forces et de sérénité, comme elle avait toujours consacré à ceux qu'elle aimait tout ce qui était en elle. Quoiqu'elle eût eu d'abord quelque peine à s'apercevoir que ceux qu'elle élevait grandissaient et avaient, d'année en année, besoin de beaucoup plus de mouvement et d'indépendance, ils sentaient bien quelle tendresse couvait sous sa volonté d'être obéie, et l'âge d'ailleurs eut aussi pour effet de l'adoucir sans l'affaiblir. « Vous n'avez pas connu ma mère jeune, » disait quelquefois Mme Guizot en riant à ses enfants.

La nature méridionale, avec ses impressions rapides et passionnées, s'alliait chez Mme Guizot à un caractère persévérant, puissant, agissant, pénétré jusqu'à la moelle des traditions et des doctrines qui ont fait le vieil esprit huguenot. Les douleurs et les soucis qui avaient assombri sa vie lui avaient laissé, cependant, un fond de gaieté naturelle qui reparaissait parfois. Ce qui reparaissait souvent en elle, et jusques dans son extrême vieillesse, c'était son goût pour l'instruction et cette curiosité constamment éveillée sur tous les sujets, qui était l'un des caractères du dix-huitième siècle : les voyages surtout, les descriptions des pays inconnus, les faits nouveaux ajoutés à la connaissance de la nature physique ou de la nature humaine, étaient pour elle d'un irrésistible attrait. Nous l'avons vue, bien faible déjà et bien sourde, rester debout pendant deux heures, appuyée à l'angle d'une cheminée, pour écouter et pour interroger un explorateur aventureux qui venait de traverser d'une mer à l'autre l'Amérique méridionale. Mais ce qui dominait tout en elle, c'était un sentiment vraiment héroïque du devoir, de tous les devoirs, grands ou petits, un dévouement absolu et sans retour, un effort continuel vers le bien et le progrès intérieur qu'elle inspirait et excitait par son exemple. Telle était, dans ses contrastes et ses harmonies, la figure de Mme Guizot, comme elle apparaît dans le souvenir de ses petits-enfants arrivés à l'âge mûr, lorsqu'ils se reportent avec la plus reconnaissante tendresse à ces jours de leur enfance tout remplis d'elle et de son influence.

Mais c'était vers M. Guizot (et leur grand'mère les y encourageait) que se tournaient le plus ardemment ces jeunes âmes; c'était à lui qu'elles s'ouvraient de toutes les impressions reçues et de toutes leurs préoccupations. Je veux citer tout de suite quelques fragments de lettres, en témoignage de l'intimité qui se poursuivait de loin entre le père et les enfants, comme de la sollicitude qu'il apportait à diriger leurs petites vies. « Tu as bien raison, ma chère fille ; il te manque beaucoup de qualités, et je prie Dieu avec toi pour qu'il te les donne ; mais Dieu ne donne rien qu'à ceux qui s'efforcent de mériter de lui ses dons. Nos propres efforts ne suffisent pas à nous rendre bons comme c'est notre devoir de l'être; nous avons besoin, besoin à tout moment, du secours de Dieu, et quand nous faisons quelque chose de bien, quand nous acquérons quelque vertu, nous pouvons être sûrs que Dieu nous a aidés, beaucoup aidés, et nous lui en devons une reconnaissance infinie. Mais Dieu veut que nous travaillions nous-mêmes à notre amélioration. L'assistance de Dieu vient vers notre propre travail sur nous-mêmes, à la fois pour le récompenser et suppléer à son insuffisance. Quand Dieu a créé l'homme, il l'a créé raisonnable et libre, c'est-à-dire capable de distinguer ce qui est bien de ce qui est mal, et de se décider pour ce qui est bien. La liberté, ma chère enfant, c'est la puissance de choisir le bien, et l'homme tient cette belle puissance de Dieu lui-même. Elle fait la supériorité de sa nature. Mais comme l'homme, en même temps qu'il est raisonnable et libre, est aussi très imparfait et très faible, il a besoin que la bonté, la grâce de Dieu viennent à chaque instant au secours de sa faiblesse et l'aident à lutter contre son imperfection, à laquelle il n'échappe jamais complètement, tant s'en faut.

« C'est un de mes vifs regrets, ma chère fille, étant loin de vous, de ne pouvoir causer avec vous de tout ce qui vous occupe, surtout quand vous

vous occupez des idées sérieuses. Dis-les-moi toujours quand elles te viennent; la séparation me deviendrait insupportable si je n'étais pas sûr que je saurai tout ce qui se passe d'essentiel dans ton âme, et que je te dirai à mon tour ce que j'en pense.

« J'ai été hier soir à la Chambre des communes, et j'en suis rentré cette nuit à une heure du matin. Il y avait une discussion très intéressante sur les élections d'Irlande. Prends toujours de l'intérêt à l'Irlande, mon enfant. Ta mère lui en portait beaucoup, comme à l'ancienne patrie de sa famille. Je rencontre ici beaucoup de vos parents. Il y a cent cinquante ans que la famille de ton grand-père quitta l'Angleterre à la suite de Jacques II et se réfugia en France, en Espagne, en Italie. Ils fuyaient l'Angleterre parce qu'ils étaient catholiques. Presque au même moment les protestants fuyaient aussi la France. Aujourd'hui c'est un protestant qui représente la France à Londres, et il y trouve des catholiques puissants dans cette même Chambre des communes qui les chassait il y a cent cinquante ans. Tout cela, ma chère fille, c'est le fruit d'une raison plus éclairée, d'une religion mieux comprise. Si nous étions ramenés tout à coup dans l'état où était l'Europe il y a deux siècles, nous n'en supporterions seulement pas le spectacle, tant il y avait d'injustice et de malheur. Grand sujet de reconnaissance envers Dieu qui nous a fait naître dans un temps juste et doux, et aussi grande raison de patience pour les imperfections et les souffrances, encore bien grandes, que nous avons à supporter. Il y en aura toujours dans la vie et dans la société. Dieu ne permet pas que rien y soit jamais parfait ni aucun bien complet. Et c'est une des raisons qui prouvent que cette terre n'est qu'un lieu de passage, un commencement de carrière, et que le but de nos efforts est placé au delà. Mais nous n'en devons pas moins jouir de ce qui nous est donné de bonheur, et remercier Dieu de nous en avoir fait, à nous, une part bien plus grande qu'à nos prédécesseurs.

« Sais-tu, ma chère fille, pourquoi on a tant d'amour-propre quand on est jeune? C'est qu'on ne connaît pas encore l'étendue et la difficulté des choses. On se sent de l'intelligence, du courage, de la force, et comme on n'a pas encore mis ses qualités à l'épreuve, on croit qu'elles suffisent et qu'elles suffiront à tout. Voilà un homme qui est dans une petite vallée au pied d'une montagne, il n'a devant les yeux qu'un espace étroit et des objets rapprochés. Il les voit parfaitement, rien ne lui échappe et il se dit : « J'ai des yeux excellents, je verrai tout ce que je voudrai. » Il commence à gravir la montagne : à mesure qu'il monte, un espace plus étendu, des objets plus éloignés se découvrent à lui ; il les voit encore bien et il continue à s'enorgueillir de ses yeux ; il s'élève, il s'élève, l'horizon s'agrandit toujours, sa vue devient moins nette ; il a beau s'appliquer à regarder ce monde si vaste, ces objets si multipliés et si lointains, beaucoup ne lui apparaissent que confusément ou lui échappent tout à fait. Et quand il est arrivé au sommet de la montagne, quand il a devant lui un espace immense et tout ce qui le remplit, il reconnaît que ses yeux ne suffisent pas pour atteindre si loin ni à tant de choses. En sorte que c'est précisément au moment où il est parvenu le plus haut, et où il a fait de sa vue le plus grand usage, qu'il sent sa faiblesse et renonce devant Dieu à son orgueil. Il en est de notre intelligence et de toutes nos facultés, ma chère fille, comme de nos yeux; et la montagne à gravir pour nous, c'est la vie qui nous fait reconnaître et avouer notre insuffisance précisément à mesure que nous nous exerçons et nous perfectionnons davantage. La parfaite sagesse consisterait à savoir, en commençant et dès le pied de la montagne, ce que nous verrons quand nous serons au sommet. Cela n'est guère possible, et on ne saurait demander aux enfants d'être aussi éclairés et aussi sages que les hommes. Mais tu as assez d'esprit et de raison, mon Henriette, pour comprendre dès à présent que ni ton esprit ni ta raison ne sont aussi complets, aussi sûrs qu'ils te le paraissent. Je te demande donc de ne pas t'y confier avec présomption; je te demande de savoir d'avance que beaucoup de choses échappent à ta vue, et que le moment où tu verras le plus loin et de plus haut est précisément celui où tu sentiras le plus ton insuffisance, et où tu deviendras le plus modeste. »

Et le 22 juin à sa seconde fille : « Ma chère Pauline, je t'embrasse encore aujourd'hui pour ton jour de naissance. Il y a aujourd'hui neuf ans, ta mère était sur un lit, près de la fenêtre, dans ma petite chambre, rue Ville-l'Évêque, bien fatiguée et bien heureuse, et moi aussi bien heureux. Ma chère enfant, tu ne peux te souvenir de ta mère ; mais pense à elle souvent ; nous ne pensons jamais assez à ceux qui nous ont tant aimés et ne sont plus là, près de nous. *Not lost, but gone before*, n'est-ce pas, ma chère petite fille ?

« Tu as raison de vouloir t'élever un peu toi-même ; tu le peux, car tu as beaucoup d'intelligence et un excellent cœur ; tu sais parfaitement quand tu as tort, et tu ne veux jamais faire de chagrin à ceux que tu aimes. Ce que je te recommande, ma bonne petite, c'est de ne pas te laisser aller à tous tes premiers mouvements, et de travailler à mettre de l'égalité dans ta disposition, dans ton humeur. La vie, ma chère enfant, est pleine d'inégalités ; il y a du bien et du mal, de grandes joies et de grandes peines, beaucoup de petites contrariétés et beaucoup de petits plaisirs. S'il y avait autant d'inégalités et de vicissitudes dans notre âme que dans notre destinée, nous serions bientôt fatigués et brisés, et à charge à tous nos amis comme à nous-mêmes. Tu vas aller à Trouville; tu verras des barques ballottées sur la mer, poussées par le vent et les vagues, en haut, en bas, à droite, à gauche. Que serait-ce, ma chère enfant, s'il n'y avait pas dans la barque un pilote qui la conduit à travers toutes ces oscillations, tous ces dangers ? Elle serait bientôt en pièces et ferait naufrage ; mais le pilote gouverne la barque, en invoquant la protection de Dieu qui gouverne la mer. Et la barque navigue et fait son voyage, et arrive le plus souvent au port. C'est l'image de notre condition en ce monde : nous sommes chargés de nous gouverner nous-mêmes, en invoquant sans cesse avec confiance la protection, l'aide de Dieu, et en conservant notre présence d'esprit, notre fermeté, notre vigilance, notre sérénité, au milieu de toutes les difficultés, de toutes les variétés de situation et de péril que nous rencontrons sur notre route. J'espère, ma chère fille, que Dieu me laissera encore assez longtemps auprès de vous, pour vous soutenir dans cet apprentissage de la vie, et vous apprendre à vous soutenir vous-mêmes. Je vois, d'après ce que m'écrit Henriette, qu'on t'a fait de très jolis présents. Cela augmente mon regret de n'avoir pas été là. Donne-toi, avec les cent sous que j'ai chargé bonne maman de te remettre, quelque chose qui te fasse plaisir, en attendant ce que je t'apporterai.

« J'ai eu deux aventures à Windsor. La première, j'ai gagné la loterie de la course d'Ascot. Toutes les personnes qui accompagnent la reine, mettent un souverain et tirent au sort un billet portant le nom de l'un des chevaux qui courent. J'ai tiré *Scutari*, et *Scutari* a gagné la grande course : vingt-trois souverains pour moi qui m'ont servi à payer les cinq cents francs d'étrennes que j'ai donnés aux gens du château.

« Voici ma seconde aventure qui vous fera rire ; mais n'en riez devant personne, car elle pourrait finir par arriver dans quelque journal, ce qui me déplairait. Mercredi soir à Windsor, à onze heures et demie, la reine s'était retirée ; on était resté encore une demi-heure à causer. A minuit, je me mets en marche pour retourner dans mon appartement. Je me perds dans les galeries, salons, corridors du château. J'entr'ouvre une porte, la prenant pour la mienne ; j'aperçois une femme assise qui se déshabillait et sa femme de chambre auprès d'elle. Je referme précipitamment la porte, je me remets à chercher la mienne. Je trouve quelqu'un qui m'y reconduit. Je me couche. Le lendemain à dîner, la reine me dit en riant : « Savez-vous que vous êtes entré chez moi à minuit ?— Comment, madame, c'est la porte de Votre Majesté que j'ai entr'ouverte ? — Certainement. » Et elle a recommencé à rire et moi aussi. Je lui ai raconté mon *égarement* qu'elle avait deviné et j'ai fini par lui demander la permission, si jamais j'écris mes mémoires comme Sully ou Saint-Simon, d'y mettre comment j'ai ouvert, à minuit, dans le château de Windsor, la porte de la chambre de la reine d'Angleterre qui se couchait. Elle me l'a permis en riant de bon cœur. »

C'était à son fils que M. Guizot avait envoyé la description du château de Windsor : « Je t'écris de Windsor, mon cher Guillaume, certainement l'un des plus charmants et pittoresques châteaux qui existent dans le monde : au dehors, forteresse gothique du moyen âge ; au dedans, palais moderne très élégant et très confortable. J'y suis arrivé hier, deux heures avant le dîner. J'ai fait ma toilette et, à huit heures moins un quart, je me suis rendu dans le *Drawing room*, par une longue, très longue galerie, pleine de bustes et de tableaux, pas très large ni très haute, le plafond gris et or avec des caissons sculptés. Les *Drawing rooms* n'ont rien de remarquable, sinon la vue qui donne sur le parc et le pays, les plus verts possibles. Nous avons été dîner. La salle à manger est admirable, immense : on peut y dîner cent cinquante. Nous étions près de quatre-vingts, tous Anglais, excepté moi. Le plafond en vieux chêne sculpté, divisé en caissons, et dans chaque caisson les armes peintes d'un des chevaliers de la Jarretière. Les armes de tous ceux qui ont été chevaliers de l'Ordre sont là, depuis son origine jusqu'à présent. J'avais au-dessus de ma tête le numéro 352, et j'étais à peu près au milieu de la galerie. Autour, le long des murailles, des armes en fer, casques, lances, cuirasses, épées. Aux deux bouts, deux tribunes : dans l'une la musique, dans l'autre les spectateurs du dîner ; sur la table et au bout de la table, sur un vaste buffet, la plus magnifique vaisselle en vermeil. A ma gauche, cette jeune reine qu'on a tenté d'assassiner l'autre jour, gaie, causant, riant très souvent et ayant envie de rire encore davantage, et remplissant de sa gaieté, mêlée à son histoire déjà tragique, ce vieux château qui a vu toute l'histoire des rois ses prédécesseurs : tout cela était très grand, très beau, très frappant. Je te parle comme à une grande personne, mon bon petit.

« Je n'ai rien de beau à te raconter. Je suis très occupé, occupé d'affaires qui ne t'intéressent pas du tout. Elles t'intéresseront un jour. J'espère que de ton temps, elles seront un peu moins difficiles que du mien. Elles le seront toujours assez. Nous ne sommes pas en ce monde pour notre seul amusement et commodité. Il y a de la peine à prendre, et de fortes contrariétés à subir, et de grands chagrins à supporter. Tu en auras ta part, mon enfant. Que Dieu te la rende légère ! Ta vie est bien douce aujourd'hui, j'espère qu'elle le sera encore longtemps. Tu n'es entouré que de personnes qui t'aiment et ne songent qu'à te faire plaisir. C'est un

15

grand bonheur pour toi d'avoir deux bonnes sœurs dont les conseils et l'amitié t'accompagneront toute ta vie. Je demande à Dieu de te les garder toujours. Il t'a retiré un frère, excellent, charmant, qui aurait été pour toi un second père. Tu ne sauras jamais ce que tu as perdu, et c'est un de mes chagrins. Je voudrais que tout le monde sût ce qu'était, ce qu'aurait été mon cher François. Je t'en parlerai souvent, mon bon petit. »

La mère et les enfants de M. Guizot étaient établis à Trouville, dans une bonne petite maison que les lettres décrivaient avec autant de soin qu'il en avait mis lui-même à raconter le château de Windsor. On se promenait beaucoup au bord de la mer, on travaillait un peu : Mme Guizot n'admettait pas les vacances. « Je vous remercie toutes les deux de vos lettres anglaises, écrivait M. Guizot à ses filles; elles sont bien tournées et avec très peu de fautes. Je serai charmé que vous connaissiez bien la langue, l'histoire, la littérature de l'Angleterre. Je m'en suis toujours beaucoup occupé, et j'y prends chaque jour plus d'intérêt. C'est une grande et honnête nation qui a beaucoup de défauts, à qui il manque beaucoup de choses, mais en qui les grandes qualités dominent : la moralité, la sincérité, la fierté, l'énergie, la persévérance. Plus je la vois, plus je l'estime. Elle ne sait pas rendre ses mérites doux ni agréables aux autres hommes. Elle a quelque chose de hautain, de peu communicatif, dur même, quoiqu'elle ait un grand fonds de bonté. Il est impossible d'ailleurs de ne pas être un peu sous l'empire de ses impressions personnelles, et je suis touché, très touché, pour mon compte, de l'accueil que je reçois ici, du respect très bienveillant et presque affectueux qu'on me témoigne dans toutes les opinions, dans toutes les classes. Si je vous avais ici, mes chers enfants, votre grand'mère et vous, je m'y trouverais tout à fait bien ; mais vous me manquez infiniment ; enfin nous nous rejoindrons.

« Je voudrais une chose, ma chère Henriette, c'est que tu t'accoutumasses à entreprendre de longues lectures, point pour t'en fatiguer chaque jour : il faut peu lire chaque jour d'un long ouvrage, mais il faut en lire un peu chaque jour, et tous les jours, et il faut lire des ouvrages entiers. Il y a bien plus de profit à lire un bon ouvrage qu'à en effleurer une vingtaine. Il ne peut pas être question de longues lectures anglaises pendant que vous êtes à Trouville ; mais voici, ma chère enfant, ce que je voudrais que tu entreprisses quand vous serez de retour au Val-Richer. Prends, soit dans mon cabinet, soit dans la galerie, l'*Histoire d'Angleterre* du Dr Lingard ; je voudrais que tu la lusses en même temps que celle de Hume. Tu liras une époque ; par exemple l'histoire des rois Anglo-Saxons jusqu'à la conquête de l'Angleterre par les Normands, dans l'ouvrage de Hume; puis tu le laisseras reposer et tu liras la même époque dans le docteur Lingard. Et ainsi de suite. Quand tu auras lu de la sorte, lentement et simultanément, les deux ouvrages, tu commenceras à savoir l'histoire d'Angleterre.

« Si cela n'effrayait pas Pauline, elle pourrait entreprendre la même lecture. Mais je crains qu'elle ne trouve cela bien long et je ne veux pas qu'elle se fatigue. »

Les complications des affaires d'Orient avaient empêché M. Guizot d'exécuter son projet de course en France; il en conservait cependant l'espoir, il écrivait le 3 août : « Ma chère Henriette, cette lettre arrivera à Trouville le 6. Personne ne trouvera mauvais, j'en suis sûr, que je t'écrive à toi, pour ton anniversaire. Je t'ai adressé par une autre voie un petit paquet qui t'arrivera aussi le même jour, et qui en contient d'autres, dont tu feras, dont tu auras sans doute fait la distribution avant l'heure où tu recevras ma lettre. Loin de vous, mes chers enfants, je n'ai pas de plus vif plaisir que de vous donner de petits plaisirs, en attendant que je vous apporte un grand plaisir en m'apportant moi-même.

« Ce n'est pas la première fois, ma chère fille, que je suis loin de toi, le 6 août; et plus tu grandis, plus je le regrette. Onze ans! C'est déjà une vie. Que la tienne soit heureuse! Je n'espère pas qu'aucun malheur, aucun grand malheur même ne s'y place : Dieu ne le permet guères et nous n'avons pas le droit d'y prétendre. Mais que les épreuves cruelles y soient rares, et qu'un bonheur vrai, profond, durable, t'aide à les supporter quand elles viendront ! Tu auras, je l'espère, en toi-même ce qu'il faut pour être heureuse : de la sérénité, de la raison, du courage, du désintéressement, pas trop d'exigence avec les hommes et beaucoup de confiance en Dieu. C'était, ma chère enfant, le caractère de ta mère ; tu lui ressembles en bien des choses ; tu as beaucoup à faire pour lui ressembler tout à fait. Que Dieu te l'accorde et t'y aide ! C'est mon vœu bien profond, pour toi et aussi pour moi qui prends un inexprimable plaisir à retrouver en toi son image. »

Quelques jours plus tard, à la porte d'une petite maison sur le quai de Trouville, trois enfants, que la joie emportait hors d'eux-mêmes, voyaient leur père se dresser dans sa voiture, effrayé par le danger que couraient les pauvres petits d'être écrasés par ses chevaux au moment de cette réunion tant désirée. Deux jours seulement pouvaient être consacrés à Trouville ; le roi, le château d'Eu, les affaires réclamaient leur part ; mais le père avait revu ses enfants, la mère avait vu son fils, les enfants avaient revu leur père, chacun avait repris du courage pour supporter la séparation. « Je ne me suis reposé qu'à Trouville, écrivait M. Guizot, de Calais, le 15 août. Entre les affaires et l'étiquette, on ne se repose jamais à la Cour. Mais auprès de vous, mes chers enfants, à causer avec vous et à vous voir baigner, le repos est complet, d'esprit comme de corps. C'est dans ce repos-là que je me retirerai quand je serai vieux. Ce n'est pas le moment de parler de retraite. Il y a beaucoup à penser et beaucoup à faire pour notre pays dans ce moment-ci. N'est-ce pas, ma chère fille, tu aimes la France et tu vois qu'il faut faire beaucoup pour elle? »

Le temps arrivait où M. Guizot devait plus que jamais consacrer à la France toutes les facultés de son esprit et de son âme. Il conservait, au sein de l'agitation européenne, cette indomptable espérance qui fut toujours l'une de ses forces; il la portait surtout dans la vie publique. Dans le fond de son cœur et de sa vie intime, il était plus prompt à l'inquiétude qu'à la confiance. Il avait, lui, et tous ceux qui l'entouraient avaient comme lui, trop souffert pour n'en pas rester frappés et pénétrés. Le 10 octobre, il écrivait à Mme Guizot : « Chère maman, parmi tant de motifs qui me feraient vivement regretter de ne pas être avec vous le 4 octobre, un des plus pressants était mon désir de vous témoigner, ce jour-là, encore plus qu'un autre, toute mon affection et ma reconnaissance. Que ne vous dois-je pas ? Ce que vous avez fait pour moi quand j'étais enfant et n'avais plus de père, vous le faites aujourd'hui pour mes enfants qui n'ont plus de mère. Il y a en vous deux choses inépuisables, infinies : la tendresse et le courage. Vous avez supporté, sans succomber, vos propres épreuves ; vous m'aidez à supporter les miennes. Grâce à vous, je puis, sans manquer à mes devoirs envers mes enfants, sans sécher d'inquiétude pour eux, remplir d'autres devoirs et donner à ma vie quelque chose de l'importance à laquelle Dieu l'a peut-être destinée. Toujours, chère maman, pour toutes choses, vous m'aidez, vous me secondez. Vous ne savez pas tout ce qu'il y a pour vous dans mon cœur de tendresse, de respect, de reconnaissance. Que Dieu vous garde longtemps, bien longtemps, à moi et à mes enfants ! Je ne saurais vous dire avec quelle joie je vois leur tendresse pour vous. Elle est très vive. Que Dieu vous accorde de vous en faire jouir longtemps ! C'était pour moi un bien profond plaisir de voir mon cher fils vous soigner, se plaire avec vous, déployer pour vous son excellente et charmante nature. Il me semblait qu'il acquittait une partie de ma dette à moi et je l'en aimais davantage. Quelle plaie, chère maman, quelle incurable plaie ! Je n'y puis toucher sans qu'intérieurement les sanglots me suffoquent. Une créature si rare, si aimable ! Tant de douceur dans le présent ! Tant d'espérance dans l'avenir ! Ma confiance en lui me remplissait l'âme de repos. Je lui aurais tout laissé, j'aurais tout remis en ses mains, vous, mes enfants, mon nom, ma mémoire, tous les souvenirs qui me sont chers, tous les projets qui me peuvent plaire, tout, absolument tout, avec une entière sécurité! Et j'étais si heureux de lui préparer, à lui, sa vie, sa carrière, sa situation! Il en aurait si bien joui, si honorablement pour lui, pour moi-même! Il était le complément de ma propre vie. Il continuait pour moi la vie de sa mère. Mon cher enfant! J'ai là devant moi sa figure, si noble, si délicate, si affectueuse! Mais lui, lui! Je ne demande pas à Dieu de me consoler. Il ne faut pas se consoler; on ne se console que trop, on n'oublie que trop. Et je ne murmure point, je ne me révolte point, mais j'ai eu le cœur percé de part en part; et tout, tout renouvelle le sentiment de ma blessure!

« Que Dieu protège mes enfants! Que Dieu me garde mes enfants! Et avec eux, auprès d'eux, vous pour eux, pour moi! Je ne suis pas ingrat, mon Dieu! Je sais, je sens tout ce qu'il y a encore en eux pour moi de bonheur et d'espérance. Je voudrais qu'ils sussent combien je les aime. On ne sait jamais cela. Une affection vraie est toujours bien plus que ne croit celui qui en est l'objet.

« Parlons d'autre chose. Il ne faut pas s'attendrir de loin. Nous sommes dans une crise bien vive. Il y a eu bien de la légèreté et de la présomption dans l'origine, de toutes parts. Il y a aujourd'hui de l'obstination, du malentendu, beaucoup d'embarras mutuel. Et pourtant un désir sincère d'éviter l'explosion; point de mauvais vouloir de l'Angleterre contre la France, du gouvernement anglais contre le gouvernement français. Aussi je ne désespère point. On sortira de là froissé, meurtri ; mais je crois qu'on en sortira. Je comptais recevoir aujourd'hui un courrier qui m'apporterait la convocation des Chambres et quelque moyen de faire faire un pas à l'affaire. L'heure avance et il n'arrive pas. Il faudra encore attendre.

2 heures.

« Votre lettre m'a manqué ce matin. J'en ai pourtant eu plusieurs de Paris. Encore quelque méprise, quelque retard, comme cela est déjà arrivé deux ou trois fois. Je me donne ces exemples pour me défendre de l'inquiétude. Adieu, chère maman, je vous embrasse tous bien tendrement. »

M. Guizot comptait venir à Paris pour l'ouverture des Chambres. Quelques-uns de ses amis trouvaient la situation difficile et le pressaient de retarder son départ ; il écrivit le 20 au duc de Broglie : « J'y ai bien pensé : je partirai d'ici le 25 ; j'irai prendre ma mère et mes enfants en Normandie, et je serai à Paris le 28 au soir ou le 29. Il ne faut pas accepter l'air des embarras qu'on n'a pas. Je n'attends rien de Londres ; je ne vais rien chercher à Paris. Je ne suis ici, je ne serai là d'aucune intrigue. Je ne dirai, je ne ferai rien là qui ne soit en parfaite harmonie avec ce que j'ai dit et fait ici depuis huit mois. J'ai promis au cabinet de le seconder sans me lier à lui : c'est ce que j'ai fait et ce que je ferai. Pourquoi donnerais-je à ma conduite des apparences d'hésitation et de contrainte ? Je suis député avant d'être ambassadeur, je tiens plus à ce que je suis comme député qu'à ce que je suis comme ambassadeur. J'agirai comme député selon ma raison, mon passé, mon honneur ; je parlerai comme ambassadeur selon ce que j'ai pensé, écrit, fait ou accepté depuis que je le suis. Je crois que cela peut très bien se concilier. Je n'y éprouve pas pour mon compte le moindre embarras. »

Au moment même où M. Guizot écrivait ces paroles, le roi refusait d'accepter le projet pour le discours de la couronne que lui présentaient ses ministres ; le cabinet du 20 mai se retirait, et le roi rappelait à Paris M. Guizot afin de le charger de former un ministère.

Il partit aussitôt, sans avoir le temps de prévenir les siens, et prenant à la hâte quelques arrangements pour les faire revenir auprès de lui. Le navire qui portait M. de Banneville, l'un des attachés de son ambassade, tout jeune, et pour lequel il avait de l'amitié, périt en mer par une rencontre avec un steamer anglais. L'inquiétude de M$^{me}$ Guizot fut extrême. Dès que le bruit de l'accident lui parvint, sans attendre d'autres instructions, elle partit avec les enfants dans une petite voiture de campagne. La lettre que M. Guizot lui écrivait le 27 arriva au Val-Richer au moment du départ : « Je reçois à l'instant même, chère maman, la lettre de M. de Banneville qui m'apprend la perte du *Phénix*. Personne n'a péri, Dieu soit loué ! Le pauvre jeune homme que j'avais envoyé à ma place est en sûreté chez ses parents. J'en suis très ému. Vous aurez eu une bien mauvaise journée d'anxiété. Je pense qu'il vous sera arrivé aujourd'hui au Val-Richer et que votre retour sera retardé au moins d'un jour. Quel horrible accident ! Que je suis impatient de vous avoir ici, avec moi ! Ma grosse voiture et tous les effets qu'elle contenait sont perdus. Et ce pauvre Herbet, tous les siens aussi. Heureusement j'avais avec moi tous mes papiers, tous. Enfin, il faut répéter : Dieu soit loué ! Personne n'a péri. Mais comme je vous attends ! Venez vite. Je vous embrasse tous. »

Le 29 octobre, à six heures du soir, M$^{me}$ Guizot, rentrée dans la maison de la rue Ville-l'Évêque, attendait son fils, encore aux Tuileries. Lorsqu'il rentra, toute l'anxiété de la mère était peinte sur son visage : « Eh bien? dit-elle. — J'ai les affaires étrangères. — Comment as-tu accepté un tel fardeau ? s'écria Mme Guizot. — J'ai cru que c'était mon devoir.» — C'en était assez pour la mère comme pour le fils. Mme Guizot courba la tête, assurée d'avance des inquiétudes et des angoisses qu'elle aurait à subir, sans en prévoir cependant le triste et fatal dénouement.

Les enfants ne savaient qu'une chose, ne comprenaient qu'une chose : leur père restait à Paris, ils restaient avec leur père. La joie remplissait leur cœur. Ils ne l'ont jamais oublié. Ils étaient bien jeunes alors, mais, par la bonté de Dieu, dans cette vie qui commençait pour eux, aucune séparation aussi longue que celle qu'ils venaient de supporter ne les devait éloigner de leur père.

C'était bien véritablement la réunion. Dans ses jours les plus occupés, M. Guizot trouvait toujours le temps d'entrer trois ou quatre fois chez sa mère ; ses enfants attendaient le moment de l'embrasser entre deux audiences, mais ils l'embrassaient toujours; et toujours aussi ils le trouvaient prêt à s'intéresser à leurs affaires et à leurs plaisirs. Les séjours au Val-Richer étaient courts, car à peine M. Guizot pouvait-il y passer quelques jours ; pendant plusieurs étés, Mme Guizot refusa de s'éloigner, et ce fut à la porte de Paris, à Passy ou à Auteuil, qu'elle chercha l'air pur nécessaire aux enfants. Le Val-Richer restait cependant la patrie, le centre privilégié de toutes les joies et de toutes les libertés campagnardes. Et pendant les deux ou trois mois consacrés à la Normandie, la correspondance n'était pas moins active qu'elle ne l'avait été naguères entre Paris et Londres. M. Guizot écrivit plus d'une fois à sa mère ou à ses enfants sur la table du conseil, pendant que ses collègues discutaient une question dont il pouvait se distraire quelques instants. La liberté de son esprit n'en était pas gènée. « Court aussi pour toi, mon cher petit, écrivait-il à son fils. Je suis écrasé d'affaires et de lettres grandes et petites. Quand je suis réveillé par quelque courrier au milieu de la nuit, après avoir passé une demi-heure à lire des dépêches, je me rendors mal et je me lève tard. Tu ne te rendors pas, n'est-ce pas? Tu ne te réveilles pas? Dors, mon enfant, dors longtemps. Bonne maman m'a dit que tu prends un livre, le soir, pour lire le matin en te réveillant. C'est bien grave. Je voudrais avoir ton portrait comme cela. M. Guillaume dans son lit, un livre à la main, quand tout dort autour de lui. Quel livre? Dis-le-moi, j'en suis curieux.

« Tu ne te doutes pas de ce qui s'est passé hier dans notre jardin. Après dîner, tard, vers neuf heures, nous nous y promenions encore. Le général Colettis est venu me voir. Il s'est mis à se promener de son côté, avec je ne sais plus qui. Une demi-heure après, nous sommes tous sortis, excepté le général Colettis et son promeneur. On n'a pas su qu'ils étaient restés. Ils ne se sont pas aperçus qu'on fermait les portes, les persiennes, les volets; ils se promenaient toujours. Vers dix heures et demie, ils ont voulu s'en aller; ils étaient en prison dehors. Ils ont appelé, frappé. Personne. Ils sont montés tous deux sur le petit mur qui longe le boulevard, et de là, au milieu des gobéas et des aristoloches, ils ont prié les passants de venir les délivrer. On est enfin venu et ils n'ont pas couché sous l'acacia parasol. J'ai appris ce matin, en me levant, leur captivité et leur délivrance. »

— « Encore un orage; je t'écris, ma chère Pauline, au bruit du tonnerre et dans un cabinet envahi par la pluie. On éponge à force tout autour de moi. C'est pitoyable. Nous avons mal pris notre année pour faire notre serre et notre orangerie. On ne choisit pas les années, il faut les recevoir comme Dieu les envoie, et les bien employer, tristes ou gaies, orageuses ou sereines. Tu n'es pas triste, ma chère enfant, n'est-ce pas, ni orageuse? Ta lettre me dit que non. Elle est très bonne, ta lettre, longue, bien écrite et bien tendre pour moi. Je t'aime beaucoup, ma chère petite fille, et je ne te le dis pas, je ne vous le dis pas à tous autant que c'est vrai. Tu es une bonne fille et j'espère que tu seras heureuse et je soignerai de mon mieux ton bonheur. Tu es bien heureuse, à présent, n'est-ce pas? Tout le monde t'aime, tu te portes bien; tu aimes le Val-

Richer, ton piano, toutes tes leçons; ai-je raison de dire *toutes?* Tu t'amuses, tu te promènes ; jouis de tout cela, ma chère fille, sois heureuse et reconnaissante, et écris-moi tout ce qui t'arrive et tout ce qui te passe par la tête. »

Le tendre vœu du père devait être exaucé complètement. Trente-trois ans plus tard, la fille mourante, qui le devançait à peine dans la tombe, disait à sa sœur avec des yeux où brillaient des larmes de reconnaissance : « J'ai été si heureuse ! Rien ne m'a manqué ! »

Au 29 octobre 1840, l'Europe redoutait de voir la guerre l'embraser tout entière ; elle sentait maintenant la situation se détendre peu à peu et le calme rentrait dans les esprits. « J'ai eu de bien bonnes nouvelles d'Alexandrie, écrivait M.Guizot à sa mère le 29 juin 1841. J'espère que nous allons enfin terminer cette affaire , et signer à Londres la convention qui proclamera le rétablissement de la bonne intelligence entre la France et l'Europe. Voilà huit mois que je m'applique à amener ce résultat sans le presser. Quand il sera arrivé, je serai bien aise qu'il se soit fait attendre. Nous aurons fait preuve en même temps de dignité et de prudence. Ceci sera une des plus grandes circonstances de ma vie. De 1832 à 1835, j'ai contribué, je crois, plus que personne, à maintenir ou rétablir l'ordre intérieur. En 1840 et 1841, j'aurai atteint le même résultat pour la paix extérieure. Si je sortais des affaires aussitôt après, j'emporterais, je crois, l'estime de l'Europe. Je tâcherai de ne pas la perdre en y restant. »

Le 19 octobre 1842, M. Guizot écrivait à M. de Barante, qui se trouvait à la campagne, ayant quitté Saint-Pétersbourg par suite de la malveillance que l'empereur Nicolas témoignait au roi Louis-Philippe : « Mon cher ami, je ne veux pas quitter Auteuil sans vous répondre. Je rentre demain à Paris. Il me semble que je vais rentrer dans le tumulte et la presse de l'hiver. Il n'en sera rien d'ici à la session. Je gagnerai au contraire le temps que me font perdre les allées et venues continuelles. Mon impression n'en reste pas moins ce que je vous dis. Ici, j'ai celle du repos ; à Paris, celle des affaires. Je les ai reprises depuis six semaines avec plus de soin et de suite qu'on ne peut y mettre au milieu du combat. Je m'en désole bien souvent, c'est un sentiment très pénible que de mal faire ce qu'on pourrait bien faire et ce qui, bien fait, ferait beaucoup de bien. En toutes choses, en fait de conduite comme de destinée, c'est le grand effort de la vie que de se soumettre à l'imperfection, sans en prendre son parti, et de garder au fond toute son ambition en acceptant toute sa misère. Si je m'estime un peu, c'est par là. J'ai appris à me contenter de peu sans cesser de prétendre à tout. La génération que nous avons vue s'éteindre, vous et moi, s'est perdue par la folie des prétentions. Celle que nous voyons commencer a de trop petits désirs.

« Votre impression sur l'état du pays m'a beaucoup plu. Je crois en effet que nous sommes dans la bonne voie. Mais nous y avancerons bien lentement et bien péniblement. Mettant à part tous les mauvais instincts, tous les germes de désordre qui s'y développent librement, les sociétés démocratiques ont ce vice incurable qu'elles abaissent la taille des hommes fort au-dessous de leurs affaires. Les destinées de la France se passent toujours en haut, leur horizon ne descend pas. Mais la vie et la vue des acteurs descend toujours. Il y a là une difficulté pratique qui se fait sentir à chaque instant, et dont je n'entrevois pas la solution. De là viendra, j'en suis convaincu, dans la session prochaine, mon plus grand embarras. Il faudra que je contraigne sans cesse mon public à monter, le public dont je dépends, dont nous dépendons tous. Cela le fatigue et le blesse. »

Et l'année suivante, le 2 novembre 1843, toujours à M. de Barante, l'un des rares amis de M. Guizot que le scrupule ou la crainte des révolutions n'ait pas décidé à détruire ses lettres : « Je suis bien en retard avec vous. Aussi ne m'écrivez-vous plus. Je travaille beaucoup. J'essaye de bien emmancher, de mener un peu loin des affaires que je ne ferai plus quand les Chambres seront là. L'Espagne et la Grèce sont en bon train. C'est tout ce qu'il y a aujourd'hui en Europe. La surface du voyage d'Eu a été très bonne. Le fond est encore meilleur. Pourvu qu'on ne le gâte pas ! Le gouvernement représentatif est comme Louis XI : il fait beaucoup de fautes, puis il les répare. Tout le monde me dit que la session sera facile. Je n'en crois rien. Il n'y a point de session facile. Et plus les affaires sont bonnes, plus tout le monde se met à l'aise. La belle parole de l'Évangile : « Ils se reposent de leurs travaux et leurs œuvres les suivent, » n'est pas de mise dans le gouvernement représentatif; ceux qui y rentrent ne se reposent point de leurs travaux, et leurs œuvres ne les suivront point. Il est vrai que l'Évangile ne dit cela que des morts, et il a raison. Le repos et la justice ne sont que pour les morts. Du reste, plus j'ai avancé dans la vie publique, plus ses contrariétés, ses traverses, ses épreuves, me sont devenues indifférentes. Je m'y suis aguerri, presque jusqu'à n'y plus faire attention. Il n'y a de vraies douleurs que celles de la vie privée, de la famille. Là seulement l'âme reçoit des blessures que le temps recouvre, mais ne guérit point, et qui la laissent de plus en plus faible, et hors d'état d'en supporter de nouvelles. »

C'était du château d'Eu, en attendant l'arrivée

de la reine d'Angleterre, que M. Guizot avait écrit à ses filles le 1er septembre 1843 : « Merci de vos deux lettres, mes chères filles, je les ai reçues hier au soir en rentrant dans ma chambre. C'est à toi que je réponds d'abord, ma chère Henriette. Pascal dit quelque part : « Qui passera le premier? Cet homme a-t-il plus de mérite que moi ? Question insoluble, dispute éternelle. Il est le plus âgé ou le plus titré. Pas de difficulté. Passez. » C'est ce qu'il y a de commode dans la société en Angleterre. Jamais d'embarras; jamais personne de choqué. Je l'étais, moi, quelquefois, en voyant un étourneau de vingt ans, duc ou marquis, passer avant un homme célèbre ou un vieillard respecté. J'avais tort. En accordant le pas aux titres, on ne leur accorde pas autre chose; on n'en reconnaît pas moins la supériorité intrinsèque du mérite personnel; seulement on supprime, dans la société, une foule d'incertitudes et de prétentions tracassières. Chacun sait son rang extérieur, matériel. Quant au rang moral, il reste ce qu'il est, en effet, une question toujours ouverte, une bataille qui recommence sans cesse et qu'il faut toujours gagner et regagner. De là beaucoup d'émulation, ce qui est la vie de la société, et peu d'envie, ce qui en est le fléau.

« Je cause comme un homme qui a bien dormi. J'étais fatigué hier au soir. Je dors en voiture comme il y a vingt ans, et ma voiture est beaucoup meilleure qu'il y a vingt ans : mais j'ai vingt ans de plus. Je suis très reposé ce matin, et le temps est toujours superbe. Pas de vent. C'est ce qu'il nous faut demain. L'entrée du Tréport est difficile. Nous ne savons pas du tout à quelle heure la reine s'y présentera. Elle doit être ce soir devant Cherbourg. Elle a un yacht-steamer d'une force supérieure, une machine de 450 chevaux, appliquée à un bâtiment très léger. C'est le désespoir du prince de Joinville qui est allé au-devant d'elle et qui dit qu'avec son *Pluton* et son *Archimède* il ne pourra jamais la suivre.

« Viendra-t-elle à Paris? On parie pour et contre. Je persiste à croire que non. Une promenade dans la forêt d'Eu, avec un beau *luncheon* sous la tente; un spectacle, un concert, voilà les plaisirs qu'on lui réserve, sans parler du charme de notre conversation. Autre question fort controversée : le roi ira-t-il au-devant d'elle en mer ? Ceci est très délicat. Nous sommes devenus, et avec grande raison, fort susceptibles sur le chapitre des accidents possibles. Le roi seul n'y veut pas penser. »

Ce fut au château d'Eu, au travers des conversations d'affaires, que se resserra l'amitié réciproque que M. Guizot et lord Aberdeen avaient conçue l'un pour l'autre pendant l'ambassade de M. Guizot en Angleterre. M. Guizot écrit dans ses mémoires sur cet ami qui lui devint si cher : « Lord Aberdeen, le plus libéral des torys, esprit grave et doux, droit et fin, élevé et modeste, pénétrant et réservé, imperturbablement équitable, cœur profondément triste, car il avait été frappé coup sur coup dans ses affections les plus chères, mais resté tendre et d'un commerce plein de charme sous des dehors froids et une physionomie sombre. J'étais loin de penser en le rencontrant quels liens d'affaires et d'amitié devaient bientôt nous unir; mais je ressentis et je puis dire que nous ressentîmes l'un pour l'autre un prompt et naturel attrait. »

Dix-huit mois après la visite de la reine d'Angleterre au château d'Eu, au début des discussions que suscitait, dans les chambres françaises et anglaises, la question du droit de visite sur les navires soupçonnés de faire la traite des noirs, M. Guizot écrivait à lord Aberdeen (12 janvier 1845) : « Lord Cowley m'a remis hier votre dépêche du 9. Je n'ai que le temps de vous dire que je la trouve pleinement satisfaisante, elle répond à mes sentiments comme aux vôtres. Elle est arrivée fort à propos : la discussion commence aujourd'hui à la Chambre des pairs, et commencera demain à la Chambre des députés. J'espère que dans l'une et l'autre Chambre elle aura une bonne issue, mais, en tous cas, soyez sûr que je ne ferai usage de votre résolution et de vos paroles que dans le même esprit qui vous les a dictées. Je ne vous en remercie pas, quoique j'en sois profondément touché. Nous faisons ensemble depuis trois ans, my dear lord Aberdeen, de la bonne, honnête et grande politique. J'ai la confiance qu'elle réussira et que nos deux pays en recueilleront les fruits ; mais, quoi qu'il arrive, cette politique-là aura ma reconnaissance, car je lui devrai votre amitié. — Ce qui m'a encore plus touché que votre dépêche du 9, ce sont les dernières lignes de votre lettre particulière du 3. Je ne vous dirai pas plus de paroles que vous ne m'en dites vous-même. Mais croyez que ce peu de paroles m'a été au cœur et y restera. — Parlez, je vous prie, de moi à sir Robert Peel, et demandez-lui pour moi un peu de l'amitié qu'il a pour vous. »

Lord Aberdeen tomba, et en tombant, il adressa à M. Guizot des paroles d'un regret et d'une confiance tendre et modeste que celui-ci n'oublia jamais. Mais son pays et le gouvernement de son pays restaient debout malgré les inquiétudes que pouvaient concevoir les amis de la paix européenne.

Lorsque M. Guizot tomba à son tour au mois de février 1848, la monarchie constitutionnelle tomba comme lui ; encore une fois le vent des révolutions emporta l'abri que la France avait cru stable. Pendant que ses amis anglais ignoraient encore le sort de M. Guizot, mis en accusation par la gauche, à la veille du jour où elle allait renverser le trône, lord Aberdeen, triste et inquiet, attendait impatiemment des nouvelles. L'une de ses belles-filles était auprès de lui ; elle lisait le journal : « M. Guizot est arrêté ! » s'écria-t-elle, rencontrant l'une des fausses nouvelles qui circulaient d'heure en heure. Elle se retourna ; son beau-père s'était évanoui dans son fauteuil.

Au lendemain des élections de 1846, et quelle que fût la violence des luttes parlementaires, M. Guizot paraissait triomphant, et l'œuvre qu'il avait entreprise semblait fermement assurée. Il n'en conservait pas moins le regret des joies de la famille qu'il était souvent obligé de sacrifier aux devoirs de sa situation. En 1847, il écrivait à sa fille cadette, momentanément séparée de sa sœur : « Certainement, ma chère Pauline, je t'écrirai à Trouville aussi souvent que je le pourrai. J'ai beaucoup à faire. La fin de la session est toujours surchargée. Mais je suis convaincu depuis longtemps que le temps ne manque presque jamais pour les choses dont on a bien envie, et j'ai bien envie que tu saches bien et que tu voies souvent que je t'aime de tout mon cœur. Quel dommage que la vie soit si courte ! On n'a pas le temps de se donner réellement, de se montrer seulement tout ce qu'on a dans l'âme quand on s'aime. On entrevoit à peine des joies qui seraient si douces à sentir, et qui pourraient se répandre partout et se renouveler à tout moment. Et on vieillit sans jouir pleinement du bonheur qu'on a devant soi. Et on se sépare les mains pleines d'un bonheur qu'on aurait pu, qu'on aurait voulu donner! Grâce à Dieu, ma chère enfant, on ne se sépare pas pour toujours; on se retrouve un jour; Dieu seul sait ce que sera ce jour-là, ce que nous serons nous-mêmes ce jour-là; il n'a pas jugé bon de nous le faire voir clairement, mais il nous est permis de l'entrevoir. Et je n'ai jamais compris, je comprends moins que jamais comment, sans cette perspective, on supporterait les épreuves de la vie, on se résignerait à ce que ses meilleures jouissances ont d'incomplet et de passager. » — Et le 2 juillet : « Ta lettre arrivée ce matin me plaît et me touche, ma chère Pauline, et j'y veux répondre. Tu as bien raison de te trouver heureuse, et je jouis de te voir jouir si vivement de ton bonheur. Garde ta joie et ta reconnaissance, mon enfant, et ne t'abandonne pas à de tristes prévoyances. Oui, les choses sont ainsi réglées, que le bonheur le plus légitime, le plus prolongé, ne nous reste pas toujours tout entier. Parmi ceux que nous aimons, les uns nous quittent; nous quittons nous-mêmes les autres. Notre vie tient à ceux qui nous ont précédés et à ceux que nous laissons après nous, et les uns et les autres de ces liens chéris se brisent ici-bas en attendant qu'ils se renouent ailleurs. Heureux, bien heureux quand ils ne se brisent que selon l'ordre naturel des situations et des âges, et quand il nous est donné de les retenir aussi longtemps que le permet la loi générale du monde. Ce sont les coups prématurés, les séparations contre nature qui bouleversent l'âme. Il faut bien les recevoir sans murmurer, comme des volontés obscures de Dieu qui, par quelque motif inconnu et incompréhensible pour nous, nous frappe là où nous nous croyions en sûreté, nous ravit ce que son ordre habituel nous donnait l'espoir de conserver, et ajoute aux douleurs de la séparation ce déchirement inattendu que nous avons bien de la peine à ne pas trouver cruel et illégitime. J'ai été frappé ainsi deux fois, ma chère enfant ; j'ai fermé deux fois les yeux aux êtres chéris qui devaient me fermer les yeux. Je me suis soumis, et je me suis soumis, j'ose le dire, non pas comme on subit la nécessité, mais comme on accepte la volonté divine, sans révolte intérieure, et en restant reconnaissant et confiant. Mais je ressens encore l'horrible surprise de ces coups. Que Dieu te les épargne ! qu'il ne t'envoie que des épreuves naturelles et que notre âme est bien forcée de prévoir ! et qu'il t'envoie en même temps le courage dont tu auras besoin pour les supporter ! Celles-là te seront déjà bien douloureuses, et je voudrais bien pouvoir me dire, mes chères filles, que j'ai épuisé votre part comme la mienne des douleurs imprévues, les plus pesantes de la vie ! »

Au commencement d'août, M. Guizot écrivait à

sa fille aînée : « Tu mènes, ma chère Henriette, une vie solitaire et tranquille. La mienne est solitaire et pas tranquille. Solitaire, quoique je sois presque continuellement avec du monde. Ma maison est solitaire. Je ne vous ai pas là pour aller cinq ou six fois par jour me délasser, me rafraîchir en vous voyant. C'est avec vous que j'oublie ma vie de travail et de lutte. Il me semble en entrant chez vous que je laisse mon fardeau à la porte. Plus j'avance dans la vie, plus mes affections tiennent de place au fond de mon âme. Je ne dis point, comme on dit souvent, que la vie publique m'a trompé, que j'en suis dégoûté, que je n'ai plus d'ambition, même de la grande et de la bonne, que je suis désabusé des hommes et du monde. Cela n'est point vrai. La vie publique n'a point trompé mon espérance. Je ne prends aux grandes affaires ni moins d'intérêt, ni moins de plaisir qu'il y a vingt ans. Je ne trouve point les hommes ou les choses humaines, ni le monde, au-dessous de ce que j'en avais attendu. Je n'ai pas du tout le sentiment de belles illusions perdues, d'une grande attente déçue. Je ne regrette point les rêves de ma jeunesse. J'ai bien plutôt l'impression que Dieu m'a donné plus que je n'avais entrevu, et l'expérience a confirmé bien plutôt que détruit mes plus belles et plus ambitieuses perspectives. Mais en même temps que les grands intérêts qui remplissent ma vie conservent pour moi toute leur valeur, j'ai réconnu leur insuffisance à remplir mon âme. Ni les préoccupations des affaires, ni les entraînements de la lutte, ni les succès d'amour-propre ne m'ont jamais absorbé et satisfait tout entier. Je ne me suis jamais senti vraiment et complètement content que par mes affections et au sein de mes affections. Et quand tout me réussirait d'ailleurs, tout serait pour moi bien peu de chose si mes affections me manquaient. La vie est dans le cœur, et le cœur est dans la famille. Et j'en suis plus sûr que personne, car j'ai connu et éprouvé tout le reste. Conclusion : je serai bien heureux le 14, aussi heureux que toi, ma chère enfant. J'aurais fait volontiers les cinquante lieues dans la nuit pour venir passer avec toi la journée de demain, et revenir ici dans la nuit suivante. Mais il n'y a pas moyen. Il faut que je sois demain à la Chambre des pairs. Je tiens à ce que cette fin de session soit bonne. J'y ai réussi depuis huit jours. Je ne veux manquer à rien. Je t'aime de tout mon cœur, ma chère Henriette, et je remercie Dieu du présent qu'il m'a fait, il y aura demain dix-huit ans. Ta mère serait bien heureuse aujourd'hui, si elle était près de nous. Entre tous mes regrets, celui-là n'est pas le moindre, de ne pouvoir partager avec elle le bonheur que me donnent les enfants qu'elle m'a donnés. De son séjour inconnu, elle le voit, elle en jouit, j'en ai la confiance. Que ce soit pour vous une récompense et un encouragement. Aimez la mémoire de votre mère, je n'ose pas dire comme vous l'auriez aimée elle-même, cela ne se peut, mais aimez-la tendrement, bien tendrement. Vous ne saurez jamais tout ce que vous lui devez, quoiqu'elle vous ait quittés si tôt. Quand je serai décidément vieux et tranquille, dans nos deux nids de retraite, la rue Ville-l'Évêque et le Val-Richer, je vous parlerai d'elle plus que je ne l'ai encore fait. Je vous la ferai un peu connaître. Je vous embrasse aujourd'hui toutes deux pour elle et pour moi. Et toutes deux embrassez pour moi votre excellente grand'mère qui a tenu sa place auprès de vous avec une tendresse et un dévouement qui ont fait plus que doubler la reconnaissance que je lui devais déjà pour mon propre compte. Que Dieu nous la garde longtemps encore ! C'est mon vœu de tous les jours, d'aujourd'hui plus que tout autre jour.

« J'espère que tu trouveras jolie la robe que je t'ai envoyée. Cette étourdie de Pauline ne m'a pas dit si mon paquet était arrivé : j'y compte pourtant. Elle m'aurait dit s'il n'était pas arrivé.

« Je suis charmé que demain vous ayez aussi Rosine avec vous. Vous ne rencontrerez jamais, dans le cours de votre vie, une plus tendre ni plus excellente amie, ni dont l'affection et les conseils doivent vous inspirer une plus entière confiance. Je ne sais si elle saura jamais toute l'estime et l'amitié profonde que je lui porte. Je le lui dirai peut-être quelque jour un peu plus que je ne l'ai encore fait.

» Adieu, ma bonne, ma chère Henriette. Le temps marche cependant. Le dernier jour de la semaine, nous serons ensemble. Prions tous Dieu que rien ne dérange cet avenir. Adieu, je t'embrasse de toute mon âme. Je ne suis que peu fatigué. Guillaume va très bien. Il dit qu'il t'écrira aujourd'hui une lettre énorme. Nous ne savons pas encore le résultat de la composition en thème grec. Il n'y avait pas de professeurs du collège Bourbon parmi les correcteurs. Guillaume a fait un barbarisme, ce qui rabat un peu ses espérances. Cependant toujours très gai, et très impatient, je t'assure, de vous revoir. Le collège, qui remplit son temps, n'absorbe pas son cœur. »

De loin ou de près, séparés ou réunis, c'était le plaisir de M. Guizot de veiller aux petits agréments de la vie pour ceux qu'il aimait. Souvent il lui arrivait de choisir lui-même les robes ou les rubans de ses filles; en leur absence il surveillait les réparations faites à leur chambre. « Je jouis beaucoup par avance du nouvel arrangement de votre appartement, leur écrivait-il. Vous serez vraiment bien, largement, sainement et commodément. On me promet qu'il ne fumera plus. J'ai tenu hier l'économe pendant dix minutes à voir et à revoir avec moi tous les coins et recoins de l'appartement. Prenez garde seulement à une chose, mes chers enfants; ne vous accoutumez pas à regarder toutes ces grandeurs, tous ces conforts, tous ces agréments comme nécessaires. Ils vous manqueront un jour. Je désire et j'espère que vous ne serez pas mis, en ce genre, à des épreuves aussi difficiles, que vous ne passerez pas par des situations aussi étroites que celles où je me suis quelquefois trouvé. J'espère que la situation à laquelle je suis arrivé servira à assurer la vôtre, et à vous établir de prime abord à un bon niveau dans le monde. Mais dans ce cas même, vous n'aurez probablement pas une aussi grande existence que celle dont vous jouissez aujourd'hui. Et, en tous cas, des embarras, des gênes, des épreuves de fortune sont très possibles et ne vous seront peut-être pas épargnés. Maintenez-vous bien au-dessus de ces épreuves-là. Elles sont si légères, si indifférentes auprès de celles qui touchent à notre âme et nous blessent bien autre part que dans les meubles et les habits. Il faut accepter et supporter les épreuves de fortune, non seulement avec courage et dignité, mais tranquillement, gaiement, comme des égratignures dans la vie et non comme de vraies blessures. J'ai passé ma jeunesse, et plus que ma jeunesse, entouré des modèles les plus parfaits et les plus simples en ce genre. Dans quelque jour de loisir, je vous en raconterai des détails qui vous iront au cœur en vous faisant rire. Vous en avez du reste de pareils sous les yeux. »

Le jour arrivait où, au sein de l'effondrement général, les enfants de M. Guizot devaient apprendre l'instabilité des choses humaines. Quelques mois après avoir reçu la lettre qu'on vient de lire, la seconde de ses filles, réfugiée à Londres, répondait en riant à l'une de ses amies anglaise qui lui demandait si elle allait souvent au parc : « Non, parce que l'omnibus, qui est notre voiture, ne passe pas dans le parc. » Elle avait facilement appris la leçon que son père avait cherché d'avance à lui inculquer. Les événements parlaient plus haut que les voix humaines, même les plus sages et les plus aimées. La révolution du 24 février 1848 avait tout enlevé à la fois, les belles espérances, les grandes perspectives d'avenir, les travaux depuis longtemps poursuivis avec tant d'effort et de sollicitude pour une patrie toujours plus chère à travers les incessantes vicissitudes de sa destinée. La patrie elle-même était momentanément enlevée à M. Guizot : mis en accusation, ainsi que ses collègues, il avait cherché comme eux un refuge à l'étranger.

Au premier abord, M. Guizot n'avait pas cru à cette nécessité ; il écrivait, le 25 février au matin, à sa fille aînée, de la maison de Mme de Mirbel : « Ma chère

Henriette, tes quelques lignes m'ont rendu très heureux, quelque étrange que soit ce mot pour moi aujourd'hui. Vous êtes toujours ma première sollicitude. Soignez bien votre grand'mère ; Dieu nous soutiendra tous, séparés ou unis, et il nous réunira. J'avais beaucoup d'amitié pour M. et Mme Lenormand. Aujourd'hui je les aime comme des amis de qui j'ai reçu le plus grand service que je puisse jamais recevoir. J'ai bien dormi. Je me porte bien. Point de fatigue physique. Je n'ai que l'âme fatiguée, mais beaucoup. Impossible de voir clair encore dans ce qu'il y a à faire et pour vous et pour moi. Restons encore comme nous sommes. Je suis soigné avec une ferveur d'amitié qui me touche profondément. J'ai rencontré hier dans une pauvre portière, dans un pauvre ménage de vieux artistes, une sympathie infatigable. Sachez-le pour vous rassurer et vous consoler un peu. Adieu. Je vous embrasse tous. Que Guillaume ne sorte pas du tout. Dès que je saurai un peu ce qu'il y a à faire, je vous le ferai savoir. Adieu encore, my dearest. J'ai bien envie d'embrasser aussi nos hôtes, tous. Quand tu m'écriras, dis-moi comment va Mme Lenormand. Il est possible que vous ayez bientôt à sortir, surtout pour veiller à l'arrangement de la rue Ville-l'Evêque. Ne sortez qu'avec Rosine ou avec Mme de Staël. »

La tourmente révolutionnaire était plus forte,

et plus menaçante pour la sûreté personnelle de M. Guizot qu'il ne le soupçonnait au premier abord. Lorsqu'il quitta Paris, ses enfants l'avaient devancé dans l'exil, emmenés en Angleterre par des amis dévoués. J'emprunte à un petit récit de ces jours cruels, écrit par sa seconde fille, le souvenir du moment de la réunion à Londres dans une maison hospitalière : « Le vendredi 3 mars, à six heures du soir, M. de Rabaudy arrive avec la nouvelle du débarquement de mon père à Douvres ; elle était dans un journal anglais, nous ne pouvions pas le croire. M. de Rabaudy nous dit qu'il va au chemin de fer attendre l'arrivée du train ; il y avait juste huit ans qu'il avait vu mon père arriver à Londres, comme ambassadeur. On pouvait bien dire en vérité : « Que « les temps sont changés ! » Combien j'ai demandé à Dieu de nous soutenir si notre espérance devait être trompée ! Nous osions à peine nous y laisser aller, et cependant le cœur est si disposé à croire ce qu'il espère ! Nous nous mettons à table, tous écoutant le moindre bruit. A sept heures, une voiture s'arrête devant la porte ; mon premier mouvement est de me lever et de dire : « C'est lui ! » On ne veut pas me laisser regarder ; cependant des pas retentissent dans l'antichambre ; on ouvre la porte, c'était bien lui ! Mon Dieu, toi seul sais ce qui s'est passé dans nos cœurs pendant ce moment de bonheur comme il y en a bien peu dans cette vie. Je ne

17

peux rien dire là-dessus; je ne peux décrire l'instant où nous avons été dans ses bras : c'est un souvenir qui est entré trop profondément dans mon âme pour que je le raconte ; mais, comme le disait mon père un moment après : « Il y a de bien « grandes compensations dans la vie, les plus gran-« des joies après les plus grandes douleurs ! » Mon père ! mon père ! nous ne pouvions que dire et répéter cela en le regardant. Il était bien pâle et bien fatigué, il avait tant souffert ! Son voyage avait été, grâce à Dieu, très facile. Après être sorti, le jeudi 24, du ministère de l'intérieur, vers une heure (comme on y amenait M. Odilon Barrot), il avait été caché par M^me^ Duchâtel chez une portière de la rue Vanneau : le soir, M^me^ de Mirbel était venue le chercher et l'avait emmené chez elle ; là elle l'a caché et soigné avec une amitié infatigable jusqu'au mercredi 1^er^ mars, où il est parti avec M. de Fleischmann, qui l'amena jusqu'à Bruxelles par le chemin de fer du Nord, comme son valet de chambre. Là mon père était hors de danger, et à Ostende il a pris le bateau à vapeur jusqu'à Douvres. Il n'a pas été reconnu en route, quoique à la gare du Nord à Paris il ait attendu une heure et quart, le train, qui devait partir à sept heures, n'étant parti qu'à huit heures et quart ; que d'actions de grâces n'avons-nous pas à rendre à Dieu ! »

Seule M^me^ Guizot manquait encore à la réunion

de la famille; restée à Paris qu'elle ne pouvait quitter tant que les voitures ne circulaient pas encore dans les rues coupées en tous sens par les barricades, elle avait étonné par la force de son âme les fidèles amis qui l'entouraient. Confiée d'abord aux soins affectueux de M. et Mme Lenormant, elle attendait chez Mlle de Chabaud-Latour le moment où elle pourrait entreprendre un voyage que son amie voulait partager. Parfois la perspective du départ pour un pays étranger à un âge très avancé semblait lui causer quelque effroi. « Je *veux* les retrouver, » répétait-elle alors, et la force de sa volonté l'emportait sur la faiblesse de son corps ébranlé par tant de secousses. Pendant les jours de la violence, ses petits-enfants avaient souvent béni Dieu de la surdité qui l'empêchait d'entendre les cris constamment proférés sous les fenêtres de la Bibliothèque royale, qui leur servait de refuge. Au chant du *Ça ira*, qui eût renouvelé pour elle tant de lugubres souvenirs, se joignait sans cesse la même menace : « A bas Guizot! la tête de Guizot! »

M. Guizot attendait sa mère, aussi courageusement que tristement ; il écrivait le 13 mars à M. de Barante : « Mon cher ami, je vous remercie de vos quelques lignes. Mon exil s'arrange aussi bien qu'il soit possible d'y prétendre. Quand ma mère sera arrivée, et je l'attends cette semaine, j'aurai auprès de moi tous les premiers objets de mon affection. On m'accueille très bien ici, presque comme si on n'avait jamais eu d'humeur contre moi. Mais je suis et je resterai profondément triste. Quel spectacle ! Quel avenir ! Malgré mon optimisme et au fond de mon âme, j'ai toujours cru le mal très grand, et c'était une des causes de mon ardeur dans la lutte. Mais je ne le croyais pas si grand. Je suis venu ici pour voir encore mieux combien il est grand. Il y a aujourd'hui à Kennington, tout près de Londres, un grand meeting de Chartistes, douze ou quinze mille, dit-on, qui se réunissent pour demander la moitié de ce que veulent les communistes de Paris. Les murs sont couverts d'une affiche de la police qui interdit toute réunion, tout cortège pour aller en masse au meeting ; exactement l'ordonnance de Delessert il y a trois semaines. Tout le monde, le duc de Norfolk et Lord Lincoln d'une part, les deux mille charbonniers de la Tamise de l'autre, toute l'aristocratie et toute la classe moyenne en descendant fort bas, s'empressent autour du gouvernement, et viennent prêter serment comme constables spéciaux pour le soutenir contre l'émeute. Et il y aura à Kennington plus de volontaires pour la réprimer que pour la faire ; cela est beau et douloureux à voir.

« Je ne vous dis rien de plus. J'ai trop à dire. J'ai l'esprit et le cœur également gros. J'ai voulu vous dire en deux mots ma vive amitié, ma constante affection, mon immense regret de ne plus vous voir. Je vais me remettre à travailler. J'ai trouvé à Brompton, tout près de Londres, une petite maison presque de campagne, suffisante et pas ruineuse. Je pourrai sans peine venir à Londres tous les jours ; adieu, cher, cher ami. »

Déjà, en effet, M. Guizot recommençait à travailler. Son désir intérieur le pressait comme la nécessité extérieure. Les ressources qui lui venaient de France étaient fort insuffisantes ; ses traitements de l'Université et de l'Institut avaient été mis sous séquestre ; il était décidé à ne recourir qu'à la dernière extrémité aux offres de services qui abondaient autour de lui ; il accepta l'offre de collaboration que lui fit M. Lenormant, naguère son suppléant dans sa chaire à la faculté des lettres. « Je ne vous remercie de rien, mon cher ami, lui écrivait-il le 24 mars ; mais je veux vous dire que votre lettre m'a touché, pas plus, mais autant que tout ce que vous avez fait, votre excellente femme et vous, pendant ces rudes jours. Je vous ai dû, pendant que j'étais séparé des miens, la meilleure part de mon imparfaite sécurité ; maintenant que je les ai autour de moi, et que je vais reprendre mes travaux, j'accepte sans hésitation la collaboration que vous m'offrez ; et j'espère que, si utile pour moi, elle vous sera à vous-même un peu profitable. Voici mes projets. Je veux tout reprendre à la fois :

« 1° Mon *Histoire de la révolution d'Angleterre;* c'est à l'histoire de la République et de Cromwell que j'en suis. Je l'écrirai ici (deux volumes) avec tous les matériaux possibles, imprimés ou manuscrits, que tout le monde mettra à ma disposition.

« 2° Mon *Histoire de France racontée à mes enfants.* Je l'avais commencée au Val-Richer en 1839. J'en avais écrit trois chapitres. Je crois pouvoir écrire en six volumes une histoire solide au fond, intéressante dans la forme, lisible par tout le monde et propre à devenir populaire. Je voudrais que vous m'envoyassiez une liste des histoires de France, grandes ou petites, précis élémentaires ou savants livres, écrits depuis Sismondi. J'ai perdu de vue cette littérature, j'ai besoin de la connaître. Je verrai quels sont ceux de ces livres que je puis trouver ici, et parmi ceux que je n'y trouverais pas, je vous prierai de m'envoyer ceux qui auraient quelque valeur. Je puis aller vite dans cet ouvrage, et je crois qu'il aurait ici même un grand débit.

« 3° Vous avez pressenti mon troisième projet : je veux continuer mon *Histoire de la civilisation en France;* beaucoup de matériaux importants me manquent ici, surtout pour l'histoire philosophique et littéraire, dont les faits ne sont recueillis nulle part et doivent être cherchés partout. Votre collaboration peut seule atténuer suffisamment cet inconvénient. Vous battrez tout le pays, vous ferez lever tout le gibier; vous me l'enverrez et je tâcherai de l'accommoder. Pour commencer, cherchez, je vous prie, et envoyez-moi une liste des principaux livres et documents que vous regardez comme indispensables pour l'époque à laquelle je me suis arrêté (XII^e^, XIII^e^ et XIV^e^ siècles). Je verrai ce que je puis me procurer ici, et je commencerai à remuer et à ordonner mes idées. Dites-moi ce que vous avez fait et publié vous-même sur ce sujet à la suite de vos cours; je ne suis plus au courant de rien. »

Quelques jours plus tard (31 mars), dans la petite maison que M. Guizot avait louée à Brompton, sa mère s'éteignit sans effort et sans secousse, comme un ouvrier lassé qui a fini sa tâche. Elle avait usé dans les souffrances et les angoisses des derniers jours, dans l'effort qui l'avait amenée auprès de son fils, tout ce qui lui restait de force physique. Le courage moral était resté inépuisable comme la tendresse. Elle ne parlait déjà plus, et ses regards suivaient encore avec intérêt tous les mouvements de ceux qu'elle aimait. Cependant elle mourait sans regret, murmurant à la dernière heure : « Je m'en vais le retrouver, » fidèle au souvenir de celui qu'elle avait perdu cinquante-quatre ans auparavant et qui n'avait pas cessé de remplir son âme. Son dernier vœu témoignait de cette préoccupation constante : « Vous me laisserez ici, dit-elle à son fils. Puisque je ne puis pas reposer auprès de ton père, je resterai où Dieu m'a prise. »

En mettant le pied à Londres, en se sentant pressée dans les bras de son fils et de ses petits-enfants, Mme Guizot avait dit : « Maintenant je puis mourir! » Quinze jours s'étaient à peine écoulés et elle mourait, maîtresse d'elle-même jusqu'à l'instant suprême, simple et ferme, soutenue par l'inébranlable foi qui l'avait portée à travers tant d'épreuves, laissant à ceux qui l'avaient connue le souvenir de l'autorité la plus naturelle et la plus incontestée, d'une grandeur simple qui allait jusqu'à la majesté. « Je crois la voir encore, a écrit M. de Sainte-Beuve et de ceux qui ont eu l'honneur de la voir une seule fois, quel est celui qui peut l'avoir oubliée? La vénérable mère de M. Guizot, dans cette mise antique et simple, avec cette physionomie forte et profonde, tendrement austère, qui me rappelait celle des mères de Port-Royal, et telle qu'à défaut d'un Philippe de Champagne, un peintre[1] des plus délicats nous l'a rendue, cette mère du temps des Cévennes, à laquelle il resta jusqu'à la fin de ses jours le fils le plus déférent et le plus soumis, je crois la voir encore dans ce salon du ministre où elle ne faisait que passer et où elle

1. M. Ary Scheffer, que M. Guizot appelait le peintre des âmes.

représentait la foi, la simplicité, les vertus subsistantes de la persécution et du désert[1] ! » Sa mort fut digne de sa vie. Elle avait accompli son dernier acte de dévouement en bravant la fatigue et la souffrance, en rompant avec toutes ses habitudes, pour venir retrouver son fils dans l'exil. Dieu lui avait enfin ouvert l'éternelle patrie.

« Chère amie, écrivait M. Guizot à Mme Lenormant (le 1er avril), Dieu vient de rappeler à lui ma mère. Elle avait merveilleusement supporté le voyage ; samedi dernier, un peu de rhume commença sans cause appréciable ; mardi, un frisson qui m'inquiéta. Le rhume a presque complètement disparu mercredi, mais une irritation et une faiblesse générales l'ont envahie. Peu de souffrance, une inquiétude instinctive dans tous les membres. Hier cette inquiétude même s'est calmée. Elle nous a fait ses derniers adieux, nous a donné ses derniers conseils, nous a vus et entendus presque jusqu'au dernier moment et s'est éteinte à sept heures et demie, le corps aussi tranquille que l'âme. Je garde une éternelle reconnaissance aux amis qui me l'ont envoyée et amenée ici. Elle leur a dû le repos et la joie de ses derniers jours ; moi, je leur devrai de ne m'être séparé d'elle qu'à son dernier moment, lorsque Dieu l'a ordonné, non pas les hommes.

1. *Nouvelles Causeries du Lundi*, vol. IX.

« Elle vous aimait beaucoup, beaucoup, vous, chère amie, et aussi votre mari et vos enfants. Elle ne cessait de me parler du temps qu'elle avait passé chez vous, de vos soins, de votre affection. Vous la pleurerez, et vous regarderez comme un bonheur dans votre vie de l'avoir connue et aimée.

« Madame votre tante[1] la préoccupait il n'y a pas six jours; dites-le-lui de ma part. Mes enfants vont bien. Pauline un peu enrhumée. Je reste seul avec eux, mes affections de l'avenir. Le passé de mes affections est clos. » — Et quelques jours plus tard (6 avril) : « Le rhume de Pauline s'en va. Guillaume a repris ses études avec moi, études un peu solitaires qui n'auront pas pour lui l'attrait de celles du collège, mais j'y suppléerai de mon mieux. La conversation lui plaît, il est naturellement animé et facile. Je ne le confierai à personne qu'à vous, mais jusqu'à nouvel ordre je le garderai. La séparation nous serait à tous très pénible, et je crois qu'à tout prendre, il vaut mieux qu'il reste avec nous. Vous avez un vrai cœur de mère pour mes enfants, et je ne reçois pas une lettre de vous sans que mon cœur de père ne soit vivement touché. Et aussi mon cœur de fils. Vous avez bien raison d'aimer ma mère comme vous le faites et comme vous le ferez toujours. Elle vous aimait tendrement et elle était très occupée

1. Mme Récamier.

de vous. Donnez-moi, comme pour elle, des nouvelles de votre santé, et soignez-la comme elle vous le recommandait. Hélas! tout est arrangé dans notre petite maison pour son éternelle absence. Nous l'avons conduite avant-hier à sa dernière demeure, au cimetière de Kensal Green, Harrow-road; il y a là un terrain réservé aux dissidents, presbytériens ou autres. Et dans ce terrain une place m'appartient, et son nom sera sur sa place; je suis sûr qu'il n'y a rien là qui ne lui convienne. »

Sur le tombeau de M^me Guizot, morte à quatre-vingt-quatre ans sur la terre étrangère, se lisent les mêmes paroles qui sont inscrites sur la pierre de sa petite-fille, M^me Cornelis de Witt, morte à quarante-deux ans, après une vie, elle aussi, laborieusement remplie. « Heureux sont dès à présent les morts qui meurent au Seigneur! car ils se reposent de leurs travaux et leurs œuvres les suivent! »

Le 15 avril, M. Guizot écrivait à M. de Barante : « Mon cher ami, vous dites bien vrai, j'aurais le cœur navré pour toute ma vie, si ma mère était morte loin de moi. Le jour où elle est arrivée, à peine assise, elle m'a dit en m'embrassant : « A pré-« sent je puis mourir. » Elle s'est éteinte presque sans maladie, sans souffrance, le corps à peu près aussi tranquille que l'âme, et je n'ai jamais connu d'âme qui conservât plus de sérénité dans la passion. Dans ses dernières années, elle s'était prise d'un intérêt vraiment affectueux pour vous, pour Mme de Barante, pour la pauvre enfant que vous avez perdue. Elle en parlait souvent à mes filles. Elle était de ceux qu'on ne doit pas et qu'on ne peut guère oublier.

« Mes enfants sont bien; je vis beaucoup avec eux; Guillaume a repris avec moi ses études. Je rapprends ce qu'il apprend. Nous lisons ensemble Homère et Thucydide, Virgile et Tacite, et nous causons indéfiniment de ce que nous lisons. Cela ne remplacera pas le collège, que rien ne peut remplacer, et qui était pour lui une patrie où il avait des affaires, mais c'est un travail assidu et un mouvement d'esprit qui lui plaît. Mes filles sont très occupées et heureuses. A de bonnes natures le courage est facile, et les premières épreuves de la vie excitent plus qu'elles ne fatiguent. Je me suis mis hors de Londres pour échapper un peu au monde qui voudrait m'envahir, les uns amis, les autres oisifs et curieux. Je suis rentré dans mes travaux : l'histoire de la révolution d'Angleterre et celle de la civilisation en France. J'y porte le même intérêt qu'autrefois, et j'y vois bien plus clair. J'avais commencé aussi, il y a dix ans, dans un été de loisir, au Val-Richer, une histoire de France pour mes enfants, qui devenait, à mesure que j'avançais, assez propre à d'autres lecteurs que des enfants. Je la continuerai. J'étais très fatigué, moralement surtout, l'hiver dernier. Fatigué et triste : non que je prévisse ce qui est arrivé ; mais je me sentais engagé dans une lutte que le succès aggravait au lieu d'y mettre fin, indéfiniment aux prises avec les erreurs vulgaires et les passions basses. Je me relève de ce pénible état d'âme ; je jouis de la liberté, de la non-responsabilité, dans un air qui n'est pas doux, mais qui est sain. Hors de moi, toutes mes préoccupations sont fort tristes ; en moi non. J'attends et j'attendrai avec patience, tant qu'il plaira à Dieu et sans savoir quoi. Je ne suis ni tombé dans ma pensée, ni découragé dans ma cause. Cela rend la résignation plus facile, même la résignation à long terme et tout à fait obscure. »

C'était avec ce courage serein, indomptable dans son optimisme, que M. Guizot attendait les destinées nouvelles que Dieu pouvait encore lui réserver. Comme son dévouement pour son pays n'était pas ébranlé, il travaillait à l'inspirer d'avance à ses enfants. Il écrivait, le 20 juillet 1848, à son fils, qui était à la campagne pour quelques jours : « Mon cher enfant, je ne veux pas que tu reviennes sans avoir eu aussi quelques lignes de moi. Je te remercie de ta lettre de ce matin. Sois tranquille, tu n'as pas besoin de beaucoup de paroles sur tes sentiments pour moi. Je le sais, et j'en jouis dans mon cœur sans t'en parler beaucoup à mon tour. La vraie joie dans les vraies affections, ce ne sont pas les paroles ; c'est la confiance mutuelle qui en dispense.

Je suis charmé que tu aies eu occasion de remonter à cheval. J'espère que, malgré la suspension, tu auras fait honneur à l'équitation française, qui n'est pas en grande renommée en Angleterre. Tu me diras, je l'espère, le nom de ton patron à cheval.

« Tu ne trouveras pas grands évènements dans les journaux que tu n'as pas lus. Assez pour t'intéresser cependant. Tout ce qui se passe en France t'intéresse vivement, et tu as raison. Il faut aimer son pays et se dévouer à lui, aimer son pays, aveugle et ingrat. Ta génération aura beaucoup à faire en France et pour la France. Vous ne réussirez pas pleinement, ni à votre pleine satisfaction. Le succès, très incomplet et très chèrement acheté, est la condition, la meilleure condition de ce monde. J'espère pourtant que votre part de succès sera plus grande que la nôtre, et pas si chèrement achetée. »

La première lueur d'une espérance prochaine de relèvement pour le pays parut à l'horizon pendant les sinistres journées de juin 1848. « J'ai besoin de vous serrer la main à vous et à votre mari, écrivait M. Guizot à M^me Lenormant, le 1^er juillet. Dieu veuille que vous n'ayez plus à traverser de pareils abîmes. Ma pensée ne quitte pas Paris et vous dans Paris. Sachez qu'ici l'effet est très bon. La France avait besoin de prouver qu'elle vivait ; la preuve est faite. Une société qui, après n'avoir rien su défendre, se défend pourtant ainsi elle-même n'est pas morte et ne mourra pas. On se dit qu'il faudra toujours compter avec elle. On commence à se dire qu'après avoir jeté l'Europe dans l'abîme, elle pourrait bien lui montrer comment on en sort. Avons-nous vraiment fait un pas décisif hors de l'anarchie sociale ? Ne sommes-nous plus en présence que de l'anarchie politique ? C'est encore bien assez. Ce serait beaucoup pourtant de n'avoir plus affaire qu'à celle-là. »

L'anarchie sociale diminuait : l'anarchie politique devait durer longtemps. M. Guizot ne fut pas appelé à redescendre dans l'arène pour la combattre. Il fut question, dans plusieurs collèges, de l'envoyer à l'assemblée nouvelle qui devait se réunir au commencement de 1849 ; mais soit pusillanimité, soit prudence, beaucoup de conservateurs trouvèrent à cette candidature un caractère bien provoquant. M. Guizot tint cependant à dire hautement, dans un petit écrit adressé aux journaux du Calvados, qu'il restait ce qu'il avait toujours été, un libéral et un conservateur, sans cesser d'être, en principe et par une conviction raisonnée, un monarchiste constitutionnel. Mais, cela fait, il attendit en Angleterre la résolution que prendraient ses amis. Il écrivait à sa fille aînée, le 18 avril 1849 : « Tu ne m'as pas dit assez précisément comment va ta gorge. Soigne-toi bien et rapporte-la-moi guérie. Il fait très froid. Il doit faire encore plus froid sur les Alpes du Kent. Je suis rentré hier à quatre heures couvert de neige. Cette nuit, une vraie tempête. La malle a pourtant passé sans rien apporter, du moins jusqu'à présent. Mes lettres de Paris ne m'arrivent guère qu'à trois heures. Hier, déluge de journaux de toute espèce, sur mon manifeste, une quinzaine, *le Temps*, *le Pays*, *le Crédit*, *la Vraie République*, *la République*. Fureurs des républicains, terreurs des modérés. Je suis la monarchie. Cela n'aidera certainement pas à mon élection, mais cela me fait la position qui me convient. Je suis fort accoutumé au mélange des compliments et des colères. Je n'en ai jamais vu davantage. On te garde tous les journaux. Je n'ai point de nouvelles du Calvados. Je suis convaincu que, déjà fort troublés, ce vacarme des journaux les troublera encore davantage et qu'ils se réfugieront dans une respectueuse inopportunité. Nous passerons l'été au Val-Richer. Prie Dieu qu'il soit beau. Du repos et un travail qui me plaît, entre nous, dans un joli pays et par un beau temps, j'en jouirai beaucoup. »

La candidature de M. Guizot fut abandonnée; il rentra au Val-Richer (juillet 1849), quelques mois après l'ordonnance de non-lieu qui lui avait rouvert, ainsi qu'à ses collègues, les portes de la patrie. Il avait trouvé en Angleterre de vrais amis, une sympathie et une estime générales qui l'avaient profondément touché; son exil en avait été adouci; c'était l'exil cependant, et il jouissait vivement de se retrouver en France, dans un lieu qu'il aimait, entouré par les amis qui s'empressaient autour de lui. Il était préoccupé de l'état de son pays, sans en être effrayé. « Ne craignez pas pour moi le découragement et la tristesse, écrivait-il à Mme Austin, dont l'amitié était l'une des plus intimes et des plus sûres qu'il eût laissées en Angleterre. Je suis très triste en effet, mais point de cette tristesse qui abat et irrite l'âme. Pour l'avenir de mon pays, et de la bonne cause dans mon pays, j'ai toujours confiance. Je crois très grave la maladie dont notre société, comme bien d'autres, est atteinte, et nous sommes dans l'une des plus honteuses phases de notre maladie; mais je suis décidé à ne pas croire, et je ne crois réellement pas, que ce soit là le dénoûement de la glorieuse histoire de la France. Nous nous en relèverons. Pour ce qui me touche personnellement, j'ai eu dans le cours de ma vie, déjà longue, tant de bonheur public et privé, que je ne me sens nul droit de me plaindre. Un de vos plus nobles cavaliers, le duc d'Ormond, disait après la mort de son fils, lord Ossory: « J'aime mieux mon fils mort que « tout autre fils vivant! » J'en dis autant de mon bonheur passé. Dans ma vie publique, Dieu m'a fait l'honneur de m'employer à trois grandes choses : l'éducation du peuple, la fondation d'un gouvernement libre et le maintien de la paix. De ces trois œuvres difficiles, la troisième a réussi au delà de mon attente; l'épreuve qu'elle subit en ce moment le démontre. Les deux premières ont, j'en conviens, l'air bien compromises; je suis convaincu qu'elles en ont l'air plus qu'elles ne le sont réellement. Nous traversons une orgie. J'ai la confiance que les idées que j'ai voulu répandre, les institutions que j'ai voulu fonder, s'y épureront au lieu d'y périr. Je n'assisterai peut-être pas à leur succès, mais j'aurai veillé auprès de leur berceau. Pour ma vie intérieure, Dieu m'a ôté les plus beaux, les plus doux des biens qu'il m'avait donnés; mais il me les avait donnés et j'en ai beaucoup joui, et j'en jouis beaucoup encore. Je me croirais injuste et ingrat, non seulement envers lui, mais aussi envers ces créatures excellentes et charmantes que j'ai eues à moi pendant tant d'années, si les joies dont elles m'ont comblé ne retentissaient pas encore dans mon âme. Elles peuplent et charment aujourd'hui ma solitude. Je ne devrais pas dire ma solitude; car j'ai autour de moi mes enfants, très heureux et très tendres pour moi. Mais voici mon mal, chère madame Austin, le mal dont je tâche de ne jamais parler. J'ai perdu tout sentiment de sécurité dans mes affections, et je ne me sens plus en état de supporter les coups nouveaux qui pourraient m'atteindre. Dieu veuille me les épargner! »

Ce fut en effet le mal constant et secret de l'âme de M. Guizot qu'une inquiétude continuelle et opiniâtre sur ceux que Dieu lui avait laissés. Il ne leur en fit jamais porter le poids par des soins excessifs et tracassiers. Le cruel souvenir des chagrins passés faisait sentir d'autant plus vivement la tendresse présente. « Ta lettre de jeudi m'a été au cœur, mon cher enfant, écrivait-il à son fils, le 16 octobre 1849; certainement non, une affection n'a pas besoin d'en expulser une autre pour se faire place. J'aime ton frère François comme s'il était toujours là, et je t'aime, toi, comme si tu avais toujours été mon seul fils. Je te parlerai de lui. Je te dirai combien il était excellent et charmant, et pourquoi je fondais sur lui tant d'espérances. Ce sera toi, mon cher enfant, qui seras chargé de les réaliser. J'y compte, et je t'y aiderai en te donnant, en toute occasion, mes sincères avertissements et conseils. Pour commencer tout de suite, fais passer tes études de collège avant tout; ne leur enlève jamais que le temps dont elles n'ont pas besoin. Inquiète-toi par-dessus tout que cette affaire-là soit faite et bien faite; c'est la plus grosse, pour moi comme pour toi; j'y tiens bien plus qu'aux petites commissions que je puis te donner. Quand j'aurai quelque chose de réellement pressé à te demander, je t'avertirai que c'est pressé. Tu as raison de continuer à donner à tes études les développements dont tu as pris l'habitude à King's College. Que cela ne te détourne cependant pas de te conformer exactement aux habitudes, méthodes et exigences des études françaises et de les satisfaire pleinement. Il faut être d'abord de son pays, et faire tout ce qu'il y a de bon dans ses travaux. Puis on emprunte aux autres pays tout ce qu'on peut de ce qu'ils ont de bon. Je suis charmé de te voir si en train et si heureux de la vie d'études. Tu amasseras là, pour ta vie d'affaires, des trésors de force et de plaisir : de force dans la bonne fortune, de plaisir dans la mauvaise.

« Parle-moi un peu, quand tu en auras le temps, des lectures françaises que vous fait faire M. Nisard et de la façon dont il les commente. Du reste, tu n'auras pas longtemps à prendre sur ton temps pour m'écrire ; nous retournerons à Paris dans un mois, vers le 15 novembre ; ce sera une grande joie pour tous. Et les conversations prennent moins de temps que les lettres et se placent à toute heure. Adieu, mon enfant, je t'embrasse de tout mon cœur. »

M. Guizot avait eu la joie de marier ses filles à son gré (mars-mai 1850). MM. Conrad et Cornelis de Witt étaient devenus véritablement ses fils ; l'étroite intimité de la famille autour de son chef s'était étendue sans se relâcher. Il en jouissait avec un grand repos d'esprit. « Je n'envie qu'une situation, disait-il naguère en riant, c'est celle d'un homme qui a bien marié ses filles. » — « Je suis maintenant de ceux qu'on doit envier, » répétait-il plus tard. Tous ses enfants étaient réunis autour de lui au Val-Richer ; il avait admis dans le cercle de ceux qui lui appartenaient, l'unique sœur de ses gendres, Mlle Élisabeth de Witt, ainsi que la sœur de leur mère, Mlle Temminck. Celle-ci devait passer dans le même lieu toutes les dernières années de sa vie, et y mourir enfin, sans l'avoir quitté. M. Guizot continuait assidûment ses travaux ; l'*Histoire de la révolution d'Angleterre* y tenait la première place ; quelques écrits de circonstance, quelques petits voyages, en avaient seuls interrompu le paisible cours. M. Guizot écrivait, des bords du Rhin, à sa fille aînée pendant l'été de 1850 : « Aujourd'hui est encore à toi, ma chère Henriette. Je calcule que si je ne t'écrivais que demain, ma lettre ne t'arriverait peut-être que le 7 au lieu du 6 ; je veux être plus exact de loin, puisque j'ai fait le sacrifice d'être près. Vrai sacrifice. Dieu t'a bénie, ma chère enfant, qu'il te garde les bénédictions qu'il t'a données ! Qu'il t'en donne de nouvelles chaque année ! Et qu'il te donne de mériter toutes celles qu'il te donnera, et de t'incliner sans murmurer devant celles qu'il te refusera. Jouir vivement de ses dons et ne pas murmurer de ses coups, c'est toute la vie. La douleur sans murmure est encore bien amère, mais elle ne bouleverse pas toute l'âme. Je n'ose espérer que Dieu t'épargne toujours ses épreuves; on ne vit pas, on n'est pas heureux impunément. Que du moins le fond de ton bonheur ne soit pas atteint; que Dieu te laisse toujours l'appui du bras qu'il t'a donné pour te soutenir dans les mauvais pas. Je ne sais faire pour toi qu'un seul vœu, ma chère enfant; je fais le même pour vous deux. Soignez-vous l'un l'autre. N'ayez pas trop l'aveugle et précipitée confiance de la jeunesse. Je ne tarderai pas à être auprès de vous pour y veiller moi-même, autant qu'on y peut veiller. Je n'ai pas encore une ligne de vous, de personne de vous. J'en attendais une hier. En calculant mieux, je ne m'étonne pas beaucoup de mon mécompte. Mécompte cependant. J'ai vu l'écriture de Guillaume sur une lettre qu'il m'a fait renvoyer de Paris. C'est quelque chose. J'espère bien avoir mieux aujourd'hui. Je vais probablement passer la matinée à Stolzenfels, le beau château du roi de Prusse sur le Rhin. Je me porte très bien, et je prends un vrai plaisir à la très jolie nature qui m'entoure. J'ai monté hier, mon bâton à la main, sur la pointe la plus élevée de ma montagne favorite, entre les sept ou huit au milieu desquelles Ems est enfermée. Je croyais qu'il y aurait quelque mérite à cette escalade. Pas le moindre. Un large sentier un peu raide, mais bien tracé et bien entretenu, monte jusqu'au dernier sommet, avec des bancs de distance en distance, pour qu'on jouisse à son aise des aspects changeants de la vallée et de la rivière, qui tournent, l'une avec l'autre, tous les cinq cents pas. Trois quarts d'heure pour monter, vingt minutes pour descendre. C'est une charmante promenade. Après le dîner j'ai été voir Nassau, très jolie petite ville à une heure d'ici. Au-dessus de la ville, à droite sur une montagne isolée, couverte de bois très verts, très sombres, les ruines du vieux château primitif de la maison de Nassau; dans la ville même, au milieu de beaux gazons et de beaux arbres modernes, catalpas, tulipiers, saules pleureurs, le château restauré et agrandi, il y a trente ans, du baron de Stein, qui s'est retiré là après 1814, brouillé avec le roi de Prusse, à qui il reprochait de ne pas tenir ce que le roi avait promis au mouvement national qui avait délivré son royaume. Je suis entré; j'ai demandé à visiter l'appartement qu'occupait M. de Stein, où il est mort, une tour qu'il avait fait bâtir lui-même à l'un des angles du château. Une vieille *Beschüsserin*, d'une bonne, grave et douce figure, bien mise, est venue m'ouvrir. Dans le cabinet de M. de Stein, son bureau, ses meubles, sont en bois noir, une statuette de Christ couché après la descente de la croix en marbre blanc; des portraits, Luther, Melanchthon, quelques ancêtres, et le baron de Stein lui-même; partout ses armes, des bas-reliefs de saints, saint

Adalbert, saint Alexandre de Newski, tout un ensemble féodal et chrétien, dans un bâtiment moderne et tout neuf, un souvenir et un sentiment grand et profond, mêlé d'un peu d'enfantillage factice. J'ai voulu en descendant donner un thaler à la *Beschüsserin;* elle a doucement repoussé ma main; elle ne voulait ni l'accepter ni me fâcher; mon hommage à son vieux maître lui plaisait, non pas mon argent. Je n'ai pas insisté et je suis sorti. Le château n'est habité que par la fille du baron de Stein, la comtesse de Giech, veuve, déjà près d'être vieille. Je n'ai pas dit mon nom, il aurait fallu la voir, et je ne voulais voir que ce qui restait de son père mort. »

Deux ans s'étaient à peine écoulés depuis la chute de l'édifice politique auquel M. Guizot avait attaché « le travail de sa vie, et l'honneur mondain de son nom[1] », et le roi Louis-Philippe venait déjà de quitter la terre, expirant au château de Claremont (26 août 1850). Quelques-uns des enfants de M. Guizot voyageaient alors en Angleterre; il leur écrivit aussitôt : « Vous aurez trouvé en arrivant à Brunswick Hotel une lettre du général Dumas pour t'annoncer la mort du roi. Je vous suppose donc partis aujourd'hui pour Ketteringham. Portez bien exactement tous les trois le deuil du roi. C'est un devoir poli-

1. Testament de M. Guizot.

tique et un devoir personnel. Vous êtes en Angleterre ; portez-le comme les Anglais porteraient le deuil de leur roi. Écris à Mme Mollien, qui est à Claremont, en lui demandant de vouloir bien exprimer à la reine tes sentiments de respectueuse sympathie. Huit jours avant votre départ, tu récriras à Mme Mollien ou au général Dumas pour demander les ordres de la reine, et dire que vous ne demandez pas à lui rendre vos devoirs, ne sachant pas si elle reçoit personne, mais que, si elle vous recevait, vous en seriez bien heureux et reconnaissants.

« Je m'attendais à la mort prochaine du roi. C'est un évènement pour tout le monde, c'en est un pour moi. Il a tenu beaucoup de place dans ma vie, et mon nom est fort lié au sien. A tout prendre, le monde a vu bien peu d'aussi vraiment bons rois. Il a donné à la France dix-huit années du gouvernement le plus sensé, le plus juste, le plus libre et le plus bienveillant qu'elle ait jamais connu, et que probablement elle soit jamais destinée à connaître. »

M. Guizot ne devait lier son nom à nul autre gouvernement que celui dont il traçait ainsi le portrait. Les évènements qui l'éloignèrent définitivement de la scène politique se préparaient déjà ; l'unité de sa vie devait rester entière comme la liberté de son esprit. Le 8 juillet 1850, il avait écrit à M. Piscatory, depuis longtemps son ami intime en dépit des nuances diverses de leurs jugements et parfois de leurs opinions : « Mon cher ami, vous faites toujours très bien de m'écrire, et je vous en remercie toujours. Quand nous sommes du même avis, j'en suis charmé. Quand nous ne sommes pas du même avis, je veux savoir pourquoi. Dans ce cas-ci, je voudrais bien que vous eussiez raison. Je ne regarde pas la république comme étant, en soi, le meilleur gouvernement ; j'estime et j'aime mieux la monarchie constitutionnelle. Mais enfin, je sais que la république peut être un beau et bon gouvernement, et pour mon compte je m'en arrangerais très bien. Par malheur, je crois savoir aussi que ce gouvernement-là veut, de la part du pays, plus de bon sens et de vertu qu'aucun autre. Or, si nous avons aujourd'hui la république, ce n'est pas à cause du bon sens et de la vertu que nous avons, mais à cause du bon sens et de la vertu qui nous manquent. De là mon jugement sur le présent et pour l'avenir.

« Il y a deux hommes que je connais comme si j'avais passé ma vie avec eux : Cromwell et Washington. Tenez pour certain que ni l'un ni l'autre n'auraient cru un moment à la république que nous avons ; l'un l'aurait jetée bas ; l'autre ne s'en serait pas mêlé. Si vous pouvez la changer pendant qu'elle dure, faites. En attendant, j'attends et je persiste.

« Je crois tout à fait ce que vous me dites du moment actuel. Le président peut laisser venir 1852; il sera réélu, par l'excellente raison qu'il n'y a que lui à élire. C'est comme nous en 1830, qui disions : *le roi de notre choix.* Et une fois réélu, il se peut, en effet, qu'il ne puisse pas rester ce qu'il est aujourd'hui, et qu'il puisse devenir autre chose. Je n'y vois pas de si loin, mais j'entrevois la chance dont vous me parlez. Nous verrons alors. Je ne crois, pour alors, quels que soient les noms, à rien qui soit réellement différent de ce qui est aujourd'hui. Ce qui est peut durer, mais non changer. Nous sommes sous un arbre qui ne grandit ni ne s'enracine, qui ne pousse ni sur terre, ni sous terre, mais qui reste et peut rester longtemps debout.

« Si on veut vous mettre dans la commission des vingt-cinq pendant la prorogation, je ne vois pas pourquoi vous diriez non. Ce n'est ni à rechercher ni à éviter. Vous n'êtes pas de ceux qui fuient les missions difficiles ou périlleuses, et vous êtes de ceux qui se tirent toujours bien de l'eau quand ils y sont jetés. Vous souvenez-vous que vous avez sauté une fois du pont de la Concorde dans la rivière pour sauver un homme qui se noyait? Vous n'avez pas sauvé l'homme, mais vous êtes très bien revenu. C'est ce qui vous arriverait encore. »

Dans l'intérieur de la famille, M. Guizot voyait les joies nouvelles que lui avait apportées la naissance de deux petites-filles, troublées par la frêle santé de l'une d'elles; l'aînée de ses filles était restée à Paris soignant son enfant malade. M. Guizot lui écrivit, le 16 juillet 1851, dans un moment d'espérance : « Je suis charmé de ce mieux soutenu, ma chère enfant. J'espère tout à fait que la bonté de Dieu et les soins humains sauveront cette pauvre petite enfant. De tous les mystères de notre destinée, le plus grand pour moi, c'est celui de ces créatures à peine nées qui apparaissent dans la vie et en sortent sans l'avoir connue, sans avoir seulement su qu'elles vivaient. J'accepte avec confiance le dessein de Dieu sur elles, parce que c'est un dessein de Dieu ; mais il m'est absolument impénétrable. Que ce ne soit pas là le sort inconnu de ton Elisa ! qu'elle prenne vraiment possession de la vie ! qu'elle te connaisse, qu'elle te sourie, qu'elle t'entende, qu'elle te parle ! Et puis, qu'elle ait sa part de nos joies et de nos douleurs humaines. Je peux la suivre dans cet avenir-là. Si elle nous était retirée demain, elle m'échapperait complètement; je la regretterais presque sans l'avoir vue, comme un éclair qui promettait un plein jour, un beau jour et qui a tout à coup disparu. Je prie et j'espère avec toi, ma chère enfant. »

Dieu reprit à lui l'enfant qu'il avait donnée; M. de Witt était souffrant et triste comme sa femme; tous deux partirent pour Rome, afin d'y passer l'hiver. Les inquiétudes politiques étaient grandes, et le moment pénible pour une séparation. Plus que jamais, M. Guizot écrivait à ses enfants, suppléant pour eux aux ignorances qu'amène l'absence. « Nous voilà rétablis à Paris, ma chère enfant, au milieu du bruit, écrivait-il le 15 novembre 1851. Je n'y prends pas grand plaisir, et j'y perdrai beaucoup de temps sans grand résultat. Mais il n'y a pas moyen de faire autrement.

« J'ai retrouvé Guillaume. J'en suis très content. Ses nouvelles études l'intéressent. Je reprendrai après-demain mes conférences philosophiques avec Cornelis et lui. J'ai lu ce matin de lui une dissertation sur le lien du bien moral et du beau dans les œuvres littéraires, pleine d'idées justes et de son cru, bien agencées et bien exprimées. Il travaille beaucoup. Je passe de lui à ce qui nous entoure. La situation est fort tendue et critique. Paris est assez animé, c'est-à-dire les politiques dans Paris; car la tranquillité, bien plus, l'apathie, est d'ailleurs générale. Au fait le public n'a pas grand'peur. Avant-hier, les chercheurs de crise étaient ou se croyaient effrayés: un coup d'État dans la nuit; les portes de l'Assemblée fermées; les meneurs arrêtés. On s'est réuni, trente ou quarante personnes, chez le questeur M. Baze; et là, on a passionnément cherché pendant la première moitié de la nuit comment on pourrait se défendre. Aucune attaque n'est venue, et tout le monde est allé se coucher. M. Berryer demandait à

M. Dupin : « Indiquez-moi donc une petite porte par « où l'on puisse rentrer dans la Chambre et vous y re- « joindre, si vous y étiez attaqués. — Ma foi, dit Dupin, « je cherche s'il y en a une par où l'on puisse sortir. »

« Voici comment ma vie est réglée. Je me lève à sept heures, je travaille jusqu'à dix. Ma toilette. Je reçois de onze à une heure, ce qui va bien près de deux. Je remonte dans mon cabinet. Je sors à trois heures, soit pour l'Académie, soit pour aller voir Mme de Lieven. Je rentre à cinq. Conférence de philosophie. Je sors le soir comme à mon ordinaire. J'y aurai de la peine; mais je suis décidé à maintenir mes heures de solitude. Je veux absolument finir mes travaux commencés.

« La séance pour la réception de M. de Montalembert est fixée au 18 décembre. Je t'y regretterai beaucoup. Je te promets de penser à toi en parlant.

« Tes récits me plaisent beaucoup. Ne te fatigue pourtant pas trop à écrire. Tu as reçu des cérémonies de la chapelle Sixtine l'impression que j'aurais prédite. Le culte catholique s'est formé et développé dans des temps et au milieu de populations si barbares et si misérables, que les deux ressorts de l'autorité et de la pompe extérieure étaient indispensables et presque seuls efficaces. On n'arrivait aux âmes que par les yeux ou par la force, en frappant ou en charmant les imaginations. De là les deux caractères essentiels de l'Eglise catholique, l'éclat extérieur et la séparation complète du clergé et du peuple. Quand l'âme humaine est devenue beaucoup plus active et plus difficile, il a fallu faire à la vie intérieure et à chaque individu une plus large part. De là les deux caractères essentiels de la Réforme : dans le culte, la prédominance de l'intérieur sur l'extérieur; dans l'Église, la prédominance des fidèles sur le clergé. Les deux systèmes ont correspondu à l'état des sociétés et des âmes.

« Ta tristesse, ma chère enfant, tu la garderas. Dieu te donnera, j'espère, des consolations plus efficaces que les distractions du monde; mais les consolations même les plus efficaces et les plus intimes ne fermeront pas complètement la plaie du coup qui t'a frappée. J'ai été, dans ma vie, bien des fois et bien rudement frappé et bien merveilleusement guéri tour à tour; mes bonheurs et mes malheurs, tu le sais, sont tous là, autour de moi, dans ma chambre; je ne lève pas les yeux sans rencontrer tous ensemble mes plus doux et mes plus tristes souvenirs; ils se réunissent et se confondent dans mon âme si intimement que je ne les distingue presque plus, et qu'en regardant toutes ces chères images, je retrouve presque en même temps toutes les joies et toutes les douleurs que j'ai reçues. Rien de ce qui a été véritablement senti ne s'efface; les orages qui bouleversent le cœur s'apaisent à la surface comme les autres, mais ce qui a réellement pénétré au fond y demeure. Le souvenir de ta chère petite Elisa vivra en toi, à côté des autres biens que t'accordera, j'espère, la bonté de Dieu. Tu peux régler ta vie comme tu voudras; la place qu'elle y a prise y restera toujours. »

La réception de M. de Montalembert à l'Académie française avait été retardée par le coup d'État du 2 décembre et par une indisposition du récipiendaire. Elle eut lieu le 5 février 1852; M. Guizot écrivit le lendemain à sa fille : « Quelques lignes ce matin, ma chère enfant, pour ton plaisir et pour le mien. La séance de l'Académie a été belle; une foule immense; plus de deux cents personnes s'en sont allées faute de place. Une émotion générale et vraie. Mon discours est correct et complet dans les *Débats*. L'épreuve en avait été envoyée de bonne heure à la censure, et elle avait fait des suppressions. L'ordre a été donné d'en haut de supprimer les suppressions, et de laisser paraître le discours tel qu'il venait d'être prononcé. Des suppressions avaient été faites aussi dans le discours de M. de Montalembert; ordre a aussi été donné d'y renoncer. Pas à toutes cependant; on a persisté à rayer deux ou trois passages. C'est, je crois, la première fois, depuis 1811, que la censure s'applique aux discours de l'Académie. Mais la censure d'aujourd'hui est très modérée et libérale à côté de celle de 1811; le discours de M. de Chateaubriand fut supprimé tout entier et tout à fait, à la lecture comme à l'impression. Même là, il y a progrès. Tu reconnais là mon optimisme.

« J'avais eu envie de t'envoyer une copie de mon discours, pour que tu le lusses avant le public, comme si tu avais été ici. J'y ai renoncé, de peur des indiscrétions postales.

« Lord John Russell a sévèrement, mais très justement, traité lord Palmerston, qui s'est bien faiblement défendu et avec grand embarras. J'en suis charmé. La justice tardive n'en est que plus éclatante. Je n'ai pas la prétention qu'elle se fasse toujours en ce monde, même tard; je crois qu'il faut souvent l'attendre plus longtemps et ailleurs. Mais quand elle arrive assez tôt pour que les yeux mortels la voient, c'est une vue rassurante et rafraîchissante.

« Adieu, je vous embrasse tous deux. Le temps coule pourtant. Nous avons franchi le sommet de la montagne qui nous sépare. Nous sommes sur le versant du bon côté. »

Et le 25 février : « Je pensais bien, ma chère enfant, que mon discours te plairait, particulièrement le passage dont tu me parles. Moi aussi, il y a longtemps que j'admire et que j'aime ce texte de N. S. [1], comme l'expression non seulement d'une

1. Évangile selon saint Jean, chap. II, vers. 2.

grande bonté, mais aussi d'une profonde vérité. C'est le tort commun, d'une part de l'Église catholique, et de l'autre des sectaires, de méconnaître cette vérité; exclusivement préoccupés, les uns et les autres, de l'unité de la foi et du but, ils oublient la diversité des routes et des demeures, et ils deviennent étroits et tyranniques; l'Église catholique dans sa vaste sphère et les sectaires dans leur petit coin dénaturent et démentent ainsi l'Évangile, qui est à la fois un et absolu dans la doctrine, large et libéral envers les âmes. Si j'avais vingt ans de moins, je les consacrerais à mettre en lumière et en puissance cette vérité, qui est spécialement appelée et nécessaire de nos jours dans l'état de la société et des esprits, et que les chrétiens, catholiques ou protestants, doivent accepter et promulguer hautement, s'ils veulent que le christianisme reprenne son fort et salutaire empire. Mais je suis trop vieux; je puis encore voir et montrer la vérité, je ne puis plus entreprendre pour elle ces luttes ardentes et longues qui sont ici-bas sa condition et son triomphe.

« Voici le tort de M. de Montalembert envers 1789 et l'Assemblée constituante. Tout ce qu'il a dit est vrai, tous les reproches qu'il a adressés à ce temps sont fondés; mais il a omis de dire en même temps trois choses également vraies et qui devaient entrer dans son appréciation. 1° Le bien et le mal sont si profondément mêlés dans tous les actes et tous les évènements humains, que, dans les meilleurs et les plus salutaires, le mal abonde, mal moral et mal matériel : témoin les persécutions et les guerres et les iniquités et les démences religieuses au milieu de la propagation du christianisme. Ce n'est pas une raison de méconnaître le bien mêlé au mal, ni de les confondre dans un même anathème. 2° En 1789, au milieu de la fausseté des idées et de la faiblesse des mœurs, les bonnes intentions dominaient, grande circonstance atténuante, et qui doit toujours être présente dans le jugement et le langage sur cette époque. 3° 1789 n'a pas été si vain, ni l'Assemblée constituante si impuissante et si stérile que le dit Montalembert ; il y a beaucoup de son œuvre dans l'état actuel de notre société et dans ce qu'il conserve de juste et d'humain au milieu de ses misères : si nous étions tout à coup transportés dans la France d'il y a cent cinquante ans, nous ne supporterions pas tout ce que nous y trouverions d'inique, d'absurde et d'oppressif. Il ne faut pas que les maux dont nous souffrons nous fassent oublier ceux dont nous avons été délivrés. »

La parfaite sérénité dans le jugement des faits contemporains devenait de plus en plus facile pour M. Guizot. A la suite du coup d'État, il avait définitivement renoncé à la vie publique pour se renfermer exclusivement dans cette activité littéraire et philosophique qui avait suffi au commencement de sa vie et qui en devait charmer la fin. Il conservait un intérêt passionné pour les affaires de son pays. Il n'y jouait plus, il n'y devait plus jouer qu'un rôle de spectateur, parfois d'*avocat consultant*. Il écrivait, quelque temps après, à M. Piscatory : « *Ma fière impartialité*, comme vous dites, a choqué quelques-uns de nos amis ou alliés. Je m'y attendais : je suis décidé à me donner le plaisir d'être hors des partis et des coteries comme des foules. C'est bien le moins qu'à ma défaite, j'aie gagné ma liberté. Ce qui me plaît, c'est que j'ai encore des amis, comme vous, à qui cela convient. »

Le 11 mars 1852 il écrivait à sa fille aînée : « J'achève ma seconde campagne de dîners : avant-hier chez l'amiral Mackau avec M. de Falloux; hier chez M^me^ de Champouis avec ta sœur et Cornelis, *to meet* le maréchal Vaillant, le preneur ou le libérateur de Rome; aujourd'hui chez M. de Hatzfeldt. J'ai encore pour mardi prochain une invitation chez M. Molé. Je me reposerai après. Cette vie ne me plaît guère; en elle-même d'abord : j'aime mieux dîner chez moi ; et puis, parce que ce sont des politesses que je ne peux pas rendre, même en invitant les gens à venir chez moi le soir. J'ai très bien fait de ne pas reprendre mes mardis. L'économie et la politique en sont également d'avis. Pour garder, comme je veux, toute la liberté de mes paroles, il ne faut pas que les paroles des autres viennent faire trop de bruit autour de moi. En tout j'ai vécu très renfermé dans mes habitudes cet hiver, et j'aspire à me renfermer encore plus au Val-Richer. Je ne saurais dire combien j'ai à cœur d'achever mes travaux commencés.

« Ma tristesse d'hier a été le décret sur l'instruction publique[1]. Je ne puis souffrir de voir gâter ce qui pourrait être bon. Il y avait dans l'Université et la législation de l'enseignement d'excellentes réformes à faire que le président pouvait faire sans ménagement comme sans obstacle, utiles pour lui-même et pour son gouvernement, comme pour l'état des esprits et des études en France. Il vient de manquer tout à fait son coup et de méconnaître son propre intérêt comme celui du pays. Il a détruit ce qu'il y avait de bon dans l'Université de son oncle, et il n'y a pas mis ce qu'il eût pu y mettre lui-même de bon et de nouveau. Il abaisse et brise l'instrument qu'il pouvait rendre excellent. Et cela faute de soins plutôt que par un mauvais vouloir prémédité. C'est triste. J'ai le malheur d'avoir, sur ces questions-là, mon propre avis bien réfléchi et bien arrêté. J'y ai pensé et touché pendant quatre ans. Je me donnerai certainement, si

1. Le décret-loi du 9 mars 1852 avait profondément modifié l'organisation et la discipline de l'Université. Il prescrivait la préparation d'un nouveau plan d'études dont le principal caractère devait être la *bifurcation*, c'est-à-dire la répartition des élèves en *élèves des sciences* et *élèves des lettres*, après les premières années d'études.

Dieu me prête vie, la satisfaction de dire après moi, non seulement ce que j'ai fait, mais ce que j'ai pensé et projeté pendant ces quatre ans de mon ministère de l'instruction publique. C'est, dans ma vie, une des phases auxquelles je tiens et dont je désire laisser un souvenir un peu vrai et complet. Notre cœur est fait étrangement. C'est dans cette maison que j'ai perdu ta mère et ton frère, mes plus chers bonheurs avec vous; je suis attaché à ce lieu comme si j'y avais toujours été heureux.

« Je suis dans le coup de feu des Académies. Je passe deux matinées par semaine à l'Académie française pour le jugement des concours. T'ai-je dit, ou Guillaume t'a-t-il dit, que nous allions proposer pour sujets de prix des études sur les œuvres et le génie des grands écrivains de l'antiquité, Thucydide, Démosthènes, Tite-Live, Tacite, etc.? Cela charme Guillaume, et il se promet bien de concourir pour quelqu'un de ses héros littéraires. J'en suis charmé aussi pour lui; ce sera un excellent exercice, du temps bien employé et peut-être un commencement de succès dans la vie. »

Il écrivait le 12 avril 1852 à son fils qui était allé à Rome faire une visite à sa sœur, et qui commençait dès lors à s'occuper de son travail sur Ménandre : « Mon cher enfant, je suis charmé de te voir si charmé de ce que tu vois. C'est un bon plaisir. Je ne fais nul cas des distractions frivoles, mais les distractions sérieuses, celles qui emploient nos forces morales au lieu d'exploiter nos faiblesses, celles-là sont saines et efficaces. Tu entres à peine dans la vie. Tu auras tes épreuves. J'espère que le bonheur te viendra, le bon bonheur, celui que tu désires. Il faut savoir l'attendre, et le mériter plus que le chercher. Il y a toujours deux parts dans notre destinée : l'une inconnue et que Dieu fait comme il lui plaît ; l'autre qui dépend de nous. C'est de celle-ci qu'il faut se préoccuper ; pour la première, il n'y a qu'à se confier ; toutes nos agitations sont vaines à nous le faire deviner ou changer. Tu as raison d'avoir de l'ambition. L'ambition est une des meilleures passions de la jeunesse ; car c'est le désir de se distinguer, sans aucun des mauvais sentiments qui s'y mêlent souvent plus tard. On est quelquefois trop ambitieux à quarante ans, jamais trop à vingt. Tu me parleras de toutes tes ambitions.

« Je ne suis pas surpris de l'impression que fait sur toi la lumière du Midi. C'est la grande différence des climats. J'ai gardé si vive cette impression de mon enfance qu'aujourd'hui même, après cinquante ans de vie dans le Nord, ou à peu près, quand je ferme les yeux, c'est le ciel et le soleil du Midi que je vois. J'ai cette lumière-là dans l'âme comme elle était devant mes yeux il y a cinquante ans.

« Nous en avons fini à l'Académie avec nos programmes de prix. Nous adopterons décidément jeudi la seconde proposition de M. de Montalembert, une étude sur les orateurs politiques anglais. C'est trop vaste et un peu trop moderne ; la politique y tiendra plus de place qu'il ne faudrait, mais n'importe ; à tout prendre, ces cinq concours littéraires ouverts tout à coup, sur de grands temps et de grands hommes, seront d'un bon effet au milieu du silence et de l'abaissement du jour. Ne compte pas sur le programme de Ménandre pour te diriger dans la composition ; il est spirituel, mais peu précis. Il ouvre des perspectives sans tracer des routes. Nous en causerons. Tu auras assez à lire pour cette étude-là. Je suppose que le terme du concours sera en 1854. Quand tu seras de retour, il faudra te procurer l'ouvrage de *Meinecke* et l'emporter au Val-Richer. J'espère que nous pourrons y aller, nous deux, le 15 juin. Nous attendons impatiemment un peu de chaleur : il fait beau, mais toujours froid. Mon jardinier, Onfroy, m'écrit : Il gèle toujours, voilà six semaines qu'il n'est tombé d'eau ; la terre est sèche comme du bois et très *acariâtre*.»

Une complète indépendance dans une retraite active et occupée, au milieu de ses enfants, telle était désormais la vie choisie par M. Guizot, et qu'il ne devait jamais abandonner. Il jouissait tendrement du bonheur de ceux qui l'entouraient. « Mon cher Cornelis, écrivait-il le 21 juin 1852 à l'un de ses gendres, c'est à vous que j'écris pour l'anniversaire de votre femme, et avec le sentiment d'un jour bien heureux pour tous les trois. J'ai été bien préoccupé, bien plus que je ne l'ai jamais dit à personne, de l'avenir de mes filles; j'étais très difficile pour elles et par conséquent très inquiet. Vous avez, votre frère et vous, réalisé mes rêves et dépassé mes espérances. Que vous dirai-je après cela? Pour ce qui me touche moi-même, si j'ai été bon à quelque chose en ce monde, j'en reçois ma récompense dans le bonheur de mes filles, et c'est par vous que je la reçois. Que Dieu vous garde tels que vous êtes, votre situation et vous-mêmes! Je ne m'impose point en vieillissant de faire moins de vœux et des vœux plus modestes que je n'en faisais dans ma jeunesse, et ce n'est pas mon penchant; je reste aussi exigeant, aussi ambitieux, plus peut-être que je ne l'étais jadis, mais en vérité je trouve votre bonheur intérieur si complet et si bon, que je ne demande pour vous rien de plus. Pour la vie extérieure et publique, je demande plus et autre chose, et *quand même*, j'espère que cela viendra. Vous êtes fait pour la vie publique, vous y ferez du bien à autrui et honneur à vous-même. Où que vous soyez, et quoi que vous fassiez, restez intimement unis entre vous, mes chers enfants, ce sera pour vous tous, toute votre vie, un grand bonheur et une grande force; une union sincère et intime, entre cinq ou six personnes, est un fait plus rare et beaucoup plus puissant qu'on ne croit; je termine par ce vœu-là mon homélie du 22 juin, et je compte que celui-là du moins sera exaucé. »

C'était le même vœu paternel, tendre et pieux, que M. Guizot répétait vingt ans plus tard dans son testament, lorsqu'il écrivait : « Dieu m'a beaucoup béni, beaucoup frappé et pourtant encore béni. Il m'a fait cette incomparable grâce que j'ai vécu dans l'intimité, dans la plus vraie intimité avec des cœurs et des esprits d'élite. J'ai obtenu, dans mes relations les plus chères, la complète satisfaction de mes plus ambitieux désirs. Et ces trésors m'ont été ravis. Dieu m'a donné et retiré deux fois, dans ma vie domestique, le bonheur suprême de ce monde.

« Il m'a repris à l'âge d'homme un fils excellent et charmant. Il n'a pas voulu que des amitiés qui m'étaient précieuses, m'accompagnassent jusqu'au tombeau.

« Il a permis la chute de l'édifice politique auquel j'avais attaché le travail de ma vie et l'honneur humain de mon nom. Après tant et de si douloureuses pertes, Dieu m'a laissé encore une grande part de bonheur : mes enfants ont fait la douceur de la fin de ma vie. Je les remercie de leur tendresse pour moi et de leur union autour de moi. Je les engage instamment à rester toujours unis entre eux, comme ils l'ont été autour de moi. Ils trouveront, dans l'intimité de la famille, des joies et des forces qui les soutiendront au delà de leur propre attente, dans les épreuves de la vie. »

Le travail remplissait la vie de M. Guizot, et c'était au Val-Richer qu'il se sentait libre de se donner tout entier au travail. Aussi aspirait-il toujours à s'y retrouver. « Nous partirons jeudi soir, 26, à moins d'obstacles que je ne prévois pas, écrivait-il le 16 mai 1853 à sa seconde fille, pour vous arriver vendredi matin 27. J'assisterai ainsi encore jeudi, 26, à la séance de l'Académie. Je veux faire preuve de très bonne volonté. C'est là toute mon intrigue en faveur de Ménandre[1]. Guillaume est presque aussi pressé que moi d'être au Val-Richer; pour le plaisir de votre société et pour celui de son travail qu'il a envie de reprendre. Moi aussi j'ai beaucoup à faire. Un comte de Sprengponter qui avait été ambassadeur de Russie auprès de Napoléon dans ses premiers temps, passait à Gotha en retournant à Pétersbourg. Un Saxon de ses amis lui demanda ce que c'était au vrai que Napoléon : « C'est un homme qui en a pour cent ans dans la tête, et comme il n'a que vingt-

1. Le fils de M. Guizot, à peine âgé de vingt ans, concourut pour le prix proposé par l'Académie française au meilleur travail sur la vie et les œuvres de Ménandre. Le prix fut partagé. M. Guillaume Guizot fut couronné *ex æquo* avec M. Benoît, professeur à la Faculté de Nancy.

cinq ans à vivre, il met les morceaux en quatre. » Je ne suis pas Napoléon, mais j'ai besoin, moi aussi, de mettre les morceaux en quatre.

« Samedi à dîner chez Rothschild : peu de politiques sous la remise, Salvandy et Montebello seulement. Du beau monde d'ailleurs : le prince et la princesse de Beauvau, Mme Potocka, le duc et la duchesse de Galliera, le baron et la baronne de Seebach. Toujours les tables et les chapeaux. J'ai dit que je n'avais rien vu et que, selon moi, de notre temps, les personnes seules tournaient. La princesse de Beauvau a déclaré qu'après le dîner elle me ferait voir quelque chose. Elle m'a demandé mon chapeau. — Il ne tournera jamais. — Pourquoi ça ? — Parce qu'il a passé sa vie sur ma tête. — On m'a pris mon chapeau, Mme de Beauvau avec sa sœur, puis avec l'un des jeunes Rothschild, puis avec moi-même : nous avons pendant plus d'une demi-heure imposé les mains sur mon chapeau. Il est resté parfaitement immobile. Je m'en suis allé les laissant aux prises avec une table.

La seconde fille de M. Guizot, Mme Cornelis de Witt, fatiguée et souffrante après la naissance d'un second enfant, s'était établie à Hyères pour y passer l'hiver. De loin et dès les premiers mois de leur vie, M. Guizot était très occupé de ses petits enfants. « Je suppose d'après votre silence, écrivait-il le 25 novembre 1853, que les emportements de

Cornelis II sont un peu calmés. Vous avez raison de les réprimer de bonne heure, mais ne vous en tourmentez pas et ne gênez pas trop l'indépendance de son caractère. Il faut que chaque arbre pousse dans son sens. Du reste je ne crains pas votre tyrannie. Et racontez-moi toujours Marie. Je pense beaucoup à elle. L'absence ne lui nuira pas. J'ai la confiance que le soleil lui fera presque autant de bien qu'à sa mère. Elle n'en avait pas besoin, mais elle s'y épanouira mieux. La petite Marguerite se développe beaucoup, sainement sous tous les rapports ; elle a l'air de comprendre très vite sans agitation. Je jouis plus que je ne puis dire de la joie de sa mère en tenant dans ses bras cet enfant fort et gai. Il y a toujours un souvenir caché de son premier chagrin qui redouble sa joie d'aujourd'hui.

« Il n'est bruit que de la fusion, bruit bien silencieux, car les journaux n'osent pas en prononcer le nom. Un petit article assez amer, de la correspondance Havas, est tout ce qui en a paru jusqu'ici. Mais on en parle beaucoup, partout, et les indifférents, qui sont en ceci les importants, approuvent en disant : « Ceci pourra servir un jour, c'est un avenir. »

« Rien de nouveau en Orient. On recommence à négocier. On parle de médiation armée. Toujours grande contradiction entre le langage personnel de l'Empereur aux diplomates étrangers et le langage public de ses journaux. L'un très pacifique et point Turc, l'autre très Turc et presque guerrier. »

Et le 9 janvier 1854 : « Tout le monde était à la guerre hier au soir, sauf le ministre d'Autriche qui témoigne encore beaucoup de sécurité et la conviction que tout finira par s'arranger. J'en doute : les questions de prépondérance et de dignité, une fois posées, s'arrangent plus difficilement que les autres. Ici le public commence à s'inquiéter sérieusement : on se demande beaucoup ce que la France a à faire dans cette lutte d'influence entre l'Angleterre et la Russie en Orient, et pourquoi elle concourrait à détruire une des marines secondaires et à établir la domination de la marine anglaise dans la mer Noire comme ailleurs. Le public peut douter et questionner tant qu'il lui plaira ; le gouvernement reste et restera dans l'alliance anglaise ; seulement il y devient un peu froid et embarrassé.

« Les amiraux déclarent qu'il n'y a pas moyen de penser, quant à présent, à entrer dans la mer Noire. Elle est couverte de débris, c'est la saison des brouillards et des naufrages. Le vent souffle du nord-est. Il faut attendre là comme ailleurs.

« Je lis demain à l'Académie française un fragment de Cromwell qu'on m'a demandé. Je finirai cette semaine mon huitième et dernier livre, qui serait fini sans mon indisposition. Les documents historiques sont prêts et presque complètement imprimés. L'ouvrage paraîtra à Paris et à Londres du 1er au 15 février. Je m'en séparerai à regret. Je suis dans la maladie et la mort de Cromwell, et je m'y arrête avec un intérêt presque affectueux. Il y a quelque chose de très puissant et attachant dans la tristesse d'un grand esprit qui naturellement n'était pas triste du tout et qui s'en allait avec le sentiment de n'avoir rien fait de ce qu'au fond il voulait, bien qu'extérieurement et aux yeux du monde il eût toujours réussi. »

Et le 13 janvier : « Les affaires publiques n'ont pas bon air. On écrit de Berlin : « Nos dernières nouvelles de Saint-Pétersbourg ne donnent que très peu d'espoir pour le maintien de la paix. L'empereur Nicolas persiste à ne consentir à aucune médiation. La conférence de Vienne est tout à fait dissoute ; d'ailleurs, l'empereur Nicolas ne se donnera à lui-même aucun démenti en désavouant la victoire que son escadre a remportée à Sinope. Il est prêt à entrer en campagne au mois de mars. On peut être sûr qu'il ne prendra aucune initiative vis-à-vis des deux puissances maritimes, et qu'il poursuivra sa route sans faire attention à elles, aussi longtemps qu'il croira ne pas avoir contre lui les cabinets de Berlin et de Vienne. » Je vous envoie les phrases mêmes. M. de Reiset, porteur de la notification anglo-française relativement à la mer Noire, est parti de Paris le 29 décembre, et n'a passé à Berlin que le 6 janvier, tant les chemins de fer sont obstrués et le charbon impuissant contre la neige. Il sera arrivé à Pétersbourg tout au plus hier. La réponse de l'empereur Nicolas ne sera ici que du 25 au 30. Elle fera faire un grand pas à la question, plus probablement un pas vers la guerre. La diplomatie jette sa langue aux chiens. Elle a raison, sa langue ne s'est pas fait honneur.

« J'ai eu hier un vrai chagrin. Ce pauvre Armand Bertin est mort à sept heures du matin, d'une angine couenneuse dont il était malade depuis lundi, anniversaire de la mort de sa femme. Vrai chagrin, je le répète, et grande perte pour moi. Excellent homme, loyal, spirituel, sensé, habile et très fidèle ami. Et ce pauvre Hébert ! sa femme est morte avant-hier, après deux mois d'une fièvre muqueuse, cérébrale, typhoïde. Il m'a écrit deux heures après : « Elle est allée rejoindre au ciel sa fille, dont la pensée ne l'a pas quittée un moment depuis sept ans. » La mort a beau frapper et Bossuet a beau dire ; on oublie toujours qu'elle est toujours là. Que Dieu vous garde tous les quatre, mes chers enfants ! »

La famille était devenue nombreuse à Hyères ; M^lle^ de Witt venait d'épouser M. Gaillard, alors payeur du trésor à Moulins, et elle était aussitôt partie pour le Midi avec son mari. « Ma chère Betsy, lui écrivait M. Guizot le 3 mars 1854, c'est à vous que j'écris aujourd'hui pour tout Hyères.

Depuis quatre ans, vous êtes devenue ma troisième fille, et je ne vois pas pourquoi cela cesserait parce que vous vous êtes mariée avec mon plein consentement et contentement. Vos lettres m'apprennent ce que je sais, que vous êtes très heureuse. Restez comme vous êtes. Il y a un point dans la vie où il faut se fixer quoi qu'il arrive. L'avenir ne sera pas pour vous toujours semblable au présent; vous aurez vos épreuves et vos tristesses comme tout le monde. Tenez-vous fermement, attachez-vous de plus en plus à votre point fixe. Je suis charmé que vous l'ayez trouvé, et bien que je connaisse M. Gaillard depuis bien peu de temps, j'ai la confiance qu'appuyée sur son bras, vous marcherez heureuse à travers les mauvais pas, comme dans les bons chemins de la vie. »

C'était dans la famille que s'écoulait de plus en plus la vie de M. Guizot; ses travaux l'y retenaient; ses amis et les académies ne l'en éloignaient pas. Lorsqu'il voyageait, ses absences étaient courtes et le retour toujours réglé d'avance. Il faisait partager toutes ses impressions à ceux qui restaient au logis. Au mois d'août 1855, il était allé en Angleterre pour l'anniversaire de la mort du roi. Il écrivait de Paris à son retour : « Parti de Londres hier matin à huit heures moins un quart; arrivé à Paris hier soir à huit heures moins cinq minutes. En attendant qu'on marche comme une dépêche télégraphique, c'est marcher assez bien comme paquet. Je suis revenu avec Broglie. Point fatigué et content d'avoir fait mon voyage, mais très content d'en avoir fini. Et plus content encore quand il sera tout à fait fini. Je vais régler ce matin ma course à Maintenon. Je vois que le duc de Noailles aura du monde, lord et lady Holland, Dumon, Cousin ; je n'en compte pas moins être avec vous jeudi. Je vous dirai demain à quelle heure il faut me faire prendre à Lisieux. Marie et Marguerite ont bien raison d'avoir peine à comprendre que je ne sois pas là.

« J'ai passé ma dernière matinée de Londres à Sydenham-Palace. Le chaos de l'histoire en plâtre sous une cage en verre. Grand aspect du dehors, plus étrange que grand. Grand pourtant. Au dedans, passage continuel du gigantesque au mesquin, du beau au ridicule. Des sphinx colossaux, frais comme de la faïence neuve et serrés comme des anchois. Évidemment, il faut à l'art égyptien les ruines et le désert. Des centaines de bustes, autant d'inconnus que de connus, et accouplés le plus sottement du monde : Grisi à côté du chancelier Mansfield ; la statue de Peel en pendant à celle d'Hercule. Plus loin des poupées de sauvages, de grandeur et de couleur naturelles, noires, rouges, jaunes, mangeant, scalpant, se battant ; des groupes de lions et de tigres sous des volières d'oiseaux empaillés. L'arche de Noé sans la nécessité du déluge. Mais, çà et là, des images magnifiques, charmantes. Une reproduction complète, et dans les mêmes dimensions, de l'Alhambra de Grenade, la cour aux lions, la salle de repos, c'est ravissant. Deux maisons de Pompéi, très exactes et curieuses à étudier, comme symptôme des mœurs romaines. Et par-dessus tout, les jardins sous la façade du palais, immenses, superbes, combinaison très heureuse du jardin français, de la décoration italienne et du gazon anglais. Et au bas de ces jardins, autour ou dans une grande pièce d'eau non achevée, les animaux antédiluviens, Mastodontes, Mégalothériums, Ichthyosaures, Plésiosaures, etc., etc., reproduits et reconstruits en plâtre, de grandeur naturelle, plus grands et plus hideux qu'on ne les imagine. Il y a un crapaud de douze à quinze pieds de long et de six à sept pieds de haut. Permis à Marie d'en avoir peur si elle le rencontre au bas du jardin, je veux dire du parc. Décidément, quoiqu'il y ait à redire dans notre création, elle est plus belle que n'était celle-là. A tout prendre, Sydenham-Palace est une grande curiosité, très digne d'être vue, et qui aurait été justement comptée jadis parmi les merveilles du monde. Merveille exécutée en deux ans. »

Désormais, pendant plusieurs mois de l'année, ce fut à sa fille aînée que M. Guizot écrivit surtout, car elle se trouvait séparée de lui pendant les séjours qu'il faisait à Paris durant l'hiver. M. Conrad de Witt avait le goût de l'agriculture, et il exploitait la ferme du Val-Richer. Pendant quinze ans, les hivers comme les étés se passèrent dans ce lieu chéri de tous, véritable centre où la famille se reformait toujours au printemps. La séparation n'en restait pas moins un lourd fardeau. « Ma fille, Pauline continue à aller mieux, écrivait M. Guizot 7 avril 1856. Je te répète qu'il n'y a point de quoi s'inquiéter. N'ajoute pas l'inquiétude au chagrin de l'absence.

« L'épreuve d'Adolphe Monod[1] a atteint son terme. Il s'est éteint hier, je ne sais pas encore à quelle heure, sans vive souffrance, dans un affaiblissement progressif depuis quelques jours. « Il se repose de ses travaux, et ses œuvres le suivent. » A personne cette belle parole ne s'est mieux appliquée. Depuis quelque temps je pense à lui comme s'il était mort, avec un sentiment de profond respect, mais sans amertume. Selon notre jugement humain, tour à tour confiant et trop inquiet, il était encore bien nécessaire ici-bas. Dieu en a jugé autrement. Sans doute son missionnaire avait déjà assez fait pour que ce qu'il a fait fasse le reste. Et pour lui-même, il pouvait mourir, il avait tiré de

1. M. Adolphe Monod, que le père Lacordaire appelait le premier des orateurs chrétiens, était depuis plusieurs mois retenu dans son lit par des souffrances atroces et mortelles.

la vie tout ce qui sert pour l'éternité. Vous vous attristerez, mes enfants, mais avec confiance. Pour moi, peu d'hommes m'ont inspiré autant d'estime et de sympathie. »

Et au mois de décembre de la même année : « Ma chère enfant, j'aurai certainement grand plaisir à voir arriver demain ceux que j'attends, mais mon plaisir est bien balancé à l'idée de ton chagrin à les voir partir. Je ne crains pas pour toi la solitude ; tu peux la porter ; ta vie et ton âme sont pleines, mais ce qui est plein déborde et a besoin d'avoir où s'épancher. Quand on est ensemble, on peut se taire ; séparés, on veut parler. Enfin, je t'écrirai souvent. Tu viendras un moment, j'irai te voir un moment. Et le printemps reviendra.

« En attendant que je les retrouve, je tiens à ne pas trop sortir de la mémoire de Marguerite et de ma petite Jeanne, qui est presque pour moi la troisième génération de la même physionomie et de la même âme. Je te prie d'en prendre soin. »

La maison s'était peuplée d'enfants. Au mois d'avril 1856, pendant qu'elle faisait un petit voyage en Bretagne, M. Guizot écrivait à sa seconde fille : « *Ab Jove principium ;* Jupiter, c'est les enfants. J'en viens. Ils se sont endormis hier au soir à huit heures et demie et réveillés ce matin à sept heures pour la première fois. J'ai trouvé Bébé engraissé. « C'est que j'ai mangé ce matin deux assiettes de soupe. » Nous avons beaucoup de peine, au dessert, à faire aller Robert sur les genoux de tante Adélaïde. Il répète indéfiniment *Grand-père*. Mais il se résigne sans grogner. Je n'ai point vu d'enfant de meilleure humeur. Marie a été ravie de ta longue lettre et de la fleur, mais je ne peux pas te cacher que Cornelis n'en a pas été si content ! Quand je lui ai dit : « Marie a une lettre de ta maman, » il ne m'a répondu que : « Pas moi ! » Les filles d'Henriette vont bien. Jeanne plus gaie que jamais. Les voilà qui partent pour la promenade, en voiture à âne, je crois. » Et le 1er janvier 1857, à sa fille aînée : « Je ne veux pas passer le jour de l'an tout à fait sans toi. Je t'écris donc. Pauvre compensation ! Tout le monde va bien dans la maison. Les enfants ne sont pas encore venus chercher leurs étrennes. Cornelis est très inquiet parce qu'on lui dit qu'on lui donnera une boîte de sagesse. Il veut autre chose. Il est tombé hier soir dans le salon, contre les clous d'un fauteuil, en se battant avec Marie, et s'est fait à la tête deux petits trous qui ont saigné. Ce n'est rien du tout ; mais, en voyant couler le sang, Marie était au désespoir. Ni l'un ni l'autre n'y pense plus ce matin. Robert était hier au soir très enrhumé. Il a bien dormi et il va mieux ce matin. Te voilà au courant comme si tu y étais. Je voudrais bien savoir tout, aussi, à chaque minute, sur Marguerite et Jeanne ; mais je n'y suis pas. »

Quelques jours plus tard, tous les enfants de M. Guizot se pressaient autour de lui, car il avait éprouvé un grand chagrin. La princesse de Lieven, malade et faible depuis longtemps, s'était éteinte dans la nuit du 26 au 27 janvier. M. Guizot l'avait connue vingt ans auparavant chez la duchesse de Broglie, au moment où elle venait de quitter la Russie, frappée au cœur par la mort de deux fils charmants qui avaient succombé à la rougeole, et, peut-être, au rude climat de leur patrie. M. Guizot venait, lui aussi, de perdre son fils, et la similitude des douleurs fut le premier lien de leur longue amitié. M. Guizot avait écrit à sa fille aînée : « Elle est morte cette nuit, à minuit. Elle m'avait renvoyé une heure auparavant, comme son fils et tout le monde, voulant dormir, m'a-t-elle dit. J'avais dit qu'on vînt me chercher. On est venu au bout d'une heure. Elle s'est éteinte sans souffrance, en pleine possession de son âme, et de son âme parfaitement sereine, et aussi grande que son esprit était charmant. Ses qualités étaient à elle et venaient de sa nature ; ses défauts lui venaient de son éducation et de son monde. Hier, dans la journée, elle a dit à Olliffe : « Si je ne mourais pas à présent, ce serait dommage ; je me sens bien préparée. » Elle a vivement joui des marques d'affection et des larmes de son fils Paul. Je regrette beaucoup que son fils Alexandre n'ait pas eu le temps d'arriver ; elle eût pris plaisir à le voir. Il a toujours été affectueux et soigneux pour elle. Il arrivera probablement après-demain soir. Le comte Constantin Benkendorff et sa femme sont arrivés avant-hier. Elle les en a remerciés doucement, sans vive émotion. — 3 heures et demie. — Je viens de faire un pénible effort, je suis allé à la commission de l'Académie chargée d'entendre lire les discours. J'ai lu le mien. Je présiderai la séance du 5 février. Je ne veux déranger en rien ce qui est du devoir public, mais, hors de là, je m'enferme. Adieu, ma fille. Je t'embrasse. J'ai beaucoup encore à te dire, mais je n'en ai aujourd'hui ni le temps ni le courage. »

M. Guizot commençait alors le grand travail de ses mémoires, œuvre capitale pour lui-même comme pour l'histoire véridique de son temps. « C'est un livre avec lequel l'histoire comptera, » disait le duc de Broglie; c'était le désir de M. Guizot et son grand but. Il en préparait les matériaux au Val-Richer, entouré de ses livres et de ses papiers, tout en prenant intérêt aux occupations de la campagne et aux affaires agricoles de ses enfants. « Je ne reviendrai que vendredi au lieu de jeudi, écrivait-il le 23 février 1857 à sa seconde fille. Je veux me donner et donner à Henriette les huit jours pleins, elle est bien pressée de vous revoir tous. Ils viendront à Paris le 14 ou le 16 mars pour huit jours. Votre tante Adélaïde paraît tout aussi pressée. Le temps est plus beau que jamais depuis hier, aussi doux que clair. Vrai beau temps de mai. Nous nous promenons après déjeuner. Nous sommes allés hier parcourir le haut Champ Rault ; le colza est en très bon état. Le drainage du grand pré tout entier va être fini. La fabrication des tuyaux recommencera cette semaine, au plus tard lundi prochain. » Et trois mois après, le 27 mai : « Le soleil nous est décidément revenu ; il n'a jamais été plus brillant que ce matin. Ce soir, tous les travaux vont bien. On a semé hier la cameline. Les carottes et les betteraves lèvent, les colzas mûrissent, les blés grandissent, les foins épaississent. On a fauché hier, dans le parc, de l'herbe verte pour les vaches, qui en ont été ravies. Toute l'étable dansait. Le grand taureau, sa part mangée, donnait de violents coups de corne dans sa mangeoire pour en avoir encore. La laiterie sera finie aujourd'hui. Ecker peint le poulailler. Guesnet achève le mur de clôture. Les dernières cuites de tuyaux ont eu très peu de casse. Les dahlias sont plantés dans leur grand massif. Le blaireau empaillé est arrivé et installé dans l'armoire où les oiseaux lui ont fait place. Bocage m'a promis, hier, un beau renard et un hérisson. La nouvelle remise sera dressée à ton arrivée ; du moins le charpentier me l'a promis. Je crois qu'en fait de choses, c'est là tout. Les personnes vont bien. Sois tranquille, quand je vous ai tous et tous heureux autour de moi, je trouve toujours que la vie vaut ce qu'elle coûte. C'est mon éternelle surprise, renouvelée à chaque nouvelle épreuve, que la présence simultanée dans notre âme de sentiments si contraires, tant de tristesses et tant de joie, de si grands vides et la vie encore si pleine, et cet invincible attachement à l'avenir, quand de jour en jour on appartient plus entièrement au passé. Dieu nous a ainsi faits, et nos infinies incohérences sont une des preuves que notre destinée ne s'accomplit pas en ce monde. »

La vie s'écoulait ainsi, remplie par un travai assidu qui n'absorba jamais M. Guizot aux dépens des affaires ou du plaisir de ceux qu'il aimait. Lorsqu'il avait écrit longtemps, satisfait sa pensée sur le sujet qui la remplissait, il quittait ses livres et son bureau pour entrer dans la chambre d'une de ses filles : « Je viens un peu causer, » disait-il, et soit dans le jardin, en marchant à petits pas, en examinant les fleurs, les arbres et les fruits, soit au coin du feu, en tisonnant, il causait pendant une heure, tantôt du travail qu'il venait de quitter, tantôt des personnes ou des évènements qui s'y rattachaient, parlant surtout du passé historique ou personnel, mais toujours tendrement préoccupé du présent pour ceux qui lui étaient chers, et pénétrant pour eux dans les plus petits détails de leur vie. Jamais les petits-enfants n'avaient appris à redouter leur grand-père, et leur profond respect pour lui n'entravait jamais leur gaieté en sa présence. Il n'était pas obligé, comme son ami lord Aberdeen, de venir chez ses filles chercher le bruit joyeux des enfants ; les enfants faisaient irruption dans son cabinet dès le matin, les uns après les autres, et étaient admis à déjeuner de bonne heure avec lui. Absent, il leur écrivait souvent ; présent, il les encourageait à causer. « Voici ma conversation avec les enfants, écrivait-il un jour (1860). Les quatre grands déjeunaient avec moi. *Cornelis :* « Robert dit que c'est lui qui aime le mieux Jeanne, ça n'est pas vrai, nous l'aimons tous autant que lui. — *Robert :* Non, c'est moi qui aime le mieux Jeanne. — *Cornelis :* Non... — *Robert :* Oui... — *Jeanne :* Il ne faut pas m'aimer plus que Marguerite, ça n'est pas juste. » J'ai donné raison à Cornelis. J'ai embrassé Jeanne et j'ai coupé court à la conversation. Hier aussi, Cunin-Gridaine en entrant dans le salon s'est écrié en voyant Jeanne : « Ah ! comme cette petite fille ressemble à sa mère ! » Elle est charmée de son voyage. Elle sera charmée de retourner au Val-Richer, c'est sa patrie. » A mesure qu'ils grandissaient, c'était à leur grand-père que les enfants étaient disposés à faire leurs confidences et à raconter ces belles espérances qui se pressent dans l'esprit de la jeunesse sérieuse. Il les écoutait et les sollicitait parfois avec une prévoyante tendresse; ses paroles, ses regards, ses conseils pénétraient dans les jeunes âmes pour y porter longuement leurs fruits.

Là était désormais son plaisir et son repos. En 1858, il avait cédé au désir de ses amis d'Angleterre, qui voulaient le revoir encore une fois au milieu d'eux. Il passa plusieurs jours dans le Norfolk, chez sir John Boileau, ami ancien, descendant de réfugiés protestants venus de France et de loin son allié. Après le 24 février 1848, les deux familles s'étaient étroitement liées : en Angleterre, M. Guizot se retrouvait chez lui à Ketteringham. Il avait pris son fils comme compagnon de voyage. Londres avait réclamé quelques instants. « Que faisais-tu cette nuit, à une heure, ma fille? écrivait-il, le 16 juillet, à sa fille aînée. A coup sûr, tu dormais tranquillement. Moi, j'étais avec Guillaume, dans Burton Street, rentrant à pied chez moi, dix minutes après un violent orage qui grondait encore. Nous sortions de chez lady Granville, où nous étions venus à onze heures du soir, après avoir dîné chez Panizzi. Cette vie-là peut se mener et même m'amuser pendant huit jours, mais pas plus. Et j'en suis d'autant plus sûr que je me plais beaucoup à la société que je retrouve : idées, sentiments, personnes, occupations et préoccupations habituelles, tout m'en convient; mais il n'y a ni intimité ni repos. Il me faut l'un et l'autre. Je n'ai jamais beaucoup aimé le mouvement physique, mais il m'était indifférent; maintenant il m'ennuie et me contrarie encore plus qu'il ne me lasse. Je n'ai plus assez de temps ni de force pour les perdre ainsi *in a hurry*.

« Beaucoup de monde avant-hier chez Reeve, dîner très agréable. Nous avons beaucoup causé, comme des gens qui se font plaisir les uns aux autres. Hier, chez Panizzi, le British Museum et la *high-church* libérale. Nous sommes dans l'admiration et sous le charme de la *Reading room* du British Museum. C'est un vaste monument, beau et pratique, d'un grand effet d'ensemble, et dont les moindres détails sont parfaitement adaptés à leur but. L'art, la science et le confort ensemble; Guillaume était ému. — J'ai vu avant-hier lord Aberdeen, et je le reverrai ce matin. Nous avons causé une heure : le même esprit et le même cœur; mais le corps faible, *nervous*, chancelant. Il marche avec peine, parle lentement et est triste avec calme. « Vous ne trouverez pas ici un meilleur ami que moi, je ne puis plus vous être bon qu'à être votre ami. » Je doute qu'il allât sitôt en Écosse, si ce n'était pour m'y recevoir. Sir Henry Holland, à qui j'en ai parlé avec quelque scrupule, dit que cela lui est bon, et que ma visite lui fera autant de bien que de plaisir. J'avais, en causant avec lui, un pénible mélange de satisfaction et de tristesse. Où il n'y a point de mélange, c'est à entendre parler de lui. Il est l'objet d'un respect général. Reine et ministres, amis et adversaires, tous l'honorent et recherchent ses conseils. J'ai le cœur serré d'avance en pensant au moment où je le quitterai. »

« Ma chère fille, je suis à Édimbourg, écrivait M. Guizot, le 3 août, à sa fille aînée. J'ai devant moi l'aspect le plus pittoresque de la plus pittoresque des villes : une vallée verte, traversée dans sa longueur par le chemin de fer, me sépare des coteaux sur lesquels une partie de l'ancienne ville est bâtie. A droite, au haut d'un rocher, le vieux château ; au bas du rocher, de grands édifices modernes d'architecture grecque ; à gauche, le monument de Walter Scott ; à droite et à gauche, deux perspectives indéfinies de l'ancienne et de la nouvelle ville. C'est plus original et plus frappant qu'on ne peut l'imaginer. Mais c'est aujourd'hui le 3 août. Tu auras cette lettre le 6. Je voudrais être ma lettre; je serais mieux au Val-Richer qu'à Edimbourg. J'y serais mieux tous les jours de l'année, aussi bien que le 6 août. Dans ces lieux nouveaux et si beaux, en présence de tous les souvenirs historiques qui m'entourent, un souvenir les efface tous et me remplit l'âme, le souvenir du 6 août 1829, ton apparition, ta figure qui n'a pas changé, ma joie, la joie de ta mère, une seule et même joie, tous dans cette petite chambre, dans cette petite maison que j'ai agrandie, arrangée, et qu'on m'enlève, et dont l'année prochaine, peut-être, il n'y aura plus rien. Tout passe, excepté l'âme, et ce qui a fait ici-bas sa vie, en attendant la vie immortelle. Que Dieu te bénisse, ma fille, toi, ton mari, tes enfants et tout votre avenir ! Nous sommes bien loin ; l'Océan nous sépare ; et, dans mon affection, je ne me paye point de la pensée seule, je tiens à la présence réelle. Dans trois semaines, j'espère, elle nous sera rendue. Que rien ne nous fasse sentir d'ici là la fragilité de nos meilleures espérances !

« Nous avons fait hier, d'York ici, un très agréable voyage, avec lord Aberdeen, son fils et son médecin, dans un grand wagon de malades à douze places qu'il avait pris à Londres. Voyage gratuit en même temps qu'agréable. Arrivés ici, au *Royal Hotel*, *Prince's Street*, nous avons fait notre toilette. Puis, nous sommes allés dîner chez lord Aberdeen, *Douglas Hôtel*, un très bel hôtel, dans l'intérieur de la ville, où il descend habituellement. Le spectateur le plus indifférent serait frappé et touché des soins de lord Aberdeen pour moi. Il pense à tout, et quand il craint d'avoir oublié quelque chose, le coin gauche de sa bouche se relève de travers, avec un mélange comique d'amitié pour moi et d'humeur contre lui-même. Il est parti ce matin pour Haddo, où il m'a annoncé qu'il avait convoqué toute sa famille et que je verrais ses neuf petits-enfants. Lady Haddo en a six.

« Je reviens à Édimbourg, un superbe coup de soleil l'éclaire en ce moment, la seule chose qui y manquât. C'est vraiment aussi singulier que beau, aussi beau que singulier. La crête du coteau en face de mon *parlour* est couverte de vieilles et immenses maisons, d'églises, d'édifices; et la pente pour y monter est couverte de prairies et d'arbres. Quand j'aurai fini mes lettres, nous irons nous promener, et nous promener seuls. Les deux savants cicerone pour qui lord Haddington m'avait donné des lettres sont *out of town*, comme presque tout le monde à présent. A vrai dire, je l'aime mieux. En voyage, je fais grand cas de la liberté. »

M. Guizot passa quinze jours à Haddo-House, au milieu des enfants et des petits-enfants de lord Aberdeen. « Nous rentrons de la promenade, écrivait-il le 8 août, une longue promenade à pied, dans le parc, tantôt marchant, tantôt assis, et toujours causant. Depuis bien longtemps, lord Aberdeen n'en avait pas fait autant; son plaisir fait plus que doubler le mien. Il a créé un très beau parc dans un vilain pays. Parc immense; onze milles d'un coin à l'autre, çà et là d'anciens grands arbres; tout le reste couvert d'une jeune forêt factice, traversée en tous sens par une infinité d'allées, et coupée en deux, d'abord par un lac, puis par une rivière. Un jardin français entre le château et le parc. Il se promène lentement et en s'arrêtant çà et là pour en faire remarquer les beaux endroits, avec une complaisance de vieillard fatigué, attristé et affectueux. — Je suis allé, ce matin vers midi, à l'église de la paroisse, à deux milles. Toute la famille, sauf le chef et les petits, dans deux voitures, les domestiques dans un omnibus. Pur culte presbytérien. Très petite église, très pleine. Population de bonne apparence matérielle et morale. Autant d'hommes que de femmes. Presque tous avec un livre et chantant assez bien. Ils ont fait venir un maître de musique d'Aberdeen, pour leur donner des leçons. Tous fermiers ou serviteurs des fermiers de lord Aberdeen. Il a plus de 900 fermiers. Je lui disais ce que m'avait dit le duc d'Argyle, qu'il était le dernier grand *laird* écossais qui pût réunir, sur son appel, 3 ou 4000 hommes. Il s'est retourné vers son fils Arthur : « I think I too could gather some thousands. » C'est la grande existence la plus modeste et la plus libérale qui se puisse voir.

« Plus je vois lord Aberdeen, plus je prends d'amitié pour lui. Il est impossible de laisser percer plus d'esprit et de cœur à travers des formes lentes, froides, et tantôt un peu embarrassées, tantôt un peu ironiques. Il a l'esprit aussi libre et aussi original que sensé. Il pense et s'intéresse à tout sans avoir l'air d'y toucher. Nous causons sans fin dans notre promenade à deux, après le *luncheon*, et le soir après dîner. »

C'était la dernière fois que les deux amis se devaient rencontrer ici-bas ; lord Aberdeen s'affaiblissait silencieusement ; bientôt il ne sortit plus de sa chambre et ne vit plus que ses enfants. Il expira le 14 décembre 1860. « J'espère pour l'Angleterre que le duc de Broglie en dit trop lorsqu'il affirme que lord Aberdeen est le dernier des Anglais, écrivait M. Guizot le 17 décembre ; mais certainement il est le dernier de la grande école politique anglaise, car il était le plus équitable, le plus bienveillant, le plus large, le plus libéral, comme le plus moral de tous. Et il était, ce dont on ne se serait jamais douté à sa figure et à son ton, tendre et modeste. Il l'a été avec moi au delà de ce qui se peut dire. Je vivrais mille ans que sa personne et son amitié me resteraient présentes comme elles le sont aujourd'hui, et je ne vivrai pas mille ans. En deux ans, Hallam, Macaulay et Aberdeen, trois hommes rares et pour moi deux vrais amis! C'est beaucoup. »

Le voyage d'Angleterre avait interrompu M. Guizot dans la préparation du second volume de ses *Mémoires ;* le premier avait paru au commencement de l'année. « Le livre intéresse beaucoup et étonne un peu, écrivait-il à sa fille au mois d'avril. Dumon prétend qu'il y a autant de jeunesse que d'expérience. Cousin a dit à Duchâtel : « Le premier chapitre m'a donné la fièvre en me rendant ma jeunesse. J'ai laissé là le livre. Je l'ai repris. J'ai encore eu la fièvre. A la troisième fois seulement j'ai lu sans fièvre et jusqu'au bout. C'est excellent, je trouve tout excellent » ; et alors il entre dans la magnificence de ses compliments. — A propos de Dumon, il n'est bruit que de son succès aux Tuileries, à la tête de la députation des grandes Compagnies de chemin de fer. L'Empereur demande à tout son monde : « Pourquoi donc ne me parle-t-on pas et ne me sert-on pas ainsi ? » Morny dit : « Si j'étais l'Empereur, je mettrais la corde au cou à M. Dumon et je le traînerais au ministère des finances. » A quoi j'ai répondu : « Dumon se laisserait pendre. » Malgré tout ce succès, Dumon doute qu'on fasse ce qu'ils ont demandé ; on fera quelque chose, pas assez pour donner aux affaires des chemins de fer le coup de fouet dont elles ont besoin. » — Et le 9 juillet à son fils, alors en voyage : « L'article de M. Renan sur mes *Mémoires* est dans la *Revue* du 1er. Très spirituel, d'un esprit élevé, large et indépendant, dans un fort bon sens politique. Très bien pour moi ; un peu routinier, faisant toujours de moi ce personnage tragique, solitaire, tendu, qui finira par devenir une espèce de légende ; fausse comme toutes les légendes. Je revois les épreuves d'*Hamlet*. Ta traduction est excellente, et les notes dignes d'un commentateur, adorateur un peu idolâtre. Dans les premières épreuves que j'ai revues, elles étaient criblées de fautes. »

La grande préoccupation de M. Guizot était alors le mariage de son fils avec Mlle Gabrielle de Flaux; sa future belle-fille appartenait à une famille protestante des plus considérées à Nîmes; son oncle, M. Édouard de Flaux, avait naguère été à Genève le condisciple et l'ami de M. Guizot. Le 20 mars 1860, il écrivait à Nîmes, à son fils : « Mon cher enfant, Pauline vient de recevoir une lettre de toi qui nous plaît infiniment, tant tu as l'air heureux. Elle l'envoie sur-le-champ à sa sœur, qui y prendra le même plaisir que nous. Jouis bien de ton bonheur, et quand tu le tiendras tout à fait, prends-en bien soin. Le bonheur veut être soigné, comme toutes les belles plantes rares. Je commence à être très impatient d'aller y regarder moi-même et jouir aussi pour ma part de ce qui te charme. Ne manque pas de nous dire de suite, avec précision, les jours que vous aurez fixés. »

Pour assister au mariage de son fils (26 avril 1860), M. Guizot retourna dans sa ville natale, qu'il n'avait pas visitée depuis trente ans. Ses filles et l'un de ses gendres l'y accompagnèrent : tous prenaient plaisir à voir ces lieux dont ils avaient tant de fois entendu parler, à retrouver le souvenir de Mme Guizot, la mère, vivante et présente dans les esprits et dans les cœurs. Lorsque tous se trouvèrent réunis au Val-Richer, quelque confusion régnait à l'intérieur de la maison. M. Guizot avait eu l'ennui de voir les démolitions de la ville de Paris atteindre sa petite maison de la rue Ville-l'Évêque : « C'est, il y a cinquante ans, en 1809, que je suis venu loger pour la première fois dans cette maison, écrivait-il à sa fille; elle est devenue ma propriété en 1828, quand j'ai épousé ta mère. La plus longue comme la plus douce part de ma vie s'est passée là. Heureusement la vie laisse ses traces ailleurs que dans les murs où elle s'est passée; mais les murs m'étaient chers et je les regretterai toujours. » Toute la bibliothèque de M. Guizot avait été transportée au Val-Richer; les arrangements pour la recevoir étaient à peine achevés. « Cela m'ennuie de penser à toutes vos portes ouvertes, galerie, escaliers, etc., disait M. Guizot. Je te voudrais la maison toujours bien close, propre et agréable. Il n'y a pas moyen de ne pas passer par ce chaos; c'est le sanglier traversant le marais. Tu ressembles pourtant beaucoup plus à une hermine qu'à un sanglier; mais aussi, la poussière dissipée et les portes fermées, le Val-Richer sera une belle et bonne habitation. Je me complais à le voir d'avance tel qu'il sera alors. Je m'y complais pour moi et pour toi et tous les autres après moi. — 1860 est d'un aspect sombre, ajoutait-il. Nous allons avoir un gros incident. Le roi de Sardaigne cèdera à la France la Savoie et le comté de Nice, pourvu que la France approuve et appuie l'accession de l'Italie centrale au Piémont, y compris les Légations. Paris ne demande pas mieux. Je crois le traité signé. On fait effort pour que Londres le trouve bon ou du moins s'y résigne. J'incline à croire qu'on l'obtiendra, peut-être en l'achetant par quelque concession commerciale. Le gros du public prendra cela pour un succès, mais la question religieuse, qui est la grosse, en sera aggravée ; car ce sera, non seulement la sanction définitive, mais la sanction payée de la spoliation du Pape. La première fois qu'on lui en a parlé, lord Palmerston n'a pas repoussé absolument, mais il a dit : « Ce sera étrange ; l'empereur Napoléon a déclaré en commençant qu'il voulait l'intégrité des États du Pape et point d'accroissement territorial pour la France ; il n'aura fait, en finissant, ni l'une ni l'autre de ses volontés. »

La vie de tous ses enfants était arrangée à son gré ; M. Guizot jouissait de leur bonheur commun ; ses petits-enfants grandissaient et se développaient autour de lui sans qu'il fût encore besoin de songer à leur avenir. Il écrivait, le 4 octobre 1860, à son fils et à sa belle-fille, alors dans le Midi : « Mes chers enfants, vous me manquez aujourd'hui encore plus que de coutume. J'avais ce matin, à huit heures, les six petits à déjeuner dans mon cabinet. Des pages d'écriture, des lettres anglaises. Cornelis et Jeanne ont eu la palme de l'écriture. Marguerite celle du récit ; tout le songe d'Athalie et l'avant et l'après, avec un accent tragique qui ne parvenait pas à noircir ses yeux et son teint. Puis des mères, des pères, de très jolis flambeaux de bronze pour la cheminée de la bibliothèque. La table pour écrire auprès de ma cheminée, dans mon cabinet, n'est pas encore arrivée. Je serai charmé de l'avoir ; le temps devient frais, et je quitterai bientôt l'embrasure de ma fenêtre. Les quatre Boileau à déjeuner, mais vous n'y étiez pas, et vous m'en apparaissiez d'autant plus, comme les images de Brutus et de Cassius, à qui pourtant vous ne ressemblez guère.

« Tu veux des nouvelles, c'est-à-dire nos raisonnements sur les nouvelles. Le roi de Naples a rendu un grand service à M. de Cavour en battant Garibaldi. Celui-ci est devenu souple et se soumet. Il était vraiment en accès de haine et prêt à faire des folies, mais sans entrain personnel, une haine et une folie soufflées par les autres. Je ne le crois pas bien fâché d'être obligé d'être sensé parce qu'il a été battu. M. de Cavour aura l'embarras de détrôner lui-même le roi de Naples, qui s'est retourné au dernier moment et qui se défend. J'en suis bien aise pour l'honneur du nom de Bourbon. Mais il n'en sera pas moins détrôné. L'armée piémontaise ira ouvrir les urnes au suffrage universel napolitain. L'histoire a été longtemps tour à tour une tragédie et une comédie ; elle devient tragi-comédie. La mort de M. de Pimodan a un peu ému. Les petits gentilshommes français comblent Lamoricière de politesses. Le Pape a manqué là une belle occasion d'embarrasser et décrier ses ennemis. Les catholiques gens d'esprit voulaient qu'il s'enfermât dans Ancône et qu'il s'y fît affamer ou prendre d'assaut. Ils veulent encore qu'il s'en aille de Rome en protestant contre tout, et qu'il erre en Europe, Bélisaire de l'Église. Je ne crois pas qu'il le fasse.

« Certainement ce qui se passe en Autriche est une crise de la monarchie autrichienne. La crise avortera-t-elle ou aboutira-t-elle à une régénération ? J'ai bonne envie d'espérer, non seulement parce que l'Autriche est une pièce nécessaire de la machine européenne, mais à cause de la nature même de la crise. C'est un mouvement libéral et point révolutionnaire : ce sont les barons autrichiens qui demandent la charte à leur empereur, une charte qui respecte et développe leur histoire. Il s'agit de savoir si l'empereur François-Joseph renoncera au despotisme accepté par la démocratie, pour devenir libéral avec l'appui de l'aristocratie du pays, noble ou bourgeoise. Grand problème en soi et grande nouveauté dans les monarchies du continent.

« M. de Cavour et l'Italie vont se tenir tranquilles pendant l'hiver.

« J'ai une longue lettre d'Albert de Broglie ; sa femme continue à reprendre un peu de ce qu'elle avait perdu, mais lentement. Une très spirituelle lettre de M. Doudan qui me dit : « Je ne sais comment des gens raisonnables ne voient pas qu'un Pape sans États est un des êtres les plus dangereux de la création. Quand les cerfs-volants n'ont pas une queue très pesante, ils donnent des coups de tête terribles. » Voilà vos deux lettres. Adieu, mes enfants. Je vous embrasse plus fort tous les deux. »

Désormais M. Guizot travaillait en paix, passant au Val-Richer les deux tiers de l'année, et poursuivant les deux grandes œuvres qu'il avait entreprises, ses *Mémoires pour servir à l'histoire de mon temps* et ses *Méditations sur la religion chrétienne.* Ce double travail lui tenait au cœur. Dans ses conversations avec ses enfants comme dans ses lettres à ses amis, il se plaisait à développer d'avance sa pensée, à la rendre plus claire et plus animée par des récits ou des réflexions qui n'avaient pas trouvé place dans sa rédaction. Ses conversations ont contribué à la formation intellectuelle et morale de ceux qui l'entouraient; je veux citer de suite quelques-unes de ses lettres à ses amis au sujet de ses travaux. Il écrivait le 5 juin 1860 à M. Vitet, l'un des plus fidèles et des plus intimes parmi les amis, plus jeunes que lui, dont le dévouement l'accompagnait depuis longtemps déjà : « J'espère, mon cher ami, que votre solitude vous sera douce et aussi que vous ne serez pas longtemps tout à fait seul. Personne, pas même vous, ne sait mieux que moi, que rien ne remplace ce que vous avez perdu [1]. Mais le temps vous apprendra, comme à moi, à ne pas dédaigner les joies du second rang et à en jouir, sans les compter pour plus qu'elles ne valent. Il y a dans l'Océan des profondeurs où ne pénètrent jamais les rayons du soleil qui en éclaire et en réchauffe la surface; c'est là, après certains coups, l'état de notre âme. Pourtant, j'aime toujours le soleil.

« Je suis charmé que mon troisième volume vous ait plu. La première partie, l'instruction publique, importante en soi et pour moi, est pour le public d'un intérêt un peu spécial, et je regrette comme vous que la seconde ne soit pas complète ; c'était mon projet de donner dans ce volume l'histoire entière du cabinet du 11 octobre, sa politique extérieure aussi bien qu'intérieure. Une assez mauvaise raison, une raison purement matérielle, m'en a empêché : le volume eût été trop gros. Je tiens à bien expliquer et caractériser dans ses diverses phases notre politique extérieure, si nouvelle dans le monde et aujourd'hui si passée de mode. En parlant de ce qu'elle fut de 1832 à 1836, j'aurai assez de pièces diplomatiques à joindre à mon texte. Ne me demandez pas d'autre motif de cette coupure ; je n'en ai pas d'autre à vous donner. Voici pourquoi je la

1. Le 21 février 1858, M. Vitet avait perdu sa femme, Mlle Périer, aussi belle que distinguée.

regrette un peu moins. Avec mon ministère de l'instruction publique de 1832 à 1836, c'est encore le ministère des affaires étrangères de 1840 à 1848 qui est pour moi la grande affaire. Mon quatrième volume contiendra les origines des deux questions qui, plus tard, ont rempli la scène, de la question d'Orient et de la question d'Espagne. Il sera vraiment la préface naturelle des cinquième et sixième volumes, qui seront l'histoire de mon ministère des affaires étrangères. Je ne suis pas fâché que cette préface se présente à part et plutôt comme l'en-tête de la seconde partie de mes Mémoires que comme la fin de la première.

« Quand ce quatrième volume aura paru, l'hiver prochain, ce sera à vous que je demanderai de parler à la fois dans la *Revue*, du troisième et du quatrième volume, un peu pour expliquer au public cette composition de l'ouvrage que je vous indique, et surtout à cause de certains faits, la coalition par exemple, sur lesquels j'aurai besoin de votre commentaire.

« Vous trouvez que, si j'ai un peu tourné certaines difficultés, j'en ai hardiment abordé et surmonté d'autres et de bien graves. Quelques-uns de mes amis s'inquiétaient et s'inquiètent probablement encore de cet écueil dans mon voyage. Je n'ai jamais partagé et je ne partage pas cette inquiétude. Cousin me disait, il y a quelques semaines, dans un de ses accès de caresses : « Vous avez un immense avantage, vous n'êtes jamais embarrassé. » Il disait vrai, et j'ai été sensible au compliment. Quand je me suis décidé à écrire et à publier mes Mémoires, j'ai pris mon parti d'être franc, bien sûr que je serais toujours fidèle et affectueux envers mes amis, modéré et équitable envers mes adversaires. Sans la franchise, l'ouvrage ne serait pas sérieux. Si j'avais senti ou accepté le moindre embarras, je n'aurais pas écrit. »

Et le 24 juillet 1868, toujours à M. Vitet : « Je serai charmé, comme me le dit Mme Lenormant, que vous vous occupiez bientôt de mes Méditations pour le *Journal des savants*. Et charmé surtout que la méditation sur l'*ignorance chrétienne* vous plaise. C'est, à mon avis, la plus neuve et la plus importante, celle qui conduit le mieux à la solution rationnelle des questions qui pèsent le plus aujourd'hui sur les esprits. Mais elle aurait besoin de développements. Les germes sont plantés, il faut deviner les fruits qu'ils doivent porter. Laissez-moi vous dire que je tiens au titre : l'*Ignorance chrétienne;* c'est le seul mot qui exprime bien ma pensée. L'*humilité chrétienne* est devenu un terme de dévotion qui ne la rendrait pas. Ma conviction est que les chrétiens ignorent et doivent ignorer le *comment*, l'explication scientifique des grands faits surnaturels chrétiens. Reconnaître le fait et ne pas l'expliquer, là est la foi chrétienne. J'ai appliqué cette idée à la dualité de nature dans Jésus-Christ, et à la Trinité. Les deux faits sont certains et évangéliques ; toutes les tentatives de *systématisation*, c'est-à-dire d'explication scientifique, sont vaines et fausses. Je conviens que cela met de côté bien des canons de conciles et des systèmes de théologiens, mais il faut choisir entre l'affirmation divine et la science humaine. Encore une fois, je regrette ces développements dont l'idée aurait besoin pour paraître et rayonner dans toute sa portée ; mais vous êtes un de ceux, bien rares, à qui le centre suffit pour en voir sortir et en suivre au loin les rayons. »

En 1864, il avait écrit à M. de Barante, dans une de ces causeries qui semblent l'écho lointain d'une longue intimité : « Je viens d'écrire à votre pauvre sœur, mon cher ami, je ressens pour elle une profonde pitié. Je sais ce que c'est que de perdre un fils, un fils homme, un fils excellent [1]. Il me semble aussi que vous aviez pour lui une vraie amitié. La vie se passe entre des morts attendues et des morts imprévues. Donnez-moi de vos nouvelles. Je ne sais si votre disposition d'âme est la même que la mienne. Je supporterais bien moins fermement aujourd'hui qu'autrefois la perte de ceux que j'aime. Plus on est soi-même près de les quitter, plus il est doulou-

1. M. Etienne Anisson-Duperron venait de mourir.

reux de les voir partir. Je suis entré avant-hier dans ma soixante-dix-huitième année, mais ce n'est pas du tout pour moi-même que la vie me paraît fragile : j'ai perdu en 1833 ma femme ; en 1837, mon fils aîné, l'une et l'autre si jeunes, si vivants, si heureux ! C'est depuis lors que j'ai perdu toute confiance dans la vie et tout sentiment de sécurité.

« Il y a longtemps que je ne vous ai écrit. Je pense souvent à vous. Je voudrais causer avec vous. Nous avons vécu tant d'années ensemble ! Je suis sûr que ce n'est pas par un sentiment de vieillard que je préfère notre temps au temps présent. Quand nous ne serions pas des spectateurs terrestres, quand nous contemplerions les évènements de je ne sais quelle sphère, nous serions de cet avis. L'indécision et l'impotence sont les caractères du temps actuel. Ils n'ont ni idée arrêtée ni volonté efficace sur rien de ce qu'ils font. Ils flottent et suivent le cours de l'eau. Je ne connais aujourd'hui en Europe que M. de Bismarck qui ait l'air d'un ambitieux vrai et qui poursuive un dessein, parce qu'il l'a conçu et le veut ; il n'est ni sensé, ni honnête, mais il est quelqu'un.

« Connaissez-vous rien de plus pitoyable que la nouvelle phase de la question romaine ? On sort de Rome en tremblant et en regrettant d'en sortir. En sortira-t-on réellement d'ici à deux ans ? En tout cas, l'effet de l'abandon est produit dans l'esprit du clergé que je vois.

« Adieu, mon cher ami, je vous demande de vos nouvelles. Comment vous portez-vous? Que faites-vous? Je travaille. J'écris le septième volume de mes Mémoires, de 1842 à 1846. Je compte le publier dans le courant de l'hiver. Je reprendrai alors le second volume de mes Méditations sur la religion chrétienne. Il me faut encore trois ans pour terminer ces deux travaux. Les aurai-je? Je le désire. Dieu en décidera. »

Et le 28 juin 1866 : « Je suis charmé, mon cher ami, que mes nouvelles Méditations vous aient satisfait. Quoique nous vivions bien loin l'un de l'autre, je suis sûr que notre vieille sympathie subsiste et subsistera. Elle est bien vieille en effet, et elle a été mise à bien des épreuves. Elle a des sources qui sont au-dessus des épreuves et des années.

« Je regrette que votre santé ne vous permette plus guère de venir à Paris. Mais je le comprends, tout en le regrettant. J'ai quelques années de moins et une meilleure santé que vous, mais je ne sors plus guère du Val-Richer. Je suis allé passer vingt-quatre heures en Angleterre pour les obsèques de la reine. Je viens de faire une course de deux jours à Paris pour des élections à l'Académie des sciences morales. Je me hâte toujours de rentrer dans mon *home*, et je ne le quitte que pour quelque claire nécessité. J'ai deux tâches à finir, si Dieu me le permet, mes Mémoires et mes Méditations. J'ai à cœur de dire un peu ce que j'ai fait en ce monde et ce que je pense de l'autre. Je consacre cet été et l'automne prochain au huitième et dernier volume de mes Mémoires. J'espère le publier en mars 1867. Je m'arrête comme de raison au 23 février 1848, à la chute de mon cabinet.

« Je ne vous parle que de moi. Ma vie est moins troublée que le monde. Que de choses nous aurions à nous dire si nous causions, et que nous nous complairions à être du même avis ! Mais nous sommes trop loin.

« Voilà les Italiens battus en commençant ; s'il en arrive autant aux Prussiens, on pourra entrevoir une solution. Si la guerre se prolonge, elle envahira toute l'Europe, et Dieu seul sait pour finir quand et comment.

» Adieu, mon cher ami, gardez-moi tout ce que vous m'avez donné, il y a bien longtemps, et soyez sûr que je ne change pas plus que vous. »

La reine Marie-Amélie était morte en effet à Claremont (24 mars 1866). « Les journaux vous apporteront la triste nouvelle de la mort de la reine, écrivait M. Guizot le 25 mars. Bocher est venu me la dire hier à six heures. Il avait ordre d'en informer les amis. La dépêche télégraphique porte :

« La reine s'est éteinte soudainement et doucemen

ce matin à onze heures. » Point d'autres détails. On dit qu'après quarante-huit heures de rhume, la respiration lui a manqué. C'est une grande âme qui s'en va, après une belle vie, pleine d'épreuves et de douleurs. Je garderai son souvenir avec respect et tristesse. Elle a porté dignement et sans y succomber toutes ses épreuves. Elle est restée jusqu'au bout sereine et animée. C'était la gravité de la chrétienne dans la vivacité de la Sicilienne. Rien, comme de raison, n'est dit encore quant aux obsèques. Mon intention positive est d'y aller. C'était la seule circonstance qui pût me faire retourner en Angleterre. »

M. de Barante était mort aussi (22 novembre 1866), laissant dans son testament le témoignage de sa constante amitié pour les amis qu'il devançait de quelques années dans l'éternité. M. Guizot avait mis du prix à parler de lui comme il en pensait ; il écrivait à M. Vitet, profondément inquiet comme lui de la santé d'un autre ami, également lié à toute leur vie passée, M. Duchâtel : « Je ne sais pas si je suis bien aise de vous savoir au Pied-du-Terne au lieu de Dieppe, ni si la tristesse de l'attente n'est pas plus pénible encore que celle du spectacle. Il y a longtemps que je suis touché de votre amitié fraternelle pour Duchâtel. Votre chagrin est et sera grand. Vous en avez connu un plus grand. J'ai vu mourir, comme vous, ce que j'aimais le mieux au monde. L'angoisse de ces jours-là m'est aussi présente que si c'était aujourd'hui. Et pourtant j'aurais regardé comme le bonheur suprême que cette angoisse durât toujours. Je ne dis pas *Fi de la vie!* comme cette pauvre petite reine dont j'oublie en ce moment le nom, mais j'ai une pitié immense de ce qu'il y faut souffrir et perdre.

« L'article sur Barante réussit. J'en suis bien aise pour sa famille et pour sa mémoire. Je prends plaisir à mettre mon temps et mes amis à la place qui leur appartient. Le père Gratry[1] m'a écrit, avec une naïveté d'enfant qui m'a plu, qu'en ouvrant la *Revue* il a eu peur, mais qu'après l'avoir lue, il a été rassuré. Il a trouvé que nous étions du même avis, et que j'avais indiqué son point de vue sans le lui prendre. Je suis bien sûr que je ne vous ai rien pris et que tout en pensant comme moi, vous direz ce que je n'ai pas dit. »

M. Guizot venait de terminer ses Mémoires lorsqu'il écrivit la notice sur M. de Barante. « Ouf! j'ai fini mes Mémoires, écrivait-il le 20 mars. Je viens d'écrire la dernière ligne de mon résumé; Michel Lévy viendra le chercher aujourd'hui ou demain. Ce n'est plus affaire que de l'imprimeur et de l'éditeur. J'ai un grand sentiment de satisfaction et de repos. J'avais cette œuvre-là très avant dans l'âme.

1. Le père Gratry remplaçait à l'Académie M. de Barante et devait être reçu par M. Vitet.

Il m'en reste encore une à terminer. J'espère que Dieu m'en donnera aussi le temps et la force. En ce moment, il me semble que je pourrais partir pour faire le tour du monde. Je n'en ferai rien. »

Les Méditations de M. Guizot étaient achevées comme ses Mémoires, lorsque le dernier et le plus cher de ses amis lui fut enlevé. Le 21 octobre 1868, il écrivait de Broglie : « J'ai trouvé le duc de Broglie en bon état de corps et d'âme, mais de plus en plus immobile. » « Je me porte bien, mais mes pieds ne me portent pas ; je vais bien, mais je ne vais pas. » « Nous sommes en plus complète sympathie que jamais. » Le 26 janvier 1870, il écrivit à sa fille aînée : « Ma fille, tu seras presque aussi triste que moi. Le duc de Broglie est mort hier au soir à dix heures, pris d'un étouffement en montant dans son lit, sans souffrances, sans trouble. Il s'est endormi soudainement. Je l'avais vu à quatre heures, tranquille dans son fauteuil, ne disposant plus que de sa main gauche, lisant, ne se plaignant que de ne pas dormir. Je suis sorti inquiet de l'affaissement, non pas de son âme, mais de sa figure. Pas assez inquiet. Le malheur est toujours imprévu. Je perds mon plus ancien, mon meilleur et mon plus rare ami. Une si belle âme, si fière et si modeste, un désintéressement si complet et si simple, un respect si profond de la vérité et de la liberté, de la vérité divine et de la liberté humaine, si soumis à Dieu, si dévoué au bien des hommes, tous les sentiments nobles et purs, point de petites passions ! C'est en pensant à lui qu'en même temps je sens toute sa perte et je jouis encore de sa valeur. Lui et sa femme, lui et lord Aberdeen, ils tiennent et ils tiendront toujours la même place dans mon âme. Je ne me suis pas séparé d'eux. Quand irai-je les retrouver avec tout ce que j'ai eu de plus cher en ce monde ? Adieu, ma fille, tu me restes. Tu sais (le sais-tu bien ?) tout ce que tu es pour moi. Hier, quand je l'ai quitté, il m'a tendu sa main, sa main gauche, la seule libre, avec intention, je crois. J'en ai eu l'instinct au moment même. » — Et quinze jours plus tard, 10 février : « Albert de Broglie m'a apporté hier (j'ai quelque peine à l'appelèr le duc de Broglie) ce paragraphe du testament de son père :

« Je lègue à mon ami M. Guizot un ouvrage à son choix à prendre dans ma bibliothèque de Broglie. Je regarde notre longue amitié comme l'un des biens les plus précieux que Dieu m'ait accordés. »

« J'ai été très touché. Il est impossible d'être plus profondément affectueux et simple. Albert était ému. Il m'a dit en me quittant : « Je vous demande la permission de ne rien faire sans vous consulter. Vous êtes pour moi un second père. » Je voyais devant moi, en l'entendant, son père et sa mère, deux des plus belles âmes qu'il m'ait été donné de rencontrer. Ce sont là les grandes fortunes de la vie. »

M. de Broglie avait quitté la terre au moment où l'essai de transformation libérale de l'empire donnait quelque espoir aux vieux parlementaires. « Nous ferons peut-être l'économie d'une révolution ! » disait-il en souriant. Quelques mois plus tard, au milieu des désastres que le gouvernement personnel avait attirés sur la France, la pensée de M. Guizot revenait sans cesse à son ami : « Comme mon pauvre Victor a bien fait de mourir ! » répétait-il.

La vie est partout et toujours mêlée à la mort, la joie à la tristesse : les petits-enfants se multipliaient autour de M. Guizot ; sa seconde fille venait de mettre au monde son quatrième fils, quelques jours après avoir marié sa fille aînée à M. Théodore Vernes. M. Guizot était parfaitement satisfait de cette union qui le rapprochait d'une famille et d'un homme[1] pour qui il avait toujours éprouvé de l'estime et qui devaient bientôt lui inspirer de l'affection. Il attendait les jeunes gens au Val-Richer. La naissance de son petit-fils François lui avait causé une émotion particulière qui tenait au nom de l'enfant. Le moment était venu où le souvenir continuellement ranimé devait être doux. « Donne-moi des nouvelles de ta sœur et de François, écrivait-il le 23 mai 1870 à sa fille aînée. Je n'écris pas ce

1. M. Félix Vernes, père de M. Théodore Vernes, enlevé aux siens le 30 décembre 1879.

nom-là sans émotion; je suis bien aise que cet enfant le porte. Dieu lui fasse la grâce de ressembler à son oncle! Je n'ai pas rencontré dans ma longue vie une plus noble et plus charmante créature. Digne de sa mère. Hier, en le lisant, notre sermon du dimanche ne m'a pas satisfait. Certainement nulle idolâtrie n'est légitime, mais on n'honore, on n'admire, on n'aime jamais assez les natures qui sont les vives quoique imparfaites images de la nature divine. Il ne faut pas méconnaître ce qui leur manque, mais on ne leur rend jamais tout ce qui leur est dû. J'avais ce sentiment dans ma jeunesse au milieu de mes plus tendres adorations. Je l'ai encore plus aujourd'hui, après avoir tant connu et tant éprouvé le monde et les hommes. Dieu m'a fait une grâce incomparable, infiniment supérieure à toute autre grâce. Il m'a montré et donné quelques-unes de ses plus belles œuvres humaines. »

A ces joies et à ces reconnaissances de famille allaient succéder les inquiétudes et les douleurs patriotiques. La France arrivait étourdiment au bord de l'abîme. « Je suis triste et choqué, écrivait M. Guizot le 17 juillet 1870. Choqué des deux gouvernements et des deux peuples. En 1846, l'Angleterre avait essuyé dans les mariages espagnols un bien autre échec que ne pouvait être aujourd'hui pour la France la candidature du prince de Hohenzollern. Lord Palmerston avait officiellement porté le prince de Cobourg en tête des prétendants agréés par l'Angleterre. Il fut battu. Le mariage contraire à sa déclaration eut lieu. Il ne vint ni à l'Angleterre, ni à lord Palmerston lui-même, l'idée de nous faire pour cela la guerre. Ils avaient cependant beaucoup d'humeur, peuple, reine et ministres. Tout se borna à une vive et longue discussion sur les procédés des deux négociations. Aujourd'hui, une candidature formellement choisie par l'Espagne nous déplaît; nous le disons à la Prusse, patron du candidat; le candidat se retire, de l'aveu de son patron. L'Espagne accepte sa retraite, nous n'en restons pas là et nous demandons au patron d'interdire pour l'avenir, en tous cas, absolument, la candidature retirée. Et sur cette étonnante demande, le patron, tout à coup, sans rien entendre, rompt les relations et engage la guerre. Et dans les deux pays une foule de gens applaudissent. Lequel des deux gouvernements ou peuples est le plus dénué de bon sens et de sens moral ? En vérité, je serais embarrassé à le décider. C'est bien le cas d'être de l'avis du chancelier Oxenstiern.

« Je ne vois à cette situation aucune bonne issue. Mon optimisme y échoue. Ce peut être la conflagration de l'Europe. Et peut-être un avortement de l'une ou de l'autre part, après des souffrances mutuelles aussi. Je me borne au proverbe : « Les plus courtes folies sont les meilleures. » Vous nous donnerez avec soin les nouvelles vraies ou fausses, et je vais m'arranger pour avoir chaque jour les deux courriers de Lisieux. Il me faudra un acte de volonté pour n'être pas chaque jour un peu distrait de mon travail. Les croisés du onzième siècle n'étaient pas plus aveugles, et ils avaient de bien meilleures excuses de n'y pas voir clair. »

Et le 19 : « Ce pays-ci est triste. Très inégalement partagé entre la paix et la guerre. La paix a une grande majorité, dans les campagnes surtout. Un peu partagé pourtant. M. de Chateaubriand a eu raison de dire : « La France est un soldat, » et le maréchal Lebœuf a raison de dire : « Les Français aiment la parade, non pas la caserne ! » Plus j'y pense, plus je m'enfonce dans ma conviction. Par malheur, quand on a vraiment raison, on a trop raison. Thiers a bien fait de dire ce qu'il a dit. Il l'a dit fermement, sinon complètement, et je lui sais gré d'avoir dit : « Je tiens à l'honneur de ma mémoire. » Ce qui se passe ne m'étonne pourtant pas. Il faut s'être établi dans la région de la grande et bonne politique pour résister aux mauvais coups de vent qui soufflent dans les petites régions. La longue pratique du gouvernement libre peut seule élever les peuples à ce niveau-là. Nous en sommes loin. C'est triste. Je me répète. »

Les tristesses allaient dépasser l'attente déjà douloureuse de M. Guizot. Il tomba malade. Un moment ses enfants eurent l'impression qu'il ne luttait plus contre le mal, et qu'il était trop las et trop affligé pour souhaiter de vivre. La pensée lui vint dans son lit, au sein de sa faiblesse, qu'il pourrait encore servir son pays en disant au monde ce qu'il pensait de la situation actuelle, de ce qui l'avait amenée, et des remèdes à y apporter; il se releva bientôt et se mit à l'œuvre; mais sa santé restait ébranlée et ses forces diminuées. Son courage ne l'était pas. Il écrivit le 12 septembre à M. Vitet : « Quelques mots, mon cher ami, uniquement pour vous donner moi-même de mes nouvelles, ce que je n'ai pas voulu faire, tant que je vous les aurais données de mon lit. L'indignation et la tristesse sont malsaines à quatre-vingt-trois ans. J'ai été très souffrant et je reste très faible. Je vais mieux pourtant et je sens que chaque jour me fait faire un pas dans la convalescence. Plût à Dieu que je fusse aussi sûr de celle de la France que de la mienne! Mais la France est dans la crise aiguë. De loin, elle la supporte assez bien, sans fanfaronnade et sans abattement. Ce qu'on m'écrit de Paris est d'accord avec les apparences. Je ne dis plus que je suis optimiste, mais je désespère moins aujourd'hui que je ne faisais il y a huit jours. L'honneur commence à être sauf. Mon espérance est là. Que vous espériez ou non, écrivez-moi. Dites-moi ce que vous voyez et pensez. Nous sommes deux chrétiens, nous nous comprendrons et nous nous soutiendrons mutuellement. Adieu, je suis fatigué. »

Lorsque les premiers coups de foudre avaient éclaté, tous les enfants de M. Guizot étaient réunis autour de lui au Val-Richer. C'était sa maxime que, dans les crises douloureuses, chacun doit rester à son poste naturel. M. Cornelis de Witt était retourné à Paris, où le retenaient habituellement ses occupations; sa femme l'y rejoignit bientôt, résolue à tout supporter avec lui et à côté de lui. Leur fille, madame Th. Vernes, leur gendre et leur fils aîné y étaient avec eux. Les autres enfants restèrent au Val-Richer auprès de M. Guizot et de l'*aîné de ses ménages*. On avait envoyé quelques provisions à Paris; on avait pris quelques précautions pour la correspondance, sans prévoir en aucune façon la séparation absolue qui se préparait. Le 18 septembre les communications cessèrent; quelques jours auparavant, Mme Guillaume Guizot était arrivée au Val-Richer, pour y prendre tendrement sa part de la tâche filiale, des inquiétudes et des travaux de chaque jour. Son mari était resté à son poste, dans Paris assiégé. M. Guizot avait écrit, le 9 septembre, à sa fille, Mme Cornelis de Witt : « Gabrielle est arrivée hier dans la nuit, après un long retard du train, mais en très bon état et en très bonne disposition. Elle a du courage et du bon sens, les deux premières qualités requises dans le cours ordinaire de la vie et dans les jours d'épreuve. Je remercie Cornelis de sa dernière lettre, qui m'a fait un vrai plaisir par la fermeté du cœur et la précision des observations. Point d'illusions et point de découragement. Je lui écrirai certainement bientôt. Je n'ai écrit qu'à toi depuis quinze jours.

« Tes enfants vont bien et se conduisent bien : Rachel vertueusement, Suzanne doucement, François parfaitement ; Robert et Pierre travaillent un peu et ne donnent aucune peine. Robert est un admirable pourvoyeur de truites, la seule chose que j'aie pu manger pendant quelques jours.

« Adieu, ma fille. Je suis parfaitement sûr que tu écris tous les jours et tu as bien raison. Les lettres sont une joie, même quand elles n'apportent que des tristesses. »

Les lettres continuaient en effet, comme une protestation et un continuel effort. M. Guizot écrivait le 4 octobre : « Que vous me manquez ! C'est la première fois, je crois, que le 4 octobre est si incomplet. Je vous envoie, mes enfants, ma bénédiction. Pauline, Cornelis, les deux Cornelis, Guillaume, Marie, Théodore, soyez bénis et que nous ne tardions pas trop à nous retrouver ! Que de bonheur et de malheur peut s'unir dans une longue vie ! Quand j'évoque la mémoire, quand je repasse tout ce que j'ai fait, ou pensé et senti depuis le 4 octobre 1787, j'ai peine à croire que tout cela ait pu prendre place dans quelques années. Et tout cela m'est encore présent, vit encore dans mon âme. Je ne sais si j'ai appris tout ce que j'aurais dû apprendre, mais je n'ai rien oublié.

« Tous ceux que j'ai ici étaient là tout à l'heure, autour de moi, déjeunant et récitant : une longue et charmante légende en vers anglais de Marguerite, une bonne traduction de quatre ou cinq des plus belles et plus difficiles pages de Milton par Jeanne ; une pièce de vers de Robert ; Pierre, Rachel et Suzanne m'ont récité très bien, Rachel surtout, de longs morceaux de poésie. Ils sont heureux, très heureux. Ils auront leur part de chagrin. Qu'elle ne soit pas trop lourde !

« Je n'écris aujourd'hui qu'à toi pour tous. Henriette écrit à Marie. Vous aurez tous des lettres, si elles arrivent. Je vais de mieux en mieux. J'ai quelques motifs de croire que mes lettres en Angleterre ne sont pas sans quelque effet. »

Et le 24 octobre : « Nous respirons enfin de temps en temps. Nous avons de tes lettres du 14 et du 18 ; le 14 nous est arrivé après le 18, par l'Angleterre. J'espère qu'à force de tenter toutes les voies, nous t'arriverons aussi quelquefois. Tout est bien ici, dans la maison, et pas mal autour. Sans enthousiasme et sans faiblesse. Le Calvados est inquiet dans ce moment. Il y a 6000 mobiles à Dreux. Ils se sont déjà bien battus. J'espère qu'ils continueront. On annonce une nouvelle attaque des Prussiens. J'écris souvent en Angleterre et dans les départements. En Angleterre, je soutiens que la neutralité peut être efficace sans être guerrière, et qu'elle doit l'être sous peine de déclin politique en Europe. Dans nos départements, je recommande de n'avoir pas plus de découragement que d'illusions. Au cri insensé : « A Berlin ! à Berlin ! » il faut substituer le cri : « A Paris ! à Paris ! » Ce qui me préoccupe surtout pour vous, ce sont les vivres.

« Tes enfants se conduisent très bien, garçons et filles. Rachel est toujours exemplaire. Je ne sais si j'ai jamais vu un enfant de son âge acquérir si vite le sentiment du devoir et l'empire sur soi-même, deux qualités maîtresses en ce monde. Adieu, ma fille, je vous embrasse tous. »

Lorsque la lamentable issue de la guerre rouvrit enfin les portes de Paris, M. Cornelis de Witt, sorti parmi les premiers de son enceinte, apprit, en mettant le pied en Normandie, qu'il était député du Calvados. Deux fois déjà, en 1863 et en 1869, il avait été dans son département le candidat des conservateurs libéraux; élu en 1871, à l'heure du danger public, il prit aussitôt le chemin de Bordeaux, à travers la France ravagée et occupée. Sa femme arriva bientôt au Val-Richer pour rejoindre tous les siens. Ses cheveux étaient blanchis, et sa santé, bonne en apparence, avait reçu une atteinte dont elle ne devait jamais se relever. « Mon cœur ne s'est pas desserré depuis cinq mois, » disait-elle. Trois fois seulement, les tentatives avaient réussi pour lui faire parvenir des nouvelles de ceux qu'elle aimait.

Les angoisses et les colères causées par les évènements de Paris, l'humiliation de la Commune ajoutée aux humiliations de la défaite nationale et aux amertumes d'une paix indispensable, éprouvèrent cruellement les plus fermes cœurs. Mme Cornelis de Witt avait supporté toutes les privations du siège avec un courage gai qui lui était naturel et dont s'étonnaient ses amis. Elle fut souvent souffrante pendant l'année 1871, et lorsqu'elle rentra à Paris, au moment de l'ouverture des classes, les siens étaient déjà inquiets et tristes. Elle cachait ses inquiétudes personnelles et suffisait vaillamment à sa lourde tâche. M. Guizot la rejoignit avant la fin de l'année ; il lui écrivait le 21 novembre, en réponse à une requête qu'elle lui avait adressée :

« Certainement, ma fille, je te donnerai mon manuscrit sur Washington. Je l'ai laissé dans mon bureau à Paris, où j'étais quand M. Gavard me l'a rapporté de Londres. Et j'y joindrai mon manuscrit sur le duc de Broglie que j'ai ici et que je t'apporterai le 20 décembre.

» De mes trois fils, ton mari est et sera le politique; c'est à lui que reviennent mes deux portraits de ces deux grands et honnêtes politiques qui ont si vertueusement travaillé à fonder, l'un une République, l'autre une monarchie constitutionnelle. J'ai pris un sérieux plaisir à parler d'eux comme j'en pense. J'en prendrai un nouveau à laisser en bonnes mains ce que j'en ai dit. »

M. Guizot continuait à travailler sans relâche. A la suite de ses deux grandes entreprises, outre quelques morceaux séparés, introductions ou considérations, qu'il avait placés en tête de plusieurs recueils de ses œuvres, il avait écrit la vie de saint Louis et celle de Calvin, les premiers parmi les quatre grands chrétiens français, catholiques et protestants, qu'il avait à cœur de peindre; il avait remis à d'autres temps le portrait de saint Vincent de Paul et celui de Duplessis-Mornay, et c'était seulement pour parler du duc de Broglie qu'il avait suspendu l'œuvre nouvelle et considérable qu'il avait entreprise, celle de donner au public les leçons d'histoire de France qui charmaient depuis plusieurs années ses petits-enfants. La guerre avait interrompu la publication du livre, comme elle avait interrompu dans son travail M. Guizot lui-même, absorbé par ses inquiétudes patriotiques, occupé de chercher à éclairer l'Europe sur la France, à fortifier et à relever la France elle-même. Il avait repris sa tâche dès qu'une apparence de calme avait reparu, et son premier volume avait paru à la fin de l'année 1871. M. Vitet s'était chargé de parler de l'ouvrage aux lecteurs de la *Revue des Deux Mondes*; M. Guizot lui écrivit le 17 mai 1872 : « Mon cher ami, je suis charmé que vous pensiez ce que vous avez dit, et charmé que vous l'ayez dit. J'espère que vous avez dit vrai. C'est en effet pour l'instruction de mes petits-enfants d'abord, pour leur instruction devancée par leur imagination, mais non pas pour eux seuls que j'ai commencé et que j'achèverai, si Dieu le veut, ce gros livre. Je me suis figuré que je pouvais contribuer à relever la France de ses ruines d'aujourd'hui, en lui mettant sous les yeux le véridique tableau de ses relèvements d'autrefois dans sa longue vie. Pour nous tous, pauvres créatures, c'est la foi dans la résurrection qui nous soutient contre la pensée de la mort. Il en doit être de même des nations. Elles ne sont pas mortes, tant qu'elles se croient et se sentent vivantes; elles ne tombent pas dans la décadence, tant qu'elles ne l'acceptent pas et qu'elles se voient ressusciter, à plusieurs reprises, dans leur histoire. Après mes petits-enfants, ceci a été ma seconde raison pour écrire ce livre et pour m'y intéresser sérieusement. Je vous remercie de m'avoir si bien compris et si bien expliqué.

« Je ne vous parlerai pas d'autre chose ce matin. Je travaille pour avoir des livraisons prêtes quand j'aurai sur les bras le Synode. Il s'ouvrira le 6 juin, et me prendra, je présume, tout le mois de juin. Dieu a bien raison de ne pas nous laisser avoir d'avance la mesure de notre force; si nous l'avions, bien souvent nous n'entreprendrions pas ce que nous finissons quelquefois par faire. »

M. Guizot portait toujours la mesure de ses forces à leurs dernières limites. Il avait enfin réussi dans une entreprise qu'il poursuivait depuis longtemps, au service de l'Eglise protestante de France. Il avait la joie de voir rétabli le gouvernement traditionnel, à la fois régulier et libre, du vieux protestantisme français. Il en préparait d'avance les travaux et s'y portait tout entier, avec une ardeur sereine qui ne devait pas tarder à le fatiguer. Il écrivait le 27 mai 1872 à sa seconde fille: « Ta sœur t'a écrit que je vous arriverais le dimanche 2 juin au lieu du lundi 3. Il doit y avoir le lundi, à une heure, une grande conférence des délégués évangéliques au Synode; on m'y demande et je veux y assister. J'avance donc mon départ d'un jour. J'espère que mon petit Pierre ira tout à fait bien. Le beau temps nous revient, pas chaud encore, mais beau et doux. On me dit que Rachel a soigné à merveille son frère pendant qu'il était souffrant: une bonne et aimable fille auprès d'un bon et aimable garçon. Que Dieu les bénisse l'un et l'autre! Je suis pressé de les revoir. »

Après avoir dirigé les premiers travaux du Synode, M. Guizot ne put en soutenir jusqu'au bout l'effort, et ce fut du Val-Richer qu'il suivit les dernières séances avec un intérêt toujours égal. « Dieu m'a fait de grandes grâces, disait-il souvent, il m'a permis d'employer ma vie, d'abord à l'activité littéraire, puis à l'activité politique, enfin à l'activité religieuse. J'espère que celle-ci pourra durer jusqu'au terme de la course. »

M. Guizot était au Val-Richer, entouré de la plupart de ses enfants et de ses petits-enfants ; il écrivait, le 21 juillet 1872, à sa fille cadette : « J'ai un grand plaisir à voir passer et repasser et à entendre crier sous mes fenêtres les trois petits. François est le moins bavard et le moins bruyant ; Rachel est contenue par sa dignité ; Suzanne parle, crie et remue pour trois. Elle parvient à mettre en train Dorothée[1], qui est embarrassée et fière, et qui ne sait pas un mot de français. Suzanne sait peu de mots anglais, mais elle n'en parle pas moins à Dorothée, qu'elle comprend et de qui elle se fait comprendre. C'est un petit spectacle amusant. J'aime le spectacle des enfants : il me repose du spectacle des hommes. Tu arrives mercredi ; j'ajourne donc la conversation. Je trouve les lettres si insuffisantes ! Robert retrouvera demain Figaro et ses lapins blancs en très bon état, et très contents de le revoir. Je ne dis ceci que pour Figaro. Je ne sais que penser de la mémoire et de la sympathie des lapins. »

1. Petite amie anglaise en visite au Val-Richer.

Presque au même moment, M. Guizot écrivait à M. Vitet : « Écrivez-moi. Vous savez si je suis tout à vous. Nous restons bien peu de notre ancien et excellent bataillon. » Celui auquel s'adressaient ces paroles allait disparaître à son tour. Le 23 février 1858, M. Guizot avait écrit : « Cette pauvre Mme Vitet est morte hier soir. J'en suis vraiment désolé. Quelle solitude que celle de son malheureux mari ! Point d'enfants, une vieille mère tout à fait sourde. Sa sœur a son mari et ses enfants à elle. Qu'est-ce que des amis pour apporter quelque soulagement à une telle souffrance ? Que peut une sympathie froide, rare, lointaine, pour remplacer une telle intimité ? Je le sais par moi-même, et aujourd'hui, en pensant à ce que je sens pour Vitet en ce moment même, je suis épouvanté du peu que vaut et peut l'amitié. Il n'y a de consolation que Dieu. Il faut garder le passé au fond de son âme et attendre l'avenir. » C'était ce qu'avait fait M. Vitet ; puis, à son tour, le 6 juin 1873, il entra en possession de l'éternel avenir. M. Guizot écrivit à sa seconde fille, à peine revenue de Menton où l'affaiblissement de sa santé l'avait obligée de passer l'hiver : « C'est un vrai chagrin, et je m'y connais. J'ai eu des amis plus complets et plus profonds que lui ; je n'en ai pas eu de plus aimable. Il était très distingué en toutes choses, dans ses idées, ses sentiments, ses habitudes, ses goûts, ses sympathies et ses antipathies. Et point de prétentions dans toute cette distinction : une élévation naturelle et facile ; fidèle à ses amis comme à ses idées. Je cherche en lui un mauvais penchant ; je n'en trouve pas. Notre relation date de 1819. Il entrait à l'École normale et un peu dans le monde. Il avait dix-sept ans et moi trente-deux. Point de lacune depuis, et point de nuage. C'est un dernier lien qui se rompt et un pas de plus dans la solitude de l'âme. Tu sais ce qui y reste, plus avant que jamais. Que Dieu me ménage maintenant dans mes enfants et mes petits-enfants ! Il me semble que je ne puis plus être atteint que là. Qui est-ce qui connaît tous les coins, tous les replis de l'âme où il peut être atteint ? Adieu, ma fille, quel dommage que toutes les joies de la vie soient destinées à devenir un jour des tristesses ! Il ne faut pas que les coups de Dieu fassent oublier ses dons ; je me le redis tous les jours. Adieu, ma fille. »

Et le lendemain 8 juin : « Je ne suis pas d'un naturel mélancolique, mais les épreuves de la vie, tant et de telles épreuves, ont fait pour moi, de la tristesse au fond de l'âme, un état naturel et dans lequel je rentre sans effort à chaque nouvelle occasion. Je ne suis qu'embarrassé quelquefois pour mettre d'accord mes souvenirs de bonheur avec mes instincts de tristesse, mes élans de reconnaissance avec mes habitudes de regret. La vie humaine est pleine d'incohérence et de contradictions. Il faut apprendre à l'accepter telle quelle.

« Je reçois à l'instant une longue lettre de Cuvillier-Fleury sur l'effet de la mort inattendue de Vitet, et la sympathie très générale qui s'attache à lui. C'est juste et convenable. Le pays ne manque pas de bons et honnêtes serviteurs; mais les ornements beaux et rares s'en vont, et je n'en vois pas surgir de nouveaux. Ce n'est pas assez pour un grand pays d'être prospère, il lui faut de l'éclat. Je me promets d'écrire quelques pages sur Vitet dans la *Revue des Deux Mondes*. J'ai beau être avare de mon temps, je puis bien donner trois ou quatre jours à cette mémoire. Je suis en bon train de mon grand travail. »

Le troisième volume de l'*Histoire de France racontée à mes petits-enfants* touchait à son terme. Pour la dernière fois M. Guizot s'était interrompu dans sa tâche pour rendre à l'un de ses amis disparus, cet hommage qu'ils auraient dû lui rendre si la mort avait tenu compte du nombre des années; un dernier et rude coup devait bientôt épuiser le reste des forces si longtemps et si admirablement conservées. Revenue au mois d'avril 1873 de Menton, Mme Cornelis de Witt avait été atteinte, au retour, par une pleurésie qui la laissa faible et languissante, plus faible encore que languissante. Dès qu'elle fut en état de voyager, elle alla chercher au Val-Richer, au milieu des siens, un bien-être qu'elle y avait toujours trouvé, un bonheur paisible qui ne lui fit pas défaut, même alors. On ne lui permit cependant pas d'y prolonger son séjour. Le 4 octobre réunissait toujours autour de lui les enfants de M. Guizot; au lendemain de cette fête de famille, Mme Cornelis de Witt partit pour Paris, première étape de son voyage vers Cannes. Elle partait avec un pressentiment douloureux que tout son courage ne parvenait pas à cacher. M. Guizot la suivit à Paris pour la revoir encore; lorsqu'elle sortit de son cabinet après l'avoir embrassé pour la dernière fois, avant de monter dans la voiture qui la devait conduire au chemin de fer, elle ne regarda ni à droite, ni à gauche; elle descendit l'escalier sans parler, presque sans respirer, comme ayant fait appel à toute son énergie pour une épreuve qu'elle sentait au-dessus de ses forces. Le père et la fille ne devaient se retrouver que dans l'éternité. M. Guizot lui écrivit le 17 octobre : « Nous avons eu hier tes lettres, ma fille, une le matin et une le soir. Je n'ai pas besoin de te dire le plaisir qu'elles nous ont fait. Mon optimisme échoue devant mes affections. Ma longue vie m'a inspiré une inquiétude permanente. Toute absence, tout voyage, toute chance d'accident et d'accident inconnu, pendant un jour, deux jours, trois jours peut-être, me trouble l'âme au fond sans qu'il y paraisse. Enfin, te voilà arrivée et bien établic. Que Dieu te garde là, ma fille! Nous n'y sommes plus, je ne te dis pas pour te garder, ce qui dépasse notre pouvoir, mais pour te regarder, et nous dire : Elle est là ! Ton mari t'a quittée hier; autre tristesse, autre inquiétude. Heureusement, tu as beaucoup de courage. Tes enfants vont bien. Quel dommage que les sacrifices ne puissent pas donner la sécurité! La dernière ressource est la résignation à la volonté inconnue de Dieu.

« Sa volonté politique nous est bien inconnue, et je ne suis guère en confiance de ce côté-là. On attend demain la réponse définitive, dit-on, de M. le comte de Chambord. Je ne crois à rien de définitif. Ce n'est pas le caractère des hommes de notre temps. C'est pourtant ce dont le pays a besoin; du définitif pour vingt ans, nous ne sommes pas plus exigeants. »

Le sacrifice de la séparation était grand, car M. Cornelis de Witt était retenu à Paris et à Versailles par ses devoirs législatifs. Il faisait, le plus souvent possible, cinq cents lieues pour passer avec sa femme deux ou trois jours; mais ces éclairs de joie suffisaient tout juste à leur donner la force de supporter une séparation de jour en jour plus cruelle; car elle allait s'affaiblissant. Ceux de ses enfants qui n'avaient pas pu l'accompagner à Cannes y avaient fait plusieurs voyages. Sa fille aînée s'y était enfin établie; sa sœur y vint pour quelques jours, et elle resta à Cannes jusqu'au dernier moment, plus rapproché que ne l'avaient prévu les plus vives inquiétudes. L'énergie de la malade avait longtemps entretenu les illusions; elle déposait enfin son fardeau; elle ne luttait plus, elle ne résistait plus à la maladie qui l'envahissait tout entière; elle acceptait la volonté de Dieu, lui confiant tous ceux qu'elle aimait, avec cette foi simple et sereine qui l'avait soutenue à travers les épreuves de la vie. Elle s'éteignit le 28 février 1874, entourée de tous les siens, et laissant dans plus d'une vie un irréparable vide.

M. Guizot avait supporté avec courage l'éloignement; il accepta le départ de sa fille avec soumission, mais ceux qui l'aimaient ne se trompèrent pas sur l'effet de la douleur dans cette âme qui semblait devenir chaque jour plus tendre. Il attendait un prompt revoir; là était sa force et sa consolation, car lui aussi sentait sa vie décroître. Il travaillait encore, mais il écrivait péniblement et lentement; les recherches lui étaient difficiles; la fille qui lui restait eut la triste joie de pouvoir l'aider dans sa tâche. « Il faut être une âme en deux corps pour travailler comme nous faisons, » disait-il parfois. Il jouissait de son repos du Val-Richer, de son jardin, de ses fleurs. L'été était beau; il passait de longues heures au grand air, bien installé à l'abri du soleil et du vent, ses livres à côté de lui, dictant ou causant; mais l'appétit lui faisait absolument défaut, et sa marche devenait défaillante. Il prenait aux affaires du pays un intérêt qui s'accroissait encore par la situation de son gendre, M. Cornelis de Witt, devenu sous-secrétaire d'État au ministère de l'intérieur. Chaque visite de ses enfants absents était pour lui une cause de joie, une distraction douce. Tous recueillaient avidement les moindres signes de cette tendresse qu'ils voyaient s'écouler comme l'eau qu'on cherche vainement à retenir entre ses doigts.

Les dernières lignes du quatrième volume de l'*Histoire de France* étaient écrites, lorsque M. Guizot, cédant enfin à une faiblesse croissante, se mit dans son lit pour ne se plus relever. Il avait encore accueilli avec plaisir M. et M^me Cuvillier-Fleury, dès longtemps liés avec lui. « Bonjour, mes amis, dit-il, en les voyant arriver au Val-Richer, car vous êtes mes amis. » Les derniers ils devaient posséder le privilège de le voir encore debout. Les soins de M. Guizot restaient les mêmes pour ceux qu'il aimait. Il se sentait mourir et parlait déjà avec peine, lorsqu'il dit à sa fille, faisant allusion à sa fin prochaine : « Tu l'écriras toi-même à M^me Mollien. » Cette fidèle amie, intimement liée avec lui depuis de longues années, plus âgée que lui, devait lui survivre encore.

Tous ses enfants étaient là, accourus autour de lui. M^me Gaillard de Witt y était aussi avec sa fille aînée, filleule de M. Guizot, et qui devait plus tard épouser son petit-fils, Robert de Witt; son médecin, M. Béhier, constamment fidèle au souvenir du fils chéri de M. Guizot, surveillait avec une clairvoyance, aiguisée par sa tendresse filiale, chaque progrès de l'affaiblissement graduel qu'il combattait pas à pas. Tout restait inutile: l'âge et la fatigue triomphaient sans qu'aucune maladie se fût manifestée, sans qu'aucun organe fût attaqué. M. Guizot parlait peu, et semblait absorbé dans ses pensées; il remontait souvent au souvenir de ceux qu'il avait perdus, et, le temps s'effaçant pour lui à l'approche de l'éternité, il parlait du fils enlevé trente-sept ans auparavant, comme de la fille qui l'avait devancé de six mois seulement dans le repos éternel. Plus d'une fois, lorsque ses enfants étaient réunis auprès de son lit, dans sa petite chambre, il prononça le nom de la France, de cette patrie si chère dont les malheurs avaient les premiers porté un coup fatal à sa robuste vieillesse: « Il faut servir la France, pays malaisé à servir, imprévoyant et inconstant; il faut le bien servir, c'est un grand pays. » Puis comme revenant à ce goût pour la poésie qui avait caractérisé sa jeunesse et qu'il n'avait jamais perdu, il répétait à demi-voix des vers de Corneille, ou l'ode de Jean-Baptiste Rousseau à la Fortune, recherchant et retrouvant les vers enfouis depuis tant d'années au fond de sa mémoire. Il demandait à entendre lire quelques passages de son *Histoire de France ;* l'une de ses petites-filles qui veillait auprès de lui, dut chercher, dans le troisième volume, le portrait de Coligny qu'il voulait revoir. Sa fille était agenouillée à côté de son lit ; il y était confiné depuis cinq ou six jours déjà, acceptant à regret les services que tous s'empressaient à lui rendre, indépendant encore par goût et par volonté, alors même que ses forces ne le permettaient plus. Il regardait sa fille, elle aurait pu se tromper sur la séparation qui l'attendait, tant ce regard était encore pénétrant et tendre. « Adieu, ma fille, adieu ! » répétait-il. Une seule espérance soutenait alors les cœurs. « Au revoir, mon père ! » dit-elle. M. Guizot, si faible quelques instants auparavant, se releva seul sur ses oreillers ; ses yeux brillaient, sa voix avait repris sa force : « Personne n'en est plus sûr que moi ! » dit-il, et son accent retentit encore dans l'âme de ceux qui l'entendirent. Les paroles devenaient plus rares. L'une après l'autre, à de longs intervalles, il avait ajouté à son testament quelques dispositions nouvelles, se rappelant tendrement ceux qu'il avait pu oublier ; il avait réglé l'ordre de ses obsèques, interdisant toute invitation et tout discours. « Dieu seul doit parler sur les tombeaux, » avait-il dit. Le silence de la mort avait commencé. D[illegible]puis plusieurs heures, M. Guizot [illegible]rt les yeux ; il ne parlait plus ; son [illegible]ient à côté de lui ; tout à coup les yeux mourants se rouvrirent, plus beaux, plus fermes que jamais, regardant au loin avec une lucidité étrange, comme s'ils apercevaient les êtres chéris qui l'attendaient sur l'autre rive. Ses enfants suivaient encore ce regard ; l'âme était déjà entrée dans l'éternité.

Quelques jours auparavant, assis dans son fauteuil, à côté de son bureau, accablé par une mortelle faiblesse, M. Guizot disait à sa fille : « Ah ! mon enfant, que nous savons peu de choses ! » Puis levant les mains par un mouvement impétueux : « Enfin ! je serai bientôt dans la lumière ! » Il était entré dans la lumière ; il possédait enfin cette perfection à laquelle il aspirait depuis si longtemps.

FIN

PARIS. — IMPRIMERIE EMILE MARTINET, RUE MIGNON, 2

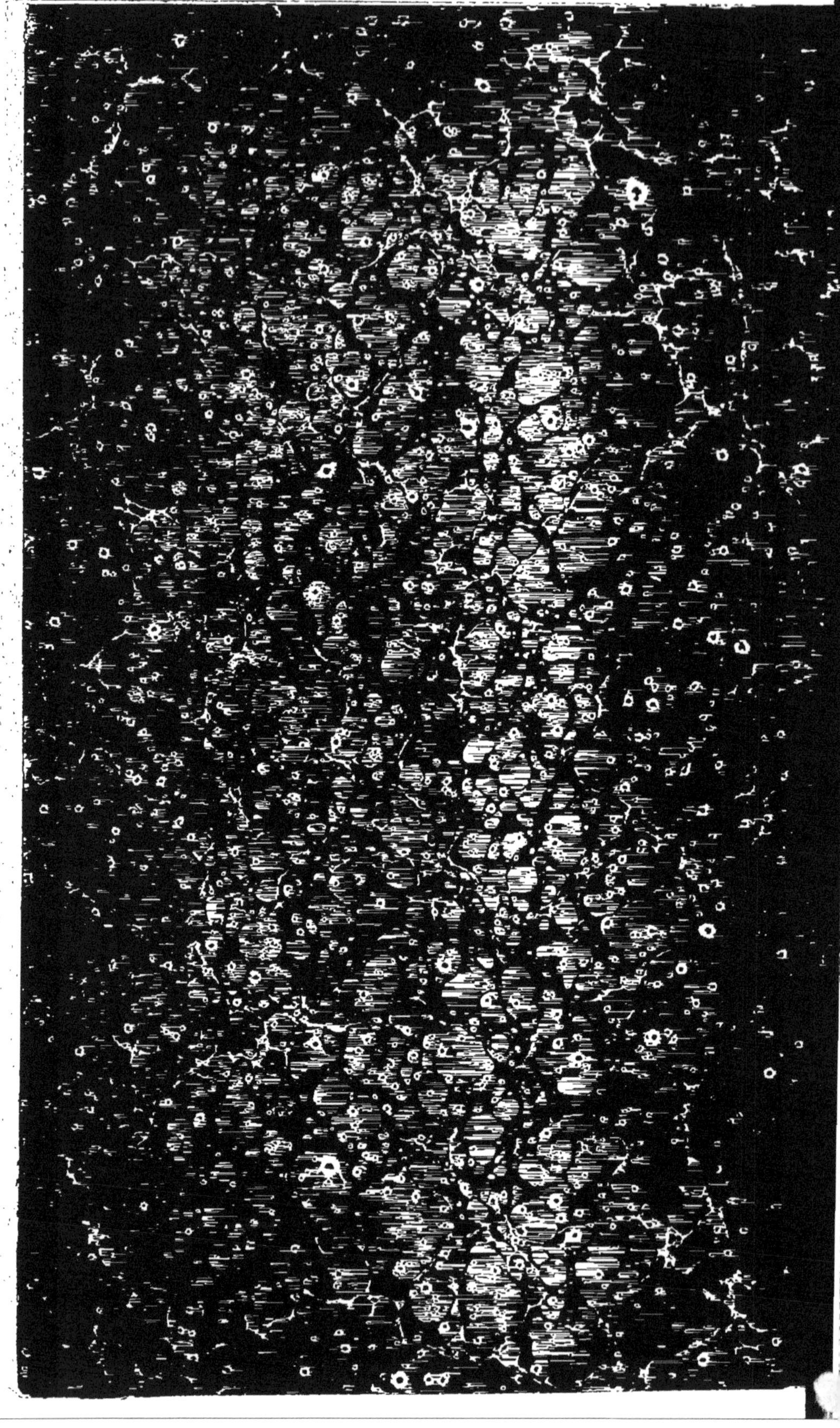

BIBLIOTHEQUE NATIONALE DE FRANCE
3 7502 01004971 8